THEORY AND APPLICATION OF MIND MAPPING

心智圖法

理論與應用

修訂版

華人心智圖法權威
孫易新 博士

———

著

推薦序

PART ONE 緒論

第 1 章　緣起與意義 ——————————————————— 026

第 2 章　教學與企業的應用概況 ——————————————— 032

PART TWO 理論基礎

第 3 章　大腦與記憶 ——————————————————— 040

心智圖法的創新與突破

吳武典 博士

　　心智圖法在臺灣已被各界廣泛應用，可是很多人可能不知道孫易新先生是第一位從英國博贊中心正式引進 Mind Mapping 課程方案到華人世界的先驅（1989 年第一次接觸，1997 年正式引進），也是英國博贊中心全球第一位華語講師。孫先生累積二十幾年實際應用心智圖法的成功經驗，加上十多年來廣泛且深入的研究，使此一技法不止停留在 know what 的原貌，更進到 know why 及 know how 的境界，此一思維術在華人社會乃有了完整的理論架構和實用技法，並更為精進，有所創新和突破。

　　孫先生好學不倦，又勤於研究，對心智圖法情有獨鍾，鑽研之深，令人敬佩！他在事業成功之餘，創立中華心智圖法研究發展協會，矢志推廣，可見一斑。許多人知道心智圖法用於邏輯思考訓練，能促進融會貫通，有助於運用知識、擴大視野、發展潛能，可是箇中訣竅未必盡知。今日，孫先生融合博贊中心的心智圖法精髓及個人多年的鑽研所得，撰成《心智圖法理論與應用》一書，分饗大眾，極為難得。相信透過本書，讀者將可進入學習心智圖法的殿堂。

　　語云：「內行看門道，外行看熱鬧。」心智圖絕不是繪一繪圖的表面文章，看看本書說的行話便知道。本書內容豐富、新穎，固不在話下，體系完整且分明，理論與實務兼備，也是可圈可點；更難得的是，用語淺顯易懂，例證具體明白，讓外行人也可以看得懂，深得「深入淺出」要訣，果是行家之言！讀者有福了。特此向大家鄭重推薦。

世界資優教育協會 WCGTC 會長
國立台灣師範大學特殊教育系名譽教授

終身學習新思維

蔡璧煌 博士

　　著名暢銷書《大腦是如何學習》（*How the Brain Learns*）的作者索薩（David Sousa）指出，教師若能對大腦的心智能力有更多的認識，更深層地研究大腦與學習之間的關係，就有可能創造出成功的教學。身處資訊爆炸的時代裡，採取有效的學習方法，是終身學習必備的能力。著名的教育學家亨特（Trinidad Hunt）在《學習如何學習》（*Learning to Learn: Maximizing Your Performance Potential*）書中強調，視覺化筆記技巧的心智圖法（Mind Mapping）是一項有效的學習策略。

　　從國家文官學院每年舉辦的升等訓練課程中，參與的學員幾乎人人均能以心智圖等圖像思考方式整理學習筆記，或在小組討論中表達思考過程，就可看出心智圖法在教學與學習上的應用，近年來已愈趨普遍。其實心智圖法不僅僅是一項學習的方法，同時也是創意思考與問題分析的好工具。國家文官學院自 2005 年起，在「問題分析與解決」的訓練教材中，即介紹採用心智圖法做為分析思考的一種工具，近年來在「創造思考與管理」的單元中，也提到如何應用心智圖法思考創新，頗獲學員好評。

　　希臘哲學家亞里斯多德曾經說，面對一個概念，如果要讓想法源源不絕地產出，必須在腦海中出現那個概念的畫面，亦即採用視覺化的思考方式。心智圖法是一種化繁為簡卻又具有一定邏輯結構的圖解方式，同時應用到色彩來表達感受以及圖像來突顯重點並強化記憶效果，這種視覺化策略可謂是革命性的思考與學習方式。

　　以視覺化或圖像的方式來表達思想，在人類文明的歷史中由來已久，然而首先結合了圖解組織結構與圖像色彩的是英國心理學家博贊，1974 年他在《心

智魔法師》（*Use Your Head*）書中首度向世人介紹此一劃時代的工具，也開啟人類學習方法的新風貌。本書作者孫易新先生在 1997 年將此一方法由英國博贊中心（Buzan Centres）導入華人世界，並致力於推廣教學的工作。

就我們所知，心智圖法同時運用到左右腦的心智能力，作者在書中的第二部即費心地蒐集資料，對心智圖法各領域的個別理論有全貌性的整理與探究，讓讀者不致誤認心智圖法只是隨意亂畫，而係植基於嚴謹的理論基礎；作者更在第三部各章節中，以實務案例逐步解說應用的技巧，讓讀者不僅知其然，也知其所以然。

近半世紀以來，人類壽命延長，世界變遷快速，社會環境愈趨多元化，人類更需要不斷適應，終身學習已成為必然趨勢。教育部為了提倡並落實此一理念，在 2010 年提出「99 終身學習行動年 331 計畫」，鼓勵國人不斷透過學習提升競爭力與品德修養。因此，養成學習的習慣、掌握學習的方法，以當今社會來看，應是邁向成功的一項關鍵因素。

我個人於大學時代以及 1980 年代在美國留學期間，即習慣利用筆記背頁或書籍扉頁，以圖示連結整理思考，甚至加強記憶，當時不知已具有心智圖法的精神，但深覺好用。近年來，心智圖法蔚然成形，我個人認為心智圖法是一項有用的「學習如何學習」、「學習如何思考」的工具、方法，不僅適用於公務人員、企業人士、學校老師與學生，更值得落實到社會每一個願意有效學習的人。

作者孫易新先生任教國家文官學院十餘年，最近得知他即將出版這本實用的工具書，除了給予鼓勵之外，也樂於為序，期盼更多人能從中獲益，讓心智圖法能更普遍應用於華人世界，幫助國人多思考，多學習。

前考試院公務人員保障暨培訓委員會主任委員

讀書有方法，學習沒煩惱

林振春 博士

　　「讀書會」不僅是一群人聚在一起讀書而已，我常套用金庸的武俠小說譬喻學習有三大方法，分別是：獨孤求敗、吸星大法與紫霞神功。其中紫霞神功是一種「無字天書」的學習模式，可以在無人或無書的情況下來學習，穿透表象，直指內在的道理。

　　讀書會就好比紫霞神功，讓我們不僅可以學習到書本中的知識，更重要的是經由成員的讀書心得與經驗分享，更可以領悟出更多的智慧。同時參與活動的籌辦以及擔任讀書會帶領人的過程，也都是一種學習，這也是紫霞神功讀書會的意義與功能。作者在書中詳細說明了讀書會的意義、功能與目的，更重要的是提出了心智圖法在讀書會的運作模式，以及知識地圖學習方法（KMST）在讀書會的進行方式。

　　我在《悅讀讀書會》一書中也提到心智圖法做為讀書會學習工具的優點，主要原因是心智圖法是一種整合知識的好工具，因此被諸多教育專家譽為二十一世紀最佳的學習策略之一，它以符合大腦吸收資訊的視覺化方式，讓輕鬆形式的讀書會也能有良好的學習成效，是一種創新的團隊學習模式，值得推薦各個讀書會導入應用。

　　本書作者孫易新先生更懂得善用學習策略，當年他報考台灣師範大學社會教育學系碩士班的時候，恰巧是我擔任口試委員，看了書審資料知道他已經擁有兩個碩士學位，因此就詢問為什麼不直接報考博士班？他的回答很簡單但也很重要，他說過去所學都是比較偏向企業管理，不過因為從事教育訓練工作，不能沒有教育領域的相關知識，而碩士班應該比博士班好考。沒想到他在碩二時又考上博士班，是我們系上第一位同時念碩士班與博士班的學生。後來孫易

新才告訴我，原來他認為自己在教育領域的學識根基不夠穩固，所以把就讀碩士班當作報考博士班的升學補習班。不論如何，他的例子也說明了學習策略運用的重要性，以及孫易新做學問認真的態度。

　　過去國內外所出版的心智圖法相關書籍，都僅止於介紹如何畫那張樹狀圖的規則技巧，以及可以應用到哪些領域的案例分享，缺乏操作步驟的解說以及其理論背景依據。本書中孫易新將他近二十年在心智圖法領域教學的經驗以及學術研究的成果撰寫成書，從書中內容可以發現，不論在理論或實務應用上已經突破過去大家所認知的心智圖法，也樹立出特有的典範，這不僅是孫易新個人的成就，也是所有學習者的福氣。善加利用心智圖法，讓您的學習事半功倍，故特別贅言幾句，推薦給追求學習速度與效率的您享用。

林振春

中華民國社區教育學會理事長
國立台灣師範大學社會教育學系教授

樂齡學習新方法

黃富順 博士

根據內政部統計處 2013 年 8 月最新人口統計資料，65 歲以上的老年人口已占總人口數的 11.36%，亦即台灣已經邁入所謂的「高齡化社會」。經建會預估，到了 2020 年，65 歲以上的老年人口將達 380.8 萬，占人口比例的 16.1%，亦即宣告台灣進入了「人口老化潮」。

高齡者為因應老年生活中發生的各種變化，有必要繼續接受教育與學習，例如協助適應老年生活的課程、調適新生活情境的課程、規劃經濟生活的課程、調適情緒的課程，或以新的記憶策略來因應心智能力退化所造成的記憶與智力改變的課程。

心智圖法是以視覺化圖像來進行學習的工具，不僅符合大腦吸收資訊的原理，也是一種沒有壓力的學習活動，同時也能符合高齡者的學習特性。在台灣已經有百餘篇論文研究結果指出，心智圖法確實是有效的學習模式。本書作者孫易新先生鑽研心智圖法已經有二十年的光陰，不僅是心智圖法的專家，更是優秀的心智圖法教學者。在本書中，他將畢生研究與教學的心得撰寫成書，實在是讀者的一大福音。

不論你是樂齡族或是關心高齡教育者，本書都是一本實用的寶典，特為之序以推薦之。

中華民國成人及終身教育學會理事長
朝陽科技大學銀髮產業管理系講座教授

心智圖法是創新教學必備的工具與能力

陳龍安 博士

　　一張圖片勝過千言萬語。近年來，圖像思考、圖像應用已經是創意教學不可或缺的因素。美國教育專家坎伯（Linda Campbell）在《多元智慧的教與學》一書中指出，心智圖法是一種有效的視覺化教學與學習的策略。我從事創造力研究與教學的過程中，也充分應用心智圖法於其中，特別是管理我的教學檔案，讓我可以依課程的不同情境與學生不同的需求，隨時打開合適的教學簡報檔案，讓課程如行雲流水般地進行。因此心智圖法已逐漸成為二十一世紀教師創新教學必備的能力之一。

　　1974 年博贊經由《心智魔法師》（*Use Your Head*）一書發表了心智圖法，雖然後續也陸續出版了多本相關書籍，但比較可惜的是，都缺乏理論與實證研究背景的闡述以及實務應用的步驟解說。

　　本書的特色與貢獻即在於，作者深入探討了心智圖法的相關理論背景，並以淺顯易懂的案例，逐步解說操作的過程，讓讀者可以充分瞭解心智圖法的原理以及應用技巧，在創新教學的運作上十分方便。

　　俗話說得好，「台上十分鐘，台下十年功」，唯有不斷進修深造與自我充實，才能累積經得起考驗的實力。本書作者孫易新先生由於個人不論在工作上或學習上均深深受惠於心智圖法，因此自 1997 年起投入所有精力於心智圖法的教學與研究中，出版相關著作十餘本。更難能可貴的是，為了深入研究心智圖法，二度重返校園進修，兩本碩士論文研究的主題、博士論文的研究方向都是心智圖法，這樣的熱情投入與長期的努力，奠定了他卓越成就的基礎，也是後學者的最佳典範。

　　我有幸分別擔任孫易新先生碩士論文的指導教授與口試委員，今天看到他

將畢生研究的心血撰寫成書，公諸於世，其精神令人感佩，身為亦師亦友的我，
樂於為序推薦之。

中華創造力訓練發展協會理事長
實踐大學企業管理研究所教授

Follow along with Mickey Sun

Vanda North

Mickey shares with you a wonderfully comprehensive introduction to the background of Mind Maps and even more importantly the many-fold applications of them - 'Mapplications' - as I like to call them.
Enjoy as Mickey takes you through the serious and deeply helpful uses to the infectious and fun!
Follow along with Mickey, he is an expert and passionate about sharing how they can improve your life.

　　本書作者透過這本書與心智圖應用者（Mapplications），全方位地分享許多好棒的心智圖法背景知識與實務應用案例。

　　盡情享受書中一系列嚴謹且深入的解說，您將會感受到它對您的幫助並樂在其中！

　　以孫易新為師，他是一位能夠帶領大家提升生活品質的專家。

英國 Mind Chi 培訓機構創辦人
英國博贊中心共同創辦人、前執行長

打通職場達人任督二脈的人間道

陳國欽

工作內容太多、太雜，造成時間不夠、腦力不足、信心不佳，是多數上班族的現況。我從 13 年前接觸心智圖法後，不只改變工作效率，職場順利，更為我的學習與生活帶來許多快樂。

約在 2000 年左右，我擔任惠普科技產品經理時，工作內容包括產品、價格、通路、行銷、活動等面向，十分複雜。當時覺得事情多，工作一團亂，總感覺時間不夠用。我在想，連電鍋都有說明書，大腦應該也有說明書吧！到底有什麼方法，能讓大腦迅速把各種事情條理化、結構化，並很有效能地運轉？

因此我就上網去搜尋相關課程的資訊，網路上各方專家推薦最多的就是心智圖法。於是我毫不猶豫地報名了孫易新老師的培訓課程，並且一路深度鑽研，最後還取得「孫易新心智圖法®」的講師資格，我的職場功力因此大增，工作上無往不利。

消化大量資訊，一次抓出所有重點

這是心智圖法的功能好處之一。簡單說，心智圖長得像八爪章魚，把要解決的問題、達到的目標放在中間，然後長出幾個重點，再填補上細節。過去職場上的工作者是資訊發送者，再來轉變成資訊接收者，現在則要當個資訊消化者。在這個資訊氾濫的時代，大家很少有時間思考，不管看電視、逛網路、收 email、讀雜誌，都在不停地接收訊息，這怎能產生自我的想法？大多時候，我們被各種資訊與事情追著跑，要主動產生想法與創意很難。所以我必須找出讓大腦「從一顆 CPU 變成兩顆、四顆，同時掌控很多事情」的方法。

我覺得心智圖法是種懶人成功術。我喜歡 work smart、work happy，不喜歡 work hard，我認為光是 work hard 不會贏。多數的職場工作者，都是今天做今天的事，明天做明天的事，效果不會太好。如果資訊消化的能力變強，就能在今天做明天的事。提早做計畫，腦力可以更強，時間運用自然變強。

舉例來說，有一次我要接受電視新聞採訪，介紹我們的印表機，新聞畫面出現的時間大概只有幾秒鐘而已。在短短時間內，如何把重點一次說清楚？這對我是很大的挑戰。

所以我用快速整合的方式，從大腦中先跳出「省空間、省電、省紙、省錢」四個重點，再來找出支持這四個重點的內容。那天記者過來時，我本來一下子記不得那麼多關於產品的內容，但是依據這四個重點，很快掌握受訪內容架構，記者也馬上能夠跟隨我的思緒進行採訪，當晚的新聞也是依據這個架構播出。

電視台記者很辛苦，一天要跑好幾個採訪，能幫他節省時間，也就等於幫助我自己提升績效。

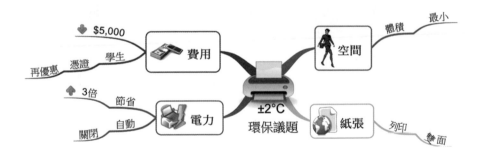

團隊溝通、簡報、學習樣樣通

這套方式同樣適用於團隊溝通。我旗下部門負責全台灣 PC、NB、平板、印表機的市場規劃，非常龐雜。要如何化繁為簡？就是結構化、簡單化，容易思考。

我們開業績 review 會議時，每位同事只要報告三件事：銷售數字、未來業績設定、最近主力促銷活動。每個人都講這三點就好，不用報告無關的流水帳。我也常跟部屬開玩笑說，能不能在電梯從一樓升到十樓的時間內，把你的

企劃用三個重點跟我說清楚？這些都是心智圖法帶來的訓練，也是孫易新老師經常強調「善用心智圖法進行 one page report, one page control」的精髓。

應用心智圖法，打通任督二脈

職場的能力等級可分為「不會、會、熟、精、通」五個等級，多練習心智圖法思考，尤其是深入淺出的表達，能用簡單的話把複雜的觀念、知識說清楚，才是真正的融會貫通，也唯有如此，才可以讓自己職場能力達到精與通等級。

對我來說，運用心智圖很像金庸小說裡張無忌學會九陽神功，從此打通任督二脈，不管太極拳、乾坤大挪移，學什麼武功都很快。透過心智圖法，我不只能夠快速整理想法，更重要的是往後學什麼東西都很快，因為能快速抓到重點。比如說我學鋼琴、易經、塔羅、魔術等，都用同樣的架構在很短的時間內學會，為生活增添許多樂趣。

我非常感謝孫易新老師，引進這一門改變我一生的課程，並著書推廣心智圖法於世人。我常想，孫老師可以不計千辛萬苦，負笈英國取經，造就別人，為何我們就不能花上一些時間來成就自己？

孫老師曾說，教育是讓人從「不知道」變成「知道」，是一種「心法」；訓練就是讓人從「不會」變成「會」，是一種「技法」。心智圖法就是一種生活的心法及技法，若能細細品味，便能打通思考的任督二脈，意領神馳。

依我看，心智圖法不只是一種心法、一種技法而已，它更是一種道，一種可讓人安然處世的「人間道」。

前惠普科技（HP）資深副總經理

青出於藍更勝於藍

孫易新

2012 年 10 月 27 日我應邀到新北市立板橋高中為一群熱愛學習的同學們分享如何運用心智圖法（Mind Mapping）提升學習能力，當時我詢問了參與研習的同學，在他們國小或國中階段，學校老師有使用心智圖法做為輔助教學的請舉手，居然有三分之一的同學舉手。當然，此一調查結果也不能過度推論成全國已經有三分之一的老師運用心智圖法輔助教學，但是確實可以略窺得知，心智圖法已經逐漸普及。

每當聽聞有人使用心智圖法順利考取研究所、國家考試、教師甄試，高中、大學考取理想學校，在工作職場上事半功倍，績效提升，我除了感到欣慰之外，更產生一股繼續努力、好還要更好的使命感。

讓孩子快樂學習，主動學習，又能獲得優異的學習成績，是每一個家長與老師的願望。然而每天要背一大堆課文，寫一大堆功課，要如何快樂得起來呢？

自從 1989 年我學習了被譽為「大腦瑞士刀」的心智圖法之後，不僅讓國小、國中到高中時期因為學習閱讀障礙而成績異常低落的我，可以運用心智圖法順利通過多項國家考試，同時完成三個碩士學位以及國立台灣師範大學博士班的課業。也因為擁有二十幾年實際應用心智圖法的成功經驗，期盼以本書專業、務實的內容，帶領讀者進入學習心智圖法的殿堂。

我從 1997 年起自英國博贊中心正式引進 Mind Mapping 課程到華人世界並開始推廣教學，發現心智圖原創者博贊（Tony Buzan）著作出版的一系列心智圖法相關書籍，內容多偏向介紹心智圖法多麼好用、可以用在哪些領域，多屬於 know what 的知識，較少說明為什麼要這麼做以及如何做，也就是欠缺 know why 及 know how。因此博贊的心智圖法被維基百科描述為「偽科學」：

　　博贊宣稱心智圖是一個深奧優秀的筆記方法，因為心智圖不會導致像其他筆記方式的「半睡眠的恍惚」狀態。博贊也主張心智圖全方位利用左右腦的大腦皮質技術，平衡大腦，開發 99% 斷言尚未使用的智力潛能以及直覺（博贊稱之為「超級邏輯」）。然而學術研究表示，這樣的主張實際上可能是基於銷售宣傳。評論家主張「腦半球側化理論」（hemispheric specialization theory）在心智圖製作應用時，已經被界定為偽科學。

　　所謂「偽科學」指的是不符合科學方法基本要求的知識、方法論或實務經驗。我身為英國博贊中心全球第一位華人認證講師，肩負著在華人世界推廣心智圖法的使命，為求心智圖法的教學與學習能夠更符合科學方法所要求的信度與效度，十幾年來除了教學工作之外，更進入實踐大學企業創新發展研究所碩士班以及台灣師範大學社會教育研究所碩士班與博士班進修，對心智圖法做更深更廣的研究。攻讀博士班期間為梳理出心智圖法的理論脈絡，追隨李明芬教授、李瑛教授、林振春教授、洪仁進教授、黃明月教授等人，深入研究方法論、學習與教學理論、教育社會學、教育哲學與教育心理學，並參酌國內一百三十餘篇心智圖法相關的博碩士論文，歸納出心智圖法的理論架構，讓博贊不再背負偽科學的指控。我並配合各個學習場域、學科領域的教師、教授、企管專家，與他們共同研究規劃出對學生課業學習、企業人士工作績效真正有幫助的「孫易新心智圖法」教學方案，目前已經成為校園教師研習與企業員工培訓最受歡迎的課程。因此我非常樂意將近二十年來的研究成果、教學經驗、心得與啟發，撰寫成書以饗大眾。

不正確、不完整的學習，比沒有學習更可怕

　　近年來不斷聽到似是而非的說法：「學習心智圖不需要花那麼多時間，只要一天、半天，甚至一小時，保證把你教會」、「心智圖是你自己的筆記，不要管別人怎麼做，更不要拘泥於規則」。沒錯，如果你只是想要學習「畫」心智圖，真的只要 30 分鐘就會了，尤其又有一大堆免費的心智圖軟體可以使用，

繪製出一張七彩奪目、令人眼睛為之一亮的心智圖，真的一點困難都沒有，更不需要遵守所謂的規則。

然而古有明訓，「師其意，莫師其形；學其法，莫學其貌」。令人擔憂的是不少人只重視心智圖的「形、貌」，卻忽略了「意、法」，也就是只專注於「畫」出漂漂亮亮的心智圖，而不懂得正確地運用心智圖「法」。

為了讓讀者充分理解、掌握心智圖的「意、法」，我在書中會分別從各項操作定義中逐一探討心智圖法的理論背景，並解說實務運用的原則、技巧與步驟。

心智圖法的創新突破：守、破、離

二次世界大戰之後的日本能夠從一片廢墟中快速擠進世界列強之列，關鍵原因之一就是掌握創新的三大步驟：「守、破、離」。所謂「守」就是先百分之百模仿成功者模式；接著在運用過程中不斷反思並做出改良，以求突破，這是第二階段的「破」；最後在多方整合之後自成一格，這就是「離」。

1989 年我第一次接觸、學習心智圖法，1997 年到英國博贊中心接受師資培訓，一直到 2001 年出版第一本中文版心智圖法書籍，這十二年期間都秉持博贊的心智圖法之精神與原則，落實在工作與學習上，不僅奠定了我在心智圖法的基本功，也讓我通過多項國家考試並完成研究所學位。這就是學習任何知識、技能時不可或缺的模仿階段「守」。

經過多年使用心智圖法的心得體會與教學經驗累積，2001 年出版了《多元知識管理系統：心智圖法基礎篇》，在華人世界的心智圖法領域開創了嶄新的里程碑。爾後，我協助多位碩士班研究生進行心智圖法論文的研究工作，自己也完成了兩篇心智圖法相關的學位論文，從研究的設計、執行、分析評估到成果展現，不論是在學習或工作應用領域，都已經突破了原本博贊的心智圖法；這個階段應屬於創新過程的「破」，也就是突破。

最後我在 2009 年進入台灣師範大學社會教育研究所深造，力圖從教育社會學、教育心理學與教育哲學的理論觀點，配合多年來教學與實務應用的經驗心得，重新省思並建構出心智圖法的理論基礎，包括界定心智圖法的操作定義，

與提出嶄新的 CHM、KMST 理論模式等，以及詳述諸多實務應用的步驟與技巧。本書出版也象徵著自創一格、更具備理論基礎及實用價值的心智圖法的誕生，這是創新過程中的「離」。

如何使用本書

　　本書包含三大部分，分別是緒論、理論基礎與實務應用。如果想要對心智圖法有全方位的瞭解，整本書都值得仔細深入閱讀，尤其是想從事教學與學術研究的讀者；但若只是想要在學習上或工作上應用心智圖法，可以大致翻閱理論基礎的各個章節，對心智圖法的背景知識有個基本概念，把閱讀重心擺在實務應用，自由選擇符合需求的章節詳細閱讀，並動手模仿書中的案例演練。

感恩與回饋

　　本書原預計在 2011 年出版，然而處女座個性的我，對書中的文章結構、內容一修再修、一改再改，只希望能更臻完美。然而疏漏、缺失在所難免，敬請各位讀者、前輩先進不吝賜教。

　　如今本書終能付梓，必須衷心感謝英國博贊中心前執行長 Vanda North 女士、世界資優教育協會會長吳武典博士、惠普科技陳國欽副總經理、考試院保訓會主委蔡璧煌博士、台灣師範大學李瑛教授、林振春教授、潘裕豐教授、黃富順教授以及實踐大學陳龍安教授等人的鼓勵與支持，以及商周出版的耐心與督促。

　　為了回饋更多有心學習心智圖法的讀者，我所創立的「孫易新心智圖法®」培訓機構，非常樂意安排專業講師前往各個公民營企業、政府機關、學校、社團等單位演講、授課，並培訓有心從事教學的專業講師。洽詢專線：02-23466136 或上網查詢（www.MindMapping.com.tw）相關聯絡資訊，我們將樂意提供專業且貼心的服務。

孫易新 Mickey Sun 謹識

2014 年元旦於國立台灣師範大學教育大樓

持續性的創新

孫易新

　　本書自 2014 年 2 月出版至今,頗受讀者的肯定,不僅是學習心智圖法的最佳指南,更是從事心智圖法教學必備的工具書。由於內容豐富紮實,除了講解如何正確地使用心智圖法,說明在不同情境場合的實務應用之外,更梳理出心智圖法的理論基礎與脈絡,讓心智圖法更具有科學性與實用性。

　　近年來,心智圖法已經逐漸普及到社會每一個階層與角落。然而,它是一門活的學問,它的知識體系與應用技巧也會隨著更多的實踐之後,持續的修訂與增補細節。

　　2020 年春節過後,在全球面臨新冠病毒的威脅,我也忙著規劃執行教學方案轉型之際,突然接到商周出版編輯部來電告知《心智圖法理論與應用》準備重新改版,以嶄新的面貌呈現給讀者。當時我確實愣了一下,這本讀起來有點生硬的工具書,居然可以出二版,對我而言,真是莫大的鼓勵。於是修訂本書成為這一個多月以來,每天下班後的功課。

　　本書除了保留原有的大部分內容之外,針對知識地圖學習法以及論文研究與研究建議的章節有較大幅度的增修,也在操作定義的說明上,修飾成讓讀者更容易理解的文字內容,心智圖軟體介紹也調整為最新版本,以符合市場的需求,也對讀者們這些年來持續的支持,表達我的心意,謝謝大家!謝謝商周出版!

2020 年 5 月 10 日

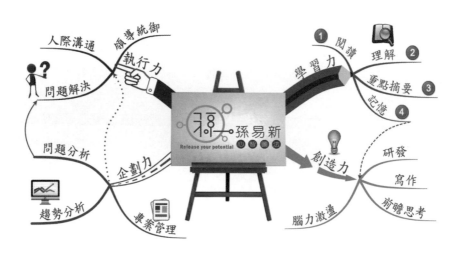

本書內所有心智圖都可到「孫易新心智圖法」
官網瀏覽與下載。

官網：www.MindMapping.com.tw

PART ONE
緒論

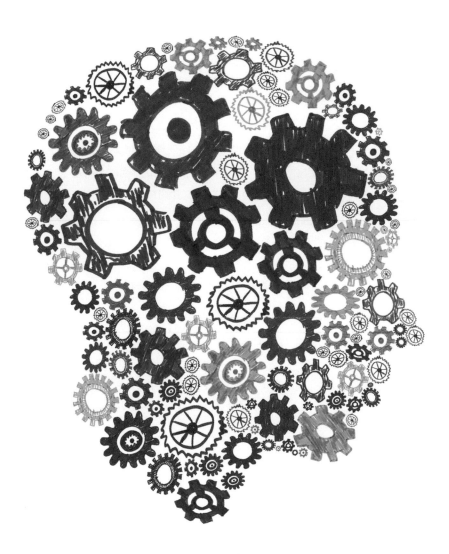

1
緣起與意義

後現代主義講求 Mapping 概念，美國後現代主義文化學家詹明信（Fredric Jameson）提出 Mapping 這個名詞之後，隨後也有許多後現代主義學者跟著使用。Mapping 對於閱讀者具有指示作用，以圖形或圖表的方式組合有關聯的概念，進而說明相關概念之間的關係。美國西北大學認知科學心理學家柯林斯（Allan M. Collins）教授於 1960 年代提出的語意網絡（Semantic Networks），康乃爾大學的諾瓦克（Joseph D. Novak）在 1970 年代與其研究團隊所提出的「概念構圖」（Concept Map），都具備了 Mapping 的功能。英國大眾心理學家東尼・博贊（Tony Buzan）也在 1974 年透過《心智魔法師：大腦使用手冊》（*Use your Head*）一書向世人介紹放射思考（Radiant Thinking）模式的「心智圖法」。

心智圖法是能讓智力有效運作的方法。智力的定義則因不同的理論取向而有不同的意涵。心智圖法是否能自成為一種理論，或只是一種良好的智力實踐原則？關鍵在於能否經由相關文獻的整理、探討，再從實務的檢驗中，透過綜合、比較、分析及批判等過程，逐漸建構屬於心智圖法的理論基礎。本書目的旨在梳理並紮根心智圖法的相關理論基礎，並提供良好的實踐指導原則。本章將先為大家介紹心智圖法的緣起與意義。

第 1 節 心智圖法的緣起

英語教學泰斗喬伊・雷德（Joy Reid）博士在《不同風格不同的學習者》

（*Different Styles for Different Learners*）一書中指出，人類的學習型態若以身體的知覺來區分，可分為視覺型、聽覺型、動覺型、觸覺型、團體型及個人型六類。每一種學習型態都有優點，但論及方便性與實用性，視覺型占有極大的優勢，不但容易吸收資訊，也方便表達想法。羅伯特・麥金（Robert Mckim）也強調，有效的視覺思考必須包含三種視覺意象：

（一）知覺的意象：視覺對物質世界的感知，也就是我們看到並記憶在腦子裡的經驗。

（二）心靈的意象：以知覺意象記錄下來的資料，並在腦中運用想像力產生出來的圖像。

（三）圖表式的意象：運用塗鴉、素描或是以一種可溝通的圖表記錄思考過程，或與他人意見交流。

心智圖（Mind Map）是一種視覺化的圖像，依照人類大腦最自然的思考方式，以直觀的圖解方式、網絡化地描述多個概念之間的關係，或呈現大腦思維過程，可以幫助我們激發創意、提升問題解決能力和記憶力、快速掌握並交換資訊與知識的筆記技巧。

今天我們熟知的心智圖是東尼・博贊在 1971 年產生初步的構想，並在《心智魔法師：大腦使用手冊》一書中，向世人介紹此一劃時代的學習與思考方法。博贊聲稱他是受到柯茲比斯基（Alfred Korzybski）的「一般語意學」（General Semantics）所影響。植基於語意學的心智圖，是一種反應出我們大腦思考模式的視覺化思考工具。

從博贊心智圖的放射思考結構，可看出與中國易經中的「太極生兩儀，兩儀生四象，四象生八卦」，以及若干二十世紀早期學者研究的「圖解思考組織圖」（Graphic Organizer）非常類似。例如美國加州大學柏克萊分校心理學家托曼（Edward C. Tolman）提倡的「認知地圖」（Cognitive Map）、日本品管大師石川馨（Kaoru Ishikawa）所創的「魚骨圖」（Fishbone Diagram）、諾瓦克和高溫（Bob Gowin）提出的「概念構圖」，尤其是 1960 年代美國西北大學的柯林斯教授研究的「語意網絡」已經具備心智圖的雛形，因此也被稱之為現代心智圖之父。

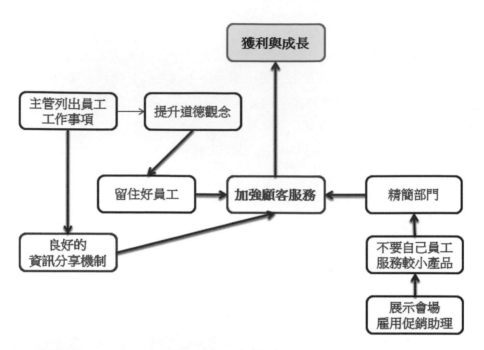

認知地圖（修改自 What's in a name? Cognitive Mapping, Mind Mapping, Concept Mapping, 2012）

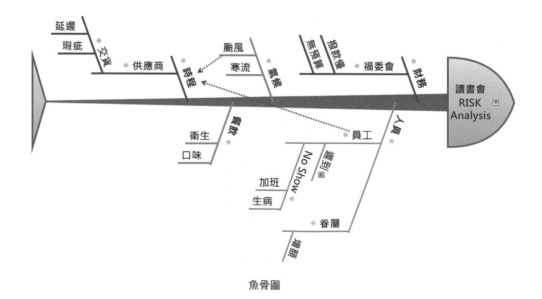

魚骨圖

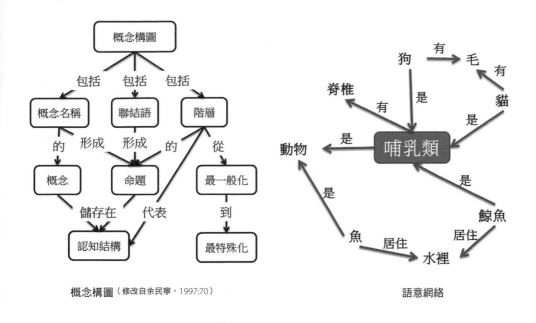

概念構圖（修改自余民寧，1997:70）　　　　　　語意網絡

第 2 節　為世界華人講授心智圖法

　　在華人世界有組織及有系統地認識及學習心智圖法，最早有跡可尋的是在
1989 年國際青年商會（Junior Chamber International）中華民國總會陳英
明老師，在國外參加心智圖法研習課程之後，回國立即針對台灣的青商會友舉
辦了一場分享課程。我也有榮幸參與該次盛會，接受陳英明老師的指導，可算
是我對心智圖法的啟蒙，也對日後產生關鍵影響。1993 年國際青年商會世界
大會在香港舉辦，在眾多的研習活動中，我意外發現有一場創意心智圖課程，
於是再次投入心智圖法的學習行列。由於這次是經由專業講師指導，對應用心
智圖法產生了較清楚的輪廓，並掌握了正確運用的技巧與原則。回台灣之後，
隨即在青商會各研習活動講授，並分享應用方法。

　　博贊在 1994 年 10 月受邀來台參與「心智圖法講習會」擔任主講人，活動
獲得熱烈迴響，並開啟國內企業界的新思考習慣。我深感心智圖法對提升學習
能力與思考力有莫大幫助，且自己深深受惠。因此在 1997 年 9 月赴笈英國博

贊中心，投入心智圖法專業師資養成之旅。先從基礎應用班、工作應用班、學習應用班奠定良好基礎之後，接著接受基礎講師與進階講師的培訓，成為當時全球華人第一位博贊心智圖法認證講師，有系統地將課程引進華人社會，並針對華人的思維模式與語意結構修正學習方法，與各種思考方法與學習策略相互融合，成為具有實務應用價值的華人心智圖法。

　　為了在華人世界更有系統性、組織化地推廣，我在 1998 年成立浩域企業管理顧問股份有限公司，並以「孫易新心智圖法」向台灣與大陸官方登記為註冊商標，同時與英國博贊中心簽約成為心智圖法課程的台灣代理機構（Buzan Taiwan）。2004 年我們公司經理陳資璧亦前往英國接受師資培訓，成為台灣第二位博贊心智圖法認證講師。然而在此之後，前往英國博贊中心接受師資培訓的人數並沒有大幅增加，因素當然很多，但我認為這與近年來華人地區，尤其是台灣、中國，心智圖法教學方案的實證性與行動研究蓬勃發展且成效卓著有關。在此基礎上，誠所謂「青出於藍更勝於藍」，海峽兩岸心智圖法的培訓機構猶如雨後春筍，師資養成教育愈趨專業與健全，儼然已自成一格，本土化的「華人心智圖法」教學與應用模式順應而生。

第 3 節　推廣心智圖法的時代意義

　　在全球化的趨勢中，企業經營環境日新月異，變化萬千。知識就是權力，學習就是財富，企業經營者或是員工，都將無法長久以一種技能或知識做為永久競爭的優勢。身處知識經濟為主的社會經濟體制之下，「學習力即是競爭力與發展力」。因此，經濟合作發展組織（OECD）在《全民終身學習》（Lifelong Learning for All）中特別強調，學會求知技能與培育學習能力的重要性，學習如何學習的能力是建立學習社會不可或缺的指標之一。

　　「學生基礎讀寫能力國際研究計畫（PISA）」總監安德亞斯‧史萊克（Andreas Schleicher）也指出，國民多接受一年教育，相當增加 3~6% 的國民生產毛額。現今世界各國面臨的最大挑戰無他，就是如何提升國民的腦力

素質。因此聯合國教科文組織（UNESCO）於 1996 年出版《學習：內在的財富》（*Learning：The Treasure Within*）一書，強調人類為了要適應社會變遷的需要，必須終身學習，同時受到近二十年來科技與經濟結構轉變，提升自己的學習能力來創造就業與成長機會，已經是無可避免且有其必要性。「學習如何學習」亦成為終身學習的關鍵品質指標之一，培養學習能力除了可以建立自信心之外，同時也是職場成功的關鍵因素。

北歐未來學大師林關（Mats Lindgren）接受天下雜誌專訪時指出，未來商業競爭的核心競爭力不是靠生產線，而是「思考線」（thinking line）與「思考力」（thinking capability）。思考力是指能夠理解複雜的議題，快速發展出方向正確、有創意、可執行的構想、概念和解決方案。為達此目的，必須具備系統化的思考流程，讓創意產生，變成可以執行的策略，產生行動。

從以上可窺知，不論是個人或組織，提升競爭力的不二法門就是終身學習，而學習是需要培養能力與應用策略。根據我在 2013 年的論文研究，從台灣心智圖法相關論文研究中均可發現，心智圖法確實是一項有效的思考與學習的工具、方法。我自己也是應用心智圖法才順利通過多項國家考試與國立大學碩士班、博士班考試，並且成功經營出全球華人心智圖法第一品牌。我自始至終的理念是：

- 事業經營成功，還不算成功；幫助許許多多的人把事業經營成功，才算是真正的成功。
- 考試第一名，不是真的第一名；幫助許許多多的人考試第一名，才是真正第一名。
- 賺大錢發大財，不是真的富翁；幫助許許多多的人改善生活品質，才是真正的富有。

因此，在強調終身學習與講求學習方法的時代趨勢中，我希望能盡畢生之力，無怨無悔地將這項學習利器推廣到華人世界，甚至是世界上每一個角落。也期盼經由更多讀者的散播，將心智圖法普及到社會每一個階層。

2
教學與企業的應用概況

　　我是個教育工作者，當初對心智圖法產生興趣是因為自己受惠其中，進而深入瞭解心智圖法的原理與應用。經過多年教學與研究發現，若只是把心智圖法定位在如何畫那張看起來像腦細胞的樹狀圖，心智圖就會被描述成「超簡單」。但若要能夠活用心智圖法，就得掌握它的知識理論背景與實務應用策略。在此先從心智圖法在教育界、企業界的應用做個概貌說明。

第 1 節　教育界的應用

　　世界一流學府哈佛大學、劍橋大學師生都已經使用心智圖法教學與學習；心智圖法在新加坡已經是中小學生的必修課，我在 2006 年也曾應新加坡政府邀請，為中學華語老師講授如何應用心智圖法提升教學品質；韓國已經將心智圖正式納入小學教科書；北京教育出版社、廣西省師範大學出版社、湖南教育出版社也將心智圖法融入初中、高中的教科書，幫助老師提升教學成效，協助學生有效學習。

　　教育部九年一貫語文學習領域國語文輔導群認為，「圖解組織」（Graphic Organizer）可以幫助思考時在諸多概念間建立聯結，以求理解事物，發現並解決問題，進而提升學生精準、有效、主動、獨立的思考能力。在諸多圖解方法中，心智圖能夠兼顧大腦左半部的具象思考與右腦的抽象思考，讓「心」門敞開，「智」慧無限，「圖」解說文，教學內容或文章架構一目了然，實為訓

練學生「歸納整理」與「多元聯想」的有效策略。因此，教育部在 2008 年出版了《國語文心智圖教學指引》一書，供學校老師做為教學參考依據。

緊接著南一書局在 2009 年亦將國中國文閱讀教學以心智圖的方式，配合每次段考精選兩篇選文編製成教師教學手冊及投影片，以加強學生理解課文內容與寫作能力。

台灣已經有超過百所學校邀請我或我培訓的講師團隊，為學校老師、同學，甚至家長講授如何運用心智圖法提升教學與學習效果。龍華科技大學與亞東技術學院甚至安排了二十幾位教授接受我規劃、執行的師資培訓方案，結訓之後在服務的系所指導學生運用。

近幾年來，「國際專案管理師」認證考試在全球成為企業人士專業資格必備證照之一，不少輔導證照考試的專業書籍與培訓機構會採用心智圖做為協助學員學習的工具，以釐清專案管理五大流程、十大知識領域之間的複雜關係。

全球知名的人力資源發展專家羅伯特・派克（Robert W. Pike）指出，發展高效能訓練體系與課程規劃的先決條件就是以心智圖法為方法。心智圖法讓我們清楚看到各種想法與資訊之間的關聯，這是傳統筆記無法做到的。

不論國外或海峽兩岸華人世界，心智圖法已經普遍應用到小學、中學、大學，以及職場的教育課程中。在倡導終身學習及高齡化社會逐漸來臨的今天，未來心智圖法除了上述機構仍有很大的發展空間之外，在社教機構、樂齡學習中心等機構的課程中，心智圖也將有機會扮演關鍵的學習工具。

第 2 節 企業界的應用

「心智圖法已經是 2000 家跨國企業採用的思考法」，不僅日本管理大師神田昌典、經濟評論家勝間和代認為心智圖法是最佳的思考方法，微軟、惠普科技等跨國企業也紛紛相繼採用。

至於心智圖法在企業應用的成效如何？以下列舉幾個國外公司的成功案例：

◎負責波音公司員工教育訓練的史丹利博士運用心智圖整理課程，將原本需費時一年才能上完的工程技術訓練，只花短短數週便有效地完成。估計運用心智圖法做為教育訓練工具所節省的經費達一千一百萬美金。

◎時間管理專家梅耶（Jeffrey Mayer）指出，心智圖法能夠讓他在幾分鐘之內處理完過去要花幾小時，甚至好幾天才能完成的事情。

◎列支敦士登的全球信託公司（Liechtenstein Global Trust）運用心智圖法記錄客戶資料、開會的發言大綱、問題分析與解決方法、規劃年度工作計畫，建立起一個具有包容性又充滿活力的機制，為企業帶來創造力與高效率。

◎甲骨文（Oracle）軟體公司的主管麥契漢（Alan Matcham）指出，心智圖已普遍導入到甲骨文各階層，成為公司內部推動變革的驅動力量。許多人都用心智圖來組織策劃活動，並且應付工作中遇上的複雜問題。

◎提供美國紐約通訊與電力系統的愛迪生（Con Edison）公司在九一一事件中，透過心智圖即時提供各個團隊所需的資訊，並有效整合救難搶修資源，讓通訊與電力順利地恢復供應。

◎新加坡維莉塔斯（Veritas DCG）公司辦公室不幸遭逢火災，重要文件與電腦中心全毀於祝融。副總裁柯漢（Sami Khan）以心智圖協助董事長制訂重建計畫，每項任務鉅細靡遺地展現在心智圖中。維莉塔斯大約花了十天時間重建電腦中心，開始恢復正常運作，同時節省了三、四百萬美金的費用。

◎世界貿易組織（WTO）於2003年11月在墨西哥坎昆市（Cancus）召開會議，反全球化的示威者揚言要進行大規模示威與破壞行動。墨西哥政府與軍隊在維大利斯（Vitalis）保全公司協助下，利用心智圖討論會議期間可能會發生的危機，最後確認了8,829項艱鉅任務，並將衝突發生時的應變策略統統記錄到一張大型心智圖中。他們也用心智圖呈現示威者的計畫與意圖，並與反對組織溝通協調，取得雙方共識。最後事件平息，沒有發生任何一起暴力事件；原本對立的雙方成為合作關係；反全球化運動的領導者感激世界貿易組織為他們做的一切努力；由於心智圖在這次行動發揮了重要功能，因此主辦當局將計畫與執行的心智圖內容整理成200頁的文件，指導人們處理類似的國際暴力事件。

除了以上的國外案例，台灣自從 1998 年我應 IBM 台灣分公司的邀請前往講授心智圖法課程開始，至今在華人地區海峽兩岸已經有超過 300 家跨國公司或知名企業為了提升員工的工作能力與組織績效，紛紛邀請我前往講授心智圖法的應用課程，成效卓著。

自 1999 年起，心智圖法已經是強調研發創新的工研院每年固定必開的課；全球三大會計師事務所之一的資誠聯合會計師事務所（PwC Taiwan）為了提升審計人員問題分析與解決的能力，自 2002 年起每年定期舉辦心智圖法研習課；聯華電子則是在 2010 年將心智圖法列入新進人員教育訓練的必修課，以提升員工的工作計畫能力；HP 惠普科技台灣區副總經理陳國欽，自從使用心智圖法帶領業務團隊之後，不但屢創佳績，且讓他從忙碌的無頭蒼蠅「蛻變」成享受工作樂趣的雅痞；台新銀行總稽核吳弘仁則運用心智圖法輕鬆掌握客戶需求，提供客戶最貼心的專業金融服務；華邦電子人力資源處在陳培光處長全力支持下，2000 年即導入心智圖法並成為有效的工作平台，不論是創意思考、人際溝通、會議討論或是專案企劃，都能化繁為簡，架構清晰，工作效率大幅提升；1998 年宏碁電腦的學習月課程首度列入心智圖法單元，全球教育訓練中心張博堯處長發現，心智圖法為宏碁同仁開啟了創意思考的一扇窗。

從以上案例顯示，許多個人與企業都認同，只要正確使用心智圖法，將可讓大腦思考更有條理，思緒更加清晰敏銳，想法也更富有創意。這也促成現今各個企業將心智圖法逐步納入教育訓練課程，寄望員工能應用在各部門實務工作中。

PART TWO
理論基礎

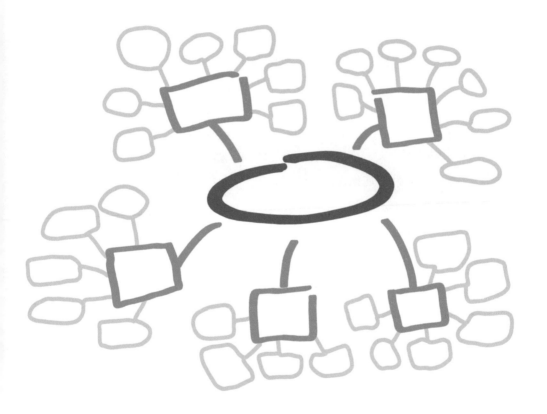

　　一個概念、技巧或方法的科學化及學術化，必須植基於相當的理論基礎。此理論基礎或源自於既有理論，或來自實務的檢驗，經由綜合、比較、分析及批判等過程，去異求同後逐漸歸納建構出屬於本身的理論基礎。有人認為，講求實務應用比探討、研究一大堆理論來得重要。殊不知實務知識也會落入不務實的窘境，因為隨著環境因素變遷，原本實務的東西變得不適用，這時理論的功能就會顯現。因為理論是用來解釋、說明與預測某種現象的產生原因、過程及結果。換句話說，理論是一種觀看的視角、思考方式，作用在於「瞭解」、「反省」與「批判」實務的現象。透過實務經驗累積，我們歸納出了理論，也因為具有理論基礎，得以修正實務應用，彼此關係乃相輔相成。

　　心智圖法亦不例外，必須從理論基礎來發展出實務應用。從我分析過百餘篇台灣心智圖法相關學位論文的研究結果發現，有關心智圖法「知其然，知其所以然」的 know how 與 know why 的實務經驗經得起科學方法檢驗，意即心智圖法在台灣的發展，已經和英國博贊的心智圖法在知識論、方法論與實務應用上有差異，更具有進步性與實用性。

　　論及心智圖法，「心智」必然與大腦有著密切關聯。以下是幾則有關大腦的描述：

　　博贊把我們人類的大腦比喻成一個沉睡的巨人，這個巨人擁有像銀河那麼多星星的神經元，舞動著大腦宇宙的銀河之舞。

　　莫斯科大學阿諾金（Petr Kuzmich Anokhin）教授表示，大腦蘊藏的潛能無可限量，但有史以來，還沒有一個人完全發揮大腦的全部潛能，因此有所謂我們只開發使用大腦十分之一的說法。諾斯與博贊也指出，我們在 1950 年代只使用大腦 50% 的能力，到了 1960 年代降到 25%，1970 年代再降到 10%，1980 年代再降到 4%，到了 1990 年代只剩下 1%。

大腦內約有一千億個腦細胞或稱神經元（NEURON），每個都可以與相鄰的神經元產生一萬次突觸的接觸，如此一來，每個腦內細胞與細胞連接可以有十的十五次方那麼多，這代表我們永遠不會缺乏心智的儲存空間。有人計算出普通人一生積蓄的記憶佔據約十的十七次方個位元資訊，意思是普通人的腦內可以放到兩千萬張電腦光碟資料，約為美國國會圖書館所有收藏的五百倍，可以寫滿七‧五兆張紙。除了神經元之外，大腦還有更大的第二級細胞，神經生物學家稱之為膠質細胞（glial），每一個神經元約有十個膠質細胞，總數為一兆，膠質細胞的部分功能似乎是神經元的保母，也產生及接收神經傳導物質。由此可見，智力並不是由腦的大小來決定，而是由神經元的連結數目多寡分出高下。

我們真的只用到大腦這麼一點點能力嗎？這迷思廣為流傳，卻一直無法獲得真正解答。不過我們若注意不幸中風的病患，他們腦中一小部分受損就造成行動癱瘓、語言困難、喪失記憶，如果我們日常生活只用不到大腦一半的能力，還可能行走自如，照常工作、學習？其實我們要關注的重點應該是，能否充分、正確、有效地運用大腦的心智能力。

心智圖可以解釋為心智地圖，是反應大腦思考與學習的最自然模式。博贊在其最早著作《心智魔法師》及經典著作《心智圖聖經》中所論述的心智圖法範疇包含：認識大腦及大腦的工作原理、記憶原理與技巧、正確的閱讀方法、創造力、放射思考的心智圖，以及在學習與工作上的應用。其理論基礎因此包含了大腦訊息處理、知識表徵、建構主義與後設認知。

現在就讓我們進一步探索，檢視腦力、智力、語意學、圖像組織、圖像思考、色彩學與心智圖法之間的關聯，梳理出一套邏輯架構來驗證，並建構出心智圖法的 know why 知識。

3
大腦與記憶

大腦如何思考？大腦如何記憶我們接收到的訊息？記憶分為哪幾類？記憶是儲存在大腦哪一個地方？針對這一連串疑問，在 2000 年獲得諾貝爾生物醫學獎的美國加州大學聖地牙哥分校醫學院史奎爾（Larry R. Squire）教授與哥倫比亞大學神經生物學暨行為研究中心創辦人肯戴爾（Eric R. Kandel）指出，影響記憶的因素包括了重複的次數、特殊重要性，並且能與現有知識掛勾組織在一起。記憶的種類又可分為陳述性記憶與非陳述性記憶，可以用語言或心像描述我們累積的知識、經驗與學習稱為陳述性記憶；習慣化、敏感化與古典制約則屬於非陳述性記憶。

王建雅、陳學志在《腦科學為基礎的課程與教學》一文中指出，坊間所謂「大腦的潛能只用了 10%」的商業廣告從來就不是事實，因為個體看似簡單的行為，都是彙整大腦許多部位合力達成，雖然各種感官在大腦皮質有不同的投射區，其功能卻依賴皮質整體的聯結。

心智圖法即植基於反應大腦工作的原理。在實務上，我們在乎的是怎麼應用才有效，但要有效就得掌握背後的理論基礎。接下來將探討大腦的基本結構、功能及訊息處理模式，以解釋說明心智圖法對提升記憶力的角色與功能。

第 1 節 認識神奇的大腦

漢諾瓦保險公司總裁比爾・歐布萊恩（Bill O'Brien）曾經以「地球上未

開發比例最高的地區，就是介於兩隻耳朵之間的空間」來形容我們神奇的大腦。大腦蘊藏著無限潛能，人類在二十一世紀面對的挑戰之一就是瞭解並有效運用我們的大腦。

大腦有一千億個神經元網絡

大腦重量約 1,300 公克（歐洲人平均 1,300 ～ 1,400 公克，二十世紀最聰明頭腦之一的愛因斯坦只有 1,230 公克），是由一千億（10^{11}）個神經元網絡組成，每個神經元之間平均又有一萬個連結，換句話說，大腦神經元的連結高達十的十五次方（10^{15}）這麼多。人類近親黑猩猩的大腦神經元數量與我們差不多，但是神經元之間的連結卻只有人類的四分之一。人類經由龐大神經元連結形成的網路節點，締造了優於其他動物的智力、創造力、情緒、意識和記憶。

這顆神奇大腦的快速成長期是從母親懷孕六星期到六個月之間，這時候是以每分鐘二十五萬個新神經元的速度成長，總數量可高達一兆個（10^{12}），然而到了出生時卻只剩下其中的百分之十（10^{11}），其他百分之九十的神經元因為不具有功能性連結而遭淘汰，亦即大腦會「用進廢退」，唯有不斷動腦，腦神經細胞的突觸才會不斷延伸，去與其他細胞溝通，產生連結的神經迴路。反之，沒被使用的大腦神經元則逐漸萎縮，最終將喪失功能。教育或學習是建構大腦神經網絡的重要因素，相關研究也指出，腦神經元之間突觸的連結會持續一輩子。這也說明了「多動腦筋可以保持年輕」、「一旦學習停止，死亡便開始」。

大腦乃三位一體

腦神經學家麥克萊恩（Paul D. MacLean）則以「三位一體腦」（triune brain）來描述大腦的進化過程與功能。

第一部分是延伸自脊髓中央柄狀物的腦幹，是腦部在子宮裡發育過程中最先成形的部分，也是進化過程最先出現的腦部形態，負責傳送來自感覺器官所接收到的訊息，並控制呼吸、心跳等本能直覺反應。兩億八千萬年前，最先行走在地球上的動物就是爬蟲類，牠們僅僅只有腦幹，與我們現在的腦幹非常類

似，因此腦幹被稱為「爬蟲類腦」（reptilian brain）。

　　大腦中最先發展的是第二部分，大約已有一億五千萬年歷史，圍繞著腦幹，負責處理情緒、情感行為的邊緣系統。動物有了邊緣系統才發展出社會合作關係，這部位又稱為「古哺乳動物腦」（old mammalian brain）。邊緣系統不僅影響情緒，對記憶力也有重要功用，因為邊緣系統當中有海馬體與杏仁核。

　　海馬體是腦部記憶中心，儲存了某些短期、長期的記憶，大部分長期記憶都是儲存在新皮質區。人類到了兩歲左右，海馬體才會發育完全，許多研究人員認為，我們之所以無法記得嬰兒時期的事，是因為海馬體尚未能發揮功能，將短期記憶「輸送」到長期記憶。老年痴呆症患者腦部最先受損的器官便是海馬體，因此會喪失短期記憶的功能，但是過往事物安全儲存在新皮質區的長期記憶資料庫裡，因此剛剛發生的事情一下子就忘記，但是滿口陳年往事。根據最新研究指出，杏仁核是處理感情記憶的中樞，幫助海馬體區分並儲存記憶，處理資訊的過程中帶有豐富的感情因素時，杏仁核就越有可能將訊息儲存到長期記憶區。

　　第三部分則是在腦部進化過程最後階段才完成的大腦神經新皮質區（neocortex），大約是八千萬年前哺乳動物出現後才存在，因此又稱為「新哺乳動物腦」，負責理性思考、說話、歸納、推論與創造。

　　新皮質區與邊緣系統都在大腦裡，大腦兩側的區域大致呈對稱狀，沿著腦部中央畫一條直線為軸，左右兩邊就是我們俗稱的左右腦。

左右兩個腦

　　1960 年代末期，加州理工大學史佩利（Roger Sperry）教授研究發現，大腦皮質區左右兩邊有不同的心智能力，左腦的能力與文字、數字、邏輯、行列、順序、表單有關；右腦則是圖像、色彩、想像力、空間、韻律、完形等。史丹佛大學心理學家奧恩斯坦（Robert E. Ornstein）教授與美國加州大學大腦研究中心的腦神經行為學家賽德（Eran Zaidel）博士等人進行了後續研究，除了證實史佩利的理論之外，也有些不同的發現。雖然左右腦掌控了一些固定的行為活動，但史佩利指出的心智能力，事實上遍布在大腦皮質區的每一處。

現代的新觀點是：每個記憶和思考過程都需要大腦不同區域協同工作才能完成。史佩利因為他的研究成果，在 1981 年獲頒諾貝爾獎。

左右腦的心智能力

英國牛津大學生理學教授約翰 ・ 史坦（John Stein）也指出，97% 的人是以左腦處理語言，右腦處理視覺空間與情緒表達。但也不是絕對二分法，因為右腦在處理語言時也扮演著重要角色，例如帶有情感的語言；同樣的，左腦也會輔助視覺空間運作，例如文字在句子中的相關位置。有許多更進一步的研究也發現，同樣的心智能力會因為不同文化差異，處理模式也不同，例如中文的語言文字以「象形圖畫式」為主，包含了象形、形聲、會意、轉注與假借，這些能力大部分是透過右腦學習。西方國家則是使用「字母式」文字環境溝通，用到大量左腦的功能。

史坦針對老鼠的研究也發現，豐富的環境操作刺激，可以增多、加強大腦皮質神經元的連結。因此，從實作中學習的成效比起只有聽或看更好。

大小兩個腦

　　大腦是由邊緣系統與新皮質區組成，小腦則位於腦幹正後方，負責運動、協調肌肉以及動作的記憶。大腦則分成腦前端的額葉，負責思考與解決大部分抽象問題；額葉下方是頂葉，處理知覺接收到的訊息；枕葉體積較小，位於大腦底部，負責控制視覺；最後接近太陽穴在大腦兩側的是顳葉，控制記憶力、聽覺、語言等。

第 2 節 訊息處理與記憶

　　學習是如何發生？記憶是如何儲存的？這一直是哲學、心理學以及生物學的中心議題。在十九世紀末之前，記憶的研究一直屬於哲學範疇。到了二十世紀，研究重心才逐漸轉移到以實驗為主的心理學和生物學。二十一世紀的今天，心理學和生物學已經匯集在一起共同討論。從心理學觀點探討的是：記憶如何運作？有不同類型的記憶嗎？生物學研究的重心是：學習活動是發生在大腦哪個部位？我們接收到的外界訊息是儲存在大腦哪個地方？記憶儲存可以化約到神經細胞的層次嗎？如果可以，記憶機制是如何？只從心理學或生物學回答上述問題都無法令人滿意，但集中兩者的優點便可導出一個新領域，讓我們瞭解大腦是如何接收與儲存訊息。

　　心理學家研究心理學的基本理論之一，是從人類如何處理訊息開始，包括運用語言訊息、記憶、複述、理解、表達、評價等過程，在每個過程都會使用到語言知識。因此，若要解釋說明人的心理過程或心智歷程，就必須瞭解語言如何儲存與應用。換言之，我們必須清楚掌握語言知識在人類訊息處理中的各種作用。

　　大腦記憶從外界接收到的訊息，諸多學者依不同取向而有不同的分類，大部分都是根據內容和可提取性為基礎，也就是以「儲存在記憶裡的是什麼東西」及「這些東西有多容易被提取出來」兩個原則畫分。因此，美國細胞生物學博士蘿普（Rebecca Rupp）將記憶分為「陳述記憶」與「程序記憶」。陳述記

憶又可分為「事件記憶」與「語意記憶」。陳述記憶屬於有意識的回憶，是生活中的經驗和事件，以及學習來的知識。例如我們可以說出 2011 年 3 月 11 日的大地震在哪裡發生，造成哪些重大災情。程序記憶又稱肌肉記憶，是我們學會的技能，知道「如何做」的過程，例如開車。運用心智圖法所要記錄與呈現的內容屬於陳述記憶的範疇。

　　美國伊利諾州立大學教育心理博士靳洪剛則認為，記憶可略分為「階段論」與「層次論」兩類。階段論強調訊息在人腦處理過程中的連續性，層次論著重探討不同的訊息接受方式，會影響大腦對訊息的記憶效果。

第 3 節 記憶：階段論

　　階段論包含了三大結構：感知系統、短期記憶系統與長期記憶系統。

感知系統、短期與長期記憶

感知系統

　　感知系統（或稱感官記憶）屬於人類處理訊息的第一步驟，透過視覺、聽覺甚至味覺、嗅覺與觸覺接收訊息，將訊息保持一段時間，以便在下一階段處理。「模式辨認系統」是感知系統的一例，當我們接收到一個新訊息時，會從

已經儲存在腦海裡的長期記憶中提取相關資訊，以便辨認新訊息。

　　感知系統的記憶時間非常短暫，當刺激五官的訊息消失，記憶效果也隨之消退。強化的方式就是再現感官訊息，例如再看一次或再聽一次。透過不斷地注意刺激來源，感知系統的訊息會進入到短期記憶系統。

短期記憶系統

　　德國心理學家艾賓豪斯（Hermann Ebbinghaus）在 1880 年左右的研究發現記憶的兩個原則：（一）有些記憶只能記住短短幾分鐘，有些卻可以記住好幾天、好幾個月，甚至更久；（二）重複練習可以使記憶維持得更長久。後來美國心理學家詹姆士（William James）將艾賓豪斯的研究結果更清楚地量化為短期記憶和長期記憶。

　　艾賓豪斯的實驗發現，人們接觸到的資訊在經過學習後便成為短期記憶，如果不及時複習，會很快就遺忘這些記憶內容，而且是先快速、大量地遺忘，然後速度逐漸趨緩，因此發明了著名的「艾賓豪斯遺忘曲線」。學習活動剛結束時，我們可以百分之百記住所有內容。過了二十分鐘之後，記住的內容立刻降到 58.2%，一天之後是 33.7%，一個月之後只剩下 21.1%。詳細時間間隔與記憶量如下表。

時間間隔	記憶量
學習剛結束	100%
20 分鐘之後	58.2%
1 小時之後	44.2%
8 小時之後	35.8%
1 天之後	33.7%
2 天之後	27.8%
6 天之後	25.4%
1 個月之後	21.1%

　　艾賓豪斯發現，只要規律地複習，一天之後可以保持 98% 的記憶，一週後尚可保留 86%。這也說明複習可以將短期記憶延長為長期記憶，也印證早在兩千五百年前孔老夫子在〈學而篇〉明白揭示的「學而時習之」。

　　認知心理學家將短期記憶再細分成「立即記憶」（immediate memory）與「運作記憶」（working memory）兩種。立即記憶指的是接收到外界刺激時占據當時心思的訊息，類似前述的感知系統。美國天主教大學教育心理學教授蓋聶（Ellen D. Gagné）等人在《學校學習的認知心理學》（*The Cognitive Psychology of School Learning*）一書中引用賽蒙（Herbert H. Simon）的研究指出，大腦運作處理一個單位的新訊息大約要花十秒鐘，也就是一分鐘只能儲存六個新知識單位，若在接收訊息的過程中還主動去思考、論述新知識的話，會讓每分鐘能儲存的新知識數量降到更低。哈佛大學心理學家米勒（George A. Miller）也指出，人的立即（短期）記憶的容量非常有限，大約只能維持七個項目或七個串節左右，因此提出「神奇的數字七加減二（magic 7±2）」原則，除非一直不斷複誦，否則通常不到三十秒就忘記了。也難怪許多人有這樣的經驗：從客廳走到臥室，卻已經忘記到臥室是要幹什麼事情。

　　立即記憶透過訊息重複刺激、主動複誦等運作過程，可以延長記憶的時間，著名心理學家巴德利（Alan Baddeley）教授將此定義為「運作記憶」（working memory）[注1]，因為在這個記憶階段是強調訊息正「運作中」，換句話說，運作記憶是一種有意識的心理活動，以整合訊息來完成任務。

　　更進一步的研究發現，大腦是非常取巧的，神奇的數字七並非完全獨立的個別項目，也可以是一組或成塊的資訊。透過富有創造力的「組塊」心智技能，我們可以把較多資訊儲存到較小的空間。為了突破短期記憶侷限，有效策略是將組塊「分段」或「分類」，把要記住的內容分成幾個有意義的小部分去記憶，然後凝聚成一個有意義的大單位。例如以下這 45 個字母的英文單字：

　　Pneumonoultramicroscopicsilicovolcanoconiosis（火山矽肺塵症）可以分成八段來記憶：

注 1：一般文獻、書籍大多翻譯為「工作記憶」，然而我採用台灣師範大學黃富順教授的觀點，將它翻譯為「運作記憶」。

Pneumonoultramicroscopicsilicovolcanoconiosis
肺... 超 微 觀 矽 火山 塵 病變

換句話說，短期記憶透過編碼過程，可將訊息轉化為長期記憶。但是如果一次同時出現大量資料，例如上課、聽演講，要立即記住所有的內容，光是用分段法成效還是很有限，就必須藉助其他方法，例如運用類似拼圖遊戲，或可以組織大量資訊並將資訊具象化的心智圖法，以便我們在接收訊息時可以處理訊息，以達到長期記憶的效果。

長期記憶系統

長期記憶儲存我們過去所有經歷的事物，可用來解釋新的經驗，或連結新接收的資訊，儲存到記憶系統中。

要瞭解長期記憶如何建立，必須先知道靈長類視覺處理的神經通路。視覺皮質的神經通路投射到大腦皮質許多區域，包括額葉與顳葉內側。最早提出人類記憶可能儲存在邊緣系統的顳葉，是由加拿大神經外科潘菲爾（Wilder Penfield）教授在 1938 年所提出。大腦皮質層可分成四大區域：

一、額葉（frontal lobe）：四個區域中擴展、成長最快，所占面積最大的一個，分前後兩部分。前半部是前額葉，負責解決大部分抽象問題，包括思考、策劃、行政與決策。人類前額葉的大腦皮質層在萬物之靈中所占比例最高。額葉後半部是運動皮質層（Primary Motor Cortex），負責指揮身體各種動作。額葉左邊有一個重要區塊叫做布羅卡區（Broca's area）負責將我們想要表達的句子意義傳到運動皮質層。

二、頂葉（parietal lobe）：位於頭頂平坦的頭顱下，也分為前後兩部分。前半部是感覺運動區，主要接收來自身體各部位傳來的訊息。後半部的頂葉繼續分析、整合接收到的訊息，讓我們可以知覺所處環境的空間距離。

三、枕葉（occipital lobe）：主掌視覺中心，位於大腦皮質層後方，當視丘把視覺訊息送到枕葉之後，會在這個地方分辨、整合，比較現在所接收的新訊息與儲存在腦內的既有資料，就能明瞭看到的是什麼東西。

四、顳葉（temporal lobe）：控制記憶力、聽覺、語言，尤其是語言的長期記憶，在顳葉左後邊有個維尼基區域（Wernicke's area），主要是負責解析聽到的語言，轉換成有意義的句子，讓我們瞭解別人說話的內容。

　　透過最新的影像處理技術證明，每一個記憶、思考都需要大腦皮質層幾個不同區域通力合作才能完成。如果我們要將視覺訊息和立即記憶轉換成為長期記憶，顳葉內側與邊緣系統的海馬體和杏仁核必須先儲存正在進行發展中的記憶，換句話說，顳葉內側能維持短期記憶的知覺經驗，而成為長期記憶。海馬體決定非情緒的資訊，杏仁核則決定情緒性的資訊，如果沒有它們「篩選與運送」，就不會有新資訊儲存到長期記憶裡。就我們所知，海馬體特別容易受到生物性的破壞，尤其是可體松的破壞，所以失憶的初期症狀就是喪失創造新記憶的能力，這就是為什麼老年人通常都記得很久以前的事情，卻經常忘記剛剛發生的事。因此，兩側邊緣系統與顳葉受損，將會逐漸造成陳述記憶衰退、選擇性記憶失常，也就是所謂的失憶症。

　　美國佛羅里達州立大學教育心理學教授德里斯科爾（Marcy P. Driscoll）在《教導學習心理學》（*Psychology of Learning for Instruction*）一書中指出，下列五種形式有助於將資訊儲存為長期記憶：

一、網絡模式（Network Models）：長期記憶中許多概念是用層級方式連結。

二、特徵比較模式（Feature Comparison Models）：找出不同概念的主要特徵，並比較各個特徵異同之處。

三、命題模式（Propositional Models）：長期記憶中最基本的單位是命題而不只是概念，也就是要將概念結合成一個有意義的句子。

四、平行分布處理模式（Parallel Distributed Processing Models）：此一模式也稱為神經網路模式。學習歷程分輸入、精緻化處理以及輸出三個階段，精緻化處理階段又可分為訊息的組織與轉換，以同化或調適學習者已有的認知結構和訊息的記憶與保留，而且是同步分工進行。

五、雙碼模式（Dual-Code Models）：同時使用圖像與文字來為記憶編碼，在回憶時會比單純使用文字有更多提取線索。

談及把資訊從短期記憶順利輸送到長期記憶，多倫多大學認知心理學家圖恩（Endel Tulving）認為，還必須把長期記憶區分為「語意記憶」（semantic memory）與「事件記憶」（episodic memory）。語意記憶是對一個語詞、概念、象徵、事物的系統知識，不與時間、地點相連結。事件記憶是自傳記憶，一個人一生發生事件的記錄，往往具體保存了事件發生的時間、地點等資訊，關乎個人經驗的人、事、時、地、物。這兩種記憶在訊息處理過程中會相互作用，用來解釋與辨認外界的事物與規律。事件記憶隨著生命不斷變化，語意記憶也隨之相對穩定；透過將訊息賦予意義，則可強化長期記憶的效果。

賓州大學醫學中心的神經學家格羅斯曼（Murray Grossman）綜合短期記憶與長期記憶，提出了 W-I-R-S-E 五種記憶類型：

一、W 代表運作（Working）記憶：屬於短期記憶。許多人到了四十歲，運作記憶的能力就開始退化。

二、I 代表內隱（Implicit）記憶：或稱暗示性記憶，屬於長期記憶的程序記憶。除了肌肉記憶之外，有些反射性動作也屬這類。

三、R 代表久遠（Remote）記憶：又稱遙遠的記憶，屬於終身不斷累積的訊息，也會隨著年齡增長而退化。

四、S 代表語意（Semantic）記憶：也翻譯成語義記憶，屬於文字符號代表意義的記憶。這種記憶比較不容易消失。

五、E 代表事件（Episodic）記憶：也譯成情境記憶或插曲式記憶，有關個人特殊經歷的記憶。

短期記憶的訊息會經由編碼程序成為長期記憶。所謂編碼，就是將訊息轉換成對學習者有意義的概念。常見的編碼策略有：

一、組織分類：將需要記憶的大量事物根據其屬性或目的分類。先記憶類別，再記憶每一類的項目，數量就可大幅減少，以符合「神奇的數字七加減二」原則。例如要記憶蘋果、剪刀、橘子、飛機、汽車、圓規、火車、尺、香蕉、輪船、鉛筆、西瓜十二個項目，可先分成「水果」、「文具」與「交通工具」三類，每一類下面只有四項，就比較容易記憶了。

二、字首聯想：把要記憶的各項東西名稱第一個英文字母或中文字排列成另一個單字，或重新編成一個有意義的短句。例如要記憶美國五大湖，可將「Superior、Huron、Michigan、Erie、Ontario」每個單字的第一個字母組成 homes 或重編成 She Has Many Ears On 做為記憶提示。

三、心像聯想：發揮個人的想像力，透過諧音、意義等聯想方式將文字轉化成畫面。例如要記憶台灣五大毒蛇「龜殼花、眼鏡蛇、雨傘節、百步蛇、青竹絲」，你可以想像一個畫面：「忍者龜，戴著眼鏡，手拿雨傘，走了一百步，來到竹林裡」。

除了上述三大編碼策略之外，常見的還有利用中介元素及時光回溯兩種策略。所謂中介元素，技巧就是要記住 A 與 B 時，不容易從 A 聯想到 B，找一個中介元素 X，從 A 可以聯想到 X，從 X 也能聯想到 B，這樣就能記住 A 與 B。例如要記憶「蘋果」與「運動」，兩者很難直接聯想，於是使用中介元素「健康」，吃「蘋果」會「健康」，想「健康」就要「運動」。時光回溯則是像電影倒帶一樣，將時間逐步往前推進，讓畫面一一浮現，直到答案出現。例如早上出門，忘記昨晚回家時把車子停在哪裡，從昨晚回到家門口的畫面往前回想是走哪條巷子、哪條路，讓畫面逐步回到停車時的場景，就能想起車子停在哪裡了。

若是碰上長期記憶的回憶效果不佳，原因除了時間久遠之外，另一個就是干擾記憶的因素出現，例如不正確的訊息分類造成儲存不當，以及未能將訊息做有意義的觀點轉化。因此，當我們運用心智圖法做為學習方法和工具，特別在萃取、整理資訊時，必須注意（1）擷取有意義的關鍵詞，避免選擇無意義或不重要的資訊，以減低干擾，提升記憶效果；（2）根據學習目的與文本屬性做出合適的分類，以有效提升內容理解，並增進長期記憶的效果。

第 4 節 記憶：層次論

「層次論」強調訊息如何被接收，其重要概念是「練習作用」。多倫多

大學心理學教授克雷克（Fergus I. M. Craik）博士與洛克哈特（Robert S. Lockhart）博士認為「練習」是一種控制過程，讓短期記憶的訊息得以重新使用，因而達到：（1）保持短期記憶中的訊息；（2）將訊息轉送到長期記憶中。此一理論認為，短期記憶中處理訊息的「方式」，比處理該訊息所用的時間重要得多。

記憶大量資訊時，尤其是事件記憶，先針對內容字彙建立意義連結（底層訊息處理），再花一分鐘來記憶，記下的數量會比耗費十分鐘把每個項目單獨記下（表層訊息處理）來得多。所以，大量無變化的重複對記憶沒有幫助，新訊息必須先強調特殊重要性，與現有知識經驗建立聯繫，賦予意義及強烈的情緒連結，之後再經常複習，才能有效成為長期記憶。博學多聞、生活歷練豐富的人在學習時，會經由腦內四通八達的思考網路與豐富的資料庫產生意義連結，學習起來會比一般人輕鬆有效。但如果只是針對語意記憶或程序記憶，都可以只經由反覆練習而獲得進步。

德國心理學家馮・雷斯托夫（Hedwig von Restorff）為渴望提高社交能力的人在 1993 年做了實驗，結果發現我們傾向記住一些特殊、與眾不同的人、事、時、地、物。此一結果被稱為「馮・雷斯托夫效應」（Von Restorff effect），又稱隔離效應（isolation effect）或新奇效應（novelty effect）。這些特殊事物會吸引大腦的注意，有助於短期記憶轉化成長期記憶。

馮・雷斯托夫指出，差異特別大的東西要比普通東西容易記憶。當「背景不同」（例如一個與周遭事物不同的東西），或是「經驗不同」（例如新資訊與記憶中的經驗不同），就會產生馮・雷斯托夫效應。

比方說，要試著回想起一組字串 376A92，我們會很容易記住當中的 A，因為 A 是字串裡唯一的一個英文字母。產品廣告會請知名人士代言，推廣品牌知名度及產品銷售，讓廣告與周遭資訊有明顯差異，提高對消費者的吸引力。但是該知名人士若代言太多不同品牌、產品，效果就會遞減。此外，人們常常可以記住生命中的重大事件，例如大學放榜的那一天、第一份工作、美國 911 事件、台灣 921 大地震、日本 311 大地震等，正是因為這些事物與過去經驗明顯不同。

另外值得一提的是「伴生感覺」（synesthesia），對長期記憶力也相當有助益。

伴生感覺指的是五官知覺的結合與協調，「聞到」某個味道讓你「想到」某人，「聽到」某首音樂讓你「感覺到」某個季節。這種「看到」聲音，「品嚐」顏色的能力，在創造力豐富的人身上更明顯。

博贊指出，想要大幅提升記憶力，並有效率回想記憶的資訊，必須運用大腦各個層面的心智能力，因而提出了心智圖法 SMASHIN' SCOPE 超強記憶力的十二項原則：

1. 伴生感覺／五官知覺（Synaesthesia/Sensuality）
2. 動作（Movement）
3. 聯想（Association）
4. 性象徵（Sexuality）
5. 幽默（Humor）
6. 想像力（Imagination）
7. 數字（Number）
8. 符號（Symbolism）
9. 顏色（Color）
10. 順序（Order）
11. 正向思考（Positivity）
12. 誇張（Exaggeration）

經過多年實務教學，博贊將此十二項原則重新整理，簡約成十大核心記憶原則：伴隨五官知覺、誇大、節奏與動作、顏色、數字、符號、次序與樣式、吸引力、歡笑、正向思考。

從以上層次論的觀點，我們不難發現，融入五官感覺、發揮想像力、建立有意義的連結，是將短期記憶轉化成長期記憶力的有效「方式」。心智圖法可以透過色彩傳達我們對資訊的感受性，並以圖像對內容重點概念做出有意義的聯想。

第 5 節 睡眠與記憶

　　日本漫畫《東大特訓班》是以學習方法為主軸的益智連載漫畫，內容除了論及心智圖法（記憶樹）之外，還特別強調睡眠幫助記憶，可以把當天學過的東西從短期記憶轉換成大腦的長期記憶。究竟要睡幾個小時才夠？重點不在睡多久，而是睡得好不好。

　　史奎爾與肯戴爾在共同研究中發現，短期記憶到長期記憶是從以歷程為主的記憶到以結構為主的記憶。短期記憶的改變僅限於小細胞的改變，例如移動突觸囊泡的位置，使其更加接近或遠離活動區域，這個歷程可以改變腦細胞釋放神經傳導物質的能力。相反的，長期記憶是新突觸連接的生長，或是縮回原有的突觸連接。1963 年佛列克斯納（Louis Flexner）發現，形成長期記憶需要新蛋白質的合成，而短期記憶則不需要。

　　然而科學再怎麼發達，我們仍不是很清楚每個腦細胞是如何儲存一部分的記憶。美國麻醉與抗老醫學專家卡爾薩博士（Dharma Singh Khalsa）指出，當我們有一個想法或是從五官接觸到的任何訊息，都會改變腦細胞的核糖核酸（RNA）生理結構，因而產生記憶路徑的個別「位元」。腦是身體的記憶庫，核糖核酸則是腦細胞的記憶庫，核糖核酸存在細胞核與圍繞細胞四周的膠質細胞中，也能幫助身體合成所需的蛋白質。卡爾薩博士的結論是：記憶是一種「帶有密碼」的蛋白質，儲存在核糖核酸裡。

　　最近的研究也證實，人們睡覺的時候，腦內的化學工廠會製造人體與腦細胞所需的蛋白質，以及讓腦子可以保持平衡運作的神經傳導物質。研究也發現，睡眠不足會影響思考判斷與情緒處理的能力，而這兩項正是影響學習品質與記憶效果的重要因素。人從淺眠到熟睡，會進入眼球急速跳動的階段，這時主宰短期記憶的大腦海馬體會重現白天學習、經歷的事（即日有所思，夜有所夢），強化白天學習、經歷的內容，然後輸送到掌管長期記憶的大腦皮質層。

　　美國范德堡大學醫學博士麥克魯爾（Jake McClure）的研究也發現，睡眠時間超過七小時的學生接受大腦反應測試時，在視覺記憶、語言記憶的準確

性及反應時間等方面表現，優於睡眠時間不足七小時的學生。由此可見，良好且充分的睡眠對學習、記憶是多麼重要。

　　一天所學的東西會透過睡眠時重現來強化記憶效果。平時若能養成習慣，將所學的東西整理成心智圖筆記，在睡前再次閱讀，對於長期記憶效果有相當大的幫助。

第 6 節 三種感官記憶：視覺、聽覺與運動記憶

　　卡爾薩博士進一步說明，大腦接收資訊基本上有三種方式：視覺、聽覺、觸覺。

　　視覺記憶大部分儲存在腦部新皮質的右邊，聽覺記憶大部分是左邊；觸覺的運動記憶則大部分不是儲存在新皮質，而是在小腦裡。

　　三種類型的記憶中，大多數人都只比較擅長其中一項。有 65% 的人擅長視覺記憶，20% 的人擅長聽覺記憶，15% 的人對與觸覺有關的運動記憶比較擅長。美國馬里蘭州洛克威爾市特殊診斷中心主任歐布萊恩（Lynn O'Brien）的研究發現，中小學生在實際參與及親自動手操作下的學習效果較佳；成年人則偏好視覺感官的學習。不過大部分的人都能同時將這三種類型以不同方式組合運用來學習。長期記憶不僅需要情緒因素，更與意義化的編碼程度有關，如果記憶時都能將視覺、聽覺、動覺加以編碼，資訊就能儲存在更多的腦細胞中。換句話說，善用視覺記憶、聽覺記憶與運動記憶的人，會是一個出色的學習者，記憶力非常強。

　　充分融合視覺、聽覺與觸覺能強化記憶效果，這也說明光是盯著關於英國倫敦的課文，學習成效是有限的；親自到倫敦玩幾天，回來之後就成了倫敦通，難怪孔子說「行千里路，勝讀萬卷書」。

　　然而，書本是大量智慧累積的結晶，有其不可替代的價值，在知識爆炸的二十一世紀，不但要行千里路，更要博覽萬卷書。兩全其美的方法是在閱讀文章時發揮想像力，讓文字內容變成情境畫面，提升學習記憶的效果，這也是心

智圖法強調的視覺思考的重要原則。

第 7 節 大腦記憶與心智圖法

　　綜合以上的理論探討可瞭解到，為了有效提升學習記憶的效果，學習者在心態上必須強化三個原則：（1）自信心：自己的能力不會比別人差；（2）企圖心：今天的我要比昨天進步，明天的我要比今天更進步；（3）堅持心：絕不給自己半途而廢的藉口，一定要全力以赴。

　　而超強記憶力運用到的技巧，主要有情節式記憶與空間位置的記憶。要強化記憶力，就得發揮想像力，以虛擬實境的方式融入五官的感覺，將內容聯想在一起，以正面積極的心情對所學事物產生濃厚興趣，並且善加運用大腦吸收資訊的五大原則：

一、初期效應：把最重要的內容放在一開始的學習時段。

二、近期效應：利用準備要休息前的三至五分鐘時間，快速複習剛才所學的內容重點。

三、關聯原則：內容重點要跟自己的興趣、經驗、時事聯想在一起

四、特殊原則：以不同顏色螢光筆標示不同屬性重點，以插圖強化重點所在，以及重點內容代表的意涵。

五、重複原則：學而時習之，掌握複習的要領與時機，並以心智圖筆記做為複習工具。

立即掌握整體概念，促進主動學習

　　基於記憶的原理，運用心智圖法繪製筆記時，關鍵詞的篩選與邏輯分類、階層化呈現出的分類結構或因果關係，透過連結線指出概念之間的關係，可以讓思維的語意結構更加焠鍊，簡潔易懂。先掌握整體概念，再慢慢瞭解細節之間的關係，是一種主動思考、學習的過程，符合建構主義的學習觀與精緻化理論的原則，以及大腦有效吸收資訊的關聯性法則。

幫助大腦有效記憶

心智圖法強調以視覺化的圖像來標示重點。第一階的主幹線條相較支幹線條粗大，第一階主要概念文字的字體大於次要概念，第一階使用英文字母時均以印刷體大寫書寫，較特別的主要或次要概念在線條樣式上可採用圓角方形或圖文框等，這些都是為了達到大腦有效記憶的特殊性原則。

分類確實，有益於複習

因此心智圖法應用強調對文字內容要產生有意義的聯想，透過顏色來區分類別，並表達對資訊內容的情緒感受，再配合米勒的「神奇的數字七加減二」原則（在整理準備考試要記憶的心智圖筆記時，分類上盡量不超過五個主幹，七類已經有點勉強，九類是極限了）。若資訊內容確實有很多類別，可根據相似類別另外整理成一張心智圖。每一類別之後的內容描述也盡量以不超過五階為原則，這樣心智圖筆記才較為簡潔有重點，利於往後複習。這不僅符合有效記憶的重複原則，也實踐了孔子「學而時習之」的教誨。

幫助左右腦的心智均衡發展

心智圖法操作定義中強調的「關鍵詞」、「邏輯分類」、「階層化概念」屬於左腦的心智能力，「圖像」、「色彩」則歸屬於右腦的心智能力。若能善用心智圖法，可以讓我們兼具邏輯與創意、科學與藝術、理性與感性的發展。更重要的是，學習者自己整理繪製心智圖更能強化學習效果。以心智圖做為學習的輔助工具，有助於將資訊從短期記憶轉為長期記憶。

4
語意學

　　人類生活中重要的認知活動之一就是溝通交流，語言扮演著重要的角色，是人類文明與文化的重要表徵。語言無所不達，無所不在，包含了理解（想要與他人溝通交流，先要有能力聽懂別人說的話）、表達（為了達到雙向溝通，除了聽懂別人說的話，也必須能夠清楚說明自己的想法）、會話（在與他人溝通過程中，若想要相互瞭解，就必須透過會話的方式，不斷地去理解他人想法並表達自己的想法）三種不同層次。

　　認知活動是大腦重要的訊息處理過程，包含了訊息的獲取、表徵化，並轉化成知識、知識的分類檢索與記憶、知識的推理與運用、知識的創造等心理過程。從語言的角度來看，認知過程包括了語意的記憶、運用與推導，從而獲得正確的語意解釋。不論從大腦處理語言或語言學的理論，都離不開語音層次的知識（語音中的聲音系統）、語意層次的知識（詞與句子的意義）、語法層次的知識（詞與句子的結構安排）三部分。

　　博贊的心智圖源於一般語意學；心智圖的樹狀結構與網狀脈絡又源自於柯林斯教授的「語意網絡」。因此，我們要從語意學的相關研究中做粗略探討，以便掌握心智圖法的運用原則。

第 1 節 語言的思維與思緒聯想

　　馮特（Wilhelm M. Wundt）是心理語言學的奠基人，他認為句子是語言

的核心，語言表達是把大腦思維轉換成順序排列組合的語言成分，語言理解的過程則與表達相反。馮特進一步說明，句子是一個有機體，是一個認識層次的整體。

人類從非語言思維進化到語言思維的階段，必然出現的思維基本單位是「語詞」。句子由語詞組成，因此我們有必要瞭解是什麼樣的規則，可以限定並說明這些句子是有意義的。最早關於語言心理的實驗，都建立在經驗主義及聯想主義的基礎上，於是馮特做了一項「語言聯想測驗」，讓受試者根據某一個字（語詞）說出它的從屬詞、並列詞。例如讓受測者看「筆」這個語詞，從屬詞可以是「文具」，因為「筆」從屬於「文具」，也就是「筆」是「文具」的下位階；從屬詞也可以是「鉛筆」，因為「鉛筆」從屬於「筆」，也就是「鉛筆」是「筆」的下位階；並列詞則可以是「橡皮擦」，因為「橡皮擦」與「筆」並列，都從屬於「文具」，也都是「文具」的下位階。

以心智圖方式表達馮特的從屬與並列聯想

就心智圖法的擴散思考而言，其聯想邏輯結構有水平思考的「思緒綻放」（Brain Bloom）與垂直思考的「思緒飛揚」（Brain Flow）兩種類型。思緒綻放的結構屬於並列詞，思緒飛揚的結構即是從屬詞。

第 2 節 語言的規則和句子的組成

1960 年代心理學的語言研究開始逐漸重視語言學，目的在於描述與解釋

語感，不僅提供了形式化的語法描述手段，同時結合了詞義成分的分析，說明某個語詞與另一個語詞是如何與涉及的對象產生關聯。中國國際藝術研究院首席顧問周建設指出，語詞的具體內容包括了（1）對象：真實存在的實物，或憑藉想像力產生的虛構事物；（2）性質：描述對象的屬性；（3）關係：對象與對象、對象與性質、性質與性質之間的關聯性。

　　近代研究語意理論的學者與重要著作中，普林斯頓大學哲學博士卡茨（Jerrold J. Katz）與心理學家福多爾（Jerry Fodor）在 1963 年合作發表了第一篇重要的語意學論文《語意理論的結構》（The Structure of a Semantic Theory）。隔年又與句法學家波斯特（Paul M. Postal）合作出版語意學專書《語言學描述的整合理論》（*An Integrated Theory of Linguistic Descriptions*），因而形成了獨特的語意理論。比較特別的是麻省理工學院語言學教授喬姆斯基（Noam Chomsky）提出的轉換生成語法理論。喬姆斯基認為人類有能力表達或理解以前從來沒有聽過的新句子，說明了語言知識或語感可以由一系列語言規則來表現：

　　句子（S）＝名詞詞組（NP）＋動詞詞組（VP）

　　名詞詞組（NP）與動詞詞組（VP）又可以進一步解構分析成：

　　名詞詞組（NP）＝限定詞（DET）＋名詞（N）

　　動詞詞組（VP）＝動詞（V）＋名詞詞組（NP）

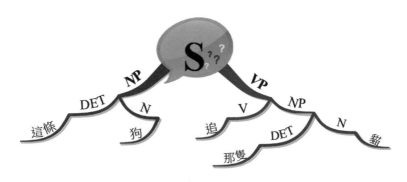

以心智圖表示「這條狗追那隻貓」句子的樹狀結構

　　「這條狗追那隻貓」句中有兩個名詞詞組（NP），直接從屬於句子（S）

的名詞詞組（NP）是主語，從屬於動詞詞組（VP）的名詞詞組（NP）是受詞。

　　有時候可將動詞詞組（VP）由一定要具備的語詞，和可有可無的語詞（括弧中的語詞）來組成：

　　動詞詞組（VP）＝動詞（V）＋（副詞）＋（數量詞）＋（形容詞）＋名詞（N）

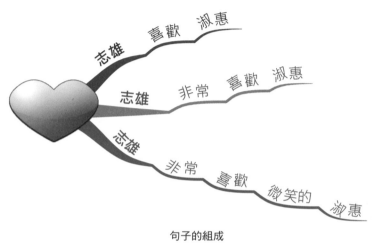

句子的組成

　　從規則中可得知，意思的表達是由必備的名詞、動詞，以及可有可無的副詞、數量詞、形容詞組成。因此在心智圖法結構中，關鍵詞的運用原則是以名詞為主，動詞次之，再加上必要的形容詞、副詞、數量詞等。

第 3 節 合乎語法的原則

　　「語言」是由無數個合乎語法的句子構成；「語法」是語言中能夠形成許許多多句子的系列規則。語法代表母語使用者對自己語言的知識，多數人對這個知識只能意會而不能明確言傳。例如我從小在高雄長大，閩南語（台語）是我的母語，我很會講，卻搞不太清楚其中的用語、語法。美國加州大學柏克萊分校語言學教授史洛賓（Dan I. Slobin）說，一個人在生活中接觸到語言，也在他的大腦中建立起一套跟語法規則相呼應的心理語言系統。無論如何，「語

法」必須合乎下列兩大標準：

1. 語法必須有能力限定什麼語句在語言中合乎語法，什麼不合乎語法。這是語言學所謂的概括準確性（observational adequacy）。

2. 語法必須能夠說明語言中不同成分之間的關係。也就是說，語法不僅要能正確排列詞彙，也要能解釋彼此關係，例如同意與反意。這是語言學中所謂的描繪準確性（descriptive adequacy）。

例如有四個語詞，分別是「我」、「蒼蠅」、「打死」與「一隻」，它們有很多種組合，以下舉例其中幾種：

我打死一隻蒼蠅

我打死蒼蠅一隻

蒼蠅我打死一隻

蒼蠅打死一隻我

我一隻打死蒼蠅

我一隻蒼蠅打死

按照中文的習慣，我們發現第一與第二種組合比較合適，因為它們符合「高頻優選」與「語意親疏」原則。所謂「高頻優選」，簡單說就是在日常用語中最常見的組合；「語意親疏」指的是語意上最親近、語意聯繫最緊密的組合，就會被視為最合適。

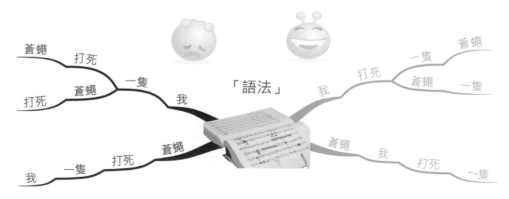

合乎「語法」與錯誤「語法」的心智圖結構

心智圖結構中每一個階層線條上是以書寫關鍵詞為原則,盡量避免一長串的句子。從前頁心智圖中可看出,右邊兩個主幹的內容是合乎「語法」的心智圖結構,左邊兩個主幹的內容則是錯誤的。因此,關鍵詞排列順序不僅要注意概括準確性的要求,也要考量描繪準確性,否則將造成錯誤的理解,或看不懂心智圖所要表達的內容。這是初學心智圖經常面臨的困惑與常犯的毛病。

第 4 節 語意結構與基本單位

要說明句子在語言中的意義,可以透過分辨意義的基本單位,以及它的意義結合規律來達成。因此,從一個句子中的意義,我們可以瞭解其他相關句子的意義,並創造出類似的句子。然而一個句子如何拆解成數個獨立語詞是個難題,因為它牽扯到雙重語意的問題。例如「小學生活動力」可以根據基本語詞單位拆成:

小學生、活動力

小學、生活、動力

以上兩種都是正確且常見的語詞,但兩者卻有不同的意思。為了解釋語意結構,人工智慧專家創立了樹形嫁接語法(Tree Adjoining Grammar),把每個語詞視為基本結構單位,樹形結構有「主要樹形」與「附加樹形」。主要樹形是由句子的基本結構「主詞」、「動詞」與「受詞」組成;附加樹形是由基本句子的其他成分構成,例如「形容詞」、「副詞」,也就是核心語詞的修飾語。

心智圖是由「主要樹形」的主詞、動詞與受詞組成。曾經擔任惠普科技企業伺服器暨儲存事業處總經理的廖仁祥先生指出,會議中與同事討論問題、尋求解決方案時,都要求只說出主詞、動詞與受詞就好,他認為這是最有效的溝通方式。至於「附加樹形」的形容詞、副詞等是否在心智圖的結構中出現,則依照實際情況來決定。如果省略會對內容產生誤解就不能省略,還是要把必要的形容詞、副詞甚至介詞加入。總而言之,心智圖的內容要以精簡的「主要樹形」為原則。

第 5 節 語法結構的組合排列

　　語法像是一棵樹,由我們心智模型內各種相對關係構成,不僅超越傳統的文字順序,亦不同於文法用語的定位功能。藉由語法,說話者可以迅速把自己的心智模式傳達給聽者。一個句子的意義,取決於句子當中語詞的意義和句法結構,相同的語詞,但是排列組合不同,會產生不同的意義(如下圖)。

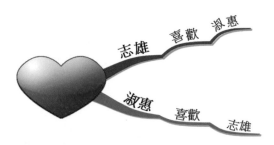

　　每個句子雖然都是由「名詞」詞組與「動詞」詞組構成,但是此一規則並無法涵蓋所有句子,例如「那條狗,毛很長」、「手洗了沒」,卻能說明句子短語之間的界限及意思不同句子之間的關係。雖然句子語法不能處理一詞多義造成的歧義,但必須能夠解釋短語結構上的歧義。例如:

　　充滿活力的老師和學生

　　「充滿活力」在句子中是歧義短句,因為它可以修飾「老師」與「學生」,也可以只修飾「老師」。因此這個句子可以有兩個樹形結構:

短語結構上歧義的樹狀圖之一

短語結構上歧義的樹狀圖之二

　　以心智圖整理文章重點筆記時必須注意結構上的歧義，當「充滿活力」是修飾「老師」與「學生」時，做法如下方第一張圖；若只修飾「老師」，當如第二張圖；第三張圖則是一般學生心智圖筆記常見的寫法，這種結構無法讓我們正確判斷「充滿活力」修飾的對象。

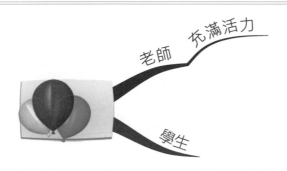

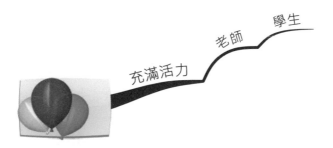

第 6 節 轉換句子的語態

　　句子轉換是指語詞的添加、取消或重新排列。運用規則排列來產生句子的

過程稱為「派生過程」，最常見的轉換語法是主動式轉為被動式，例如「老師誇獎我」轉為「我被老師誇獎」。這轉換包含了複雜的派生過程。

首先，兩個名詞調換了位置，第二個名詞「我」調到第一個名詞「老師」之前；其次，第一個名詞「老師」之前加了一個「被」；原本在兩個名詞之間的動詞，被調到兩個名詞之後。主動語態之所以能派生出被動語態，是因為兩個句子的深層結構是一體。下圖是這兩種語態的心智圖：

變換主動和被動語態的心智圖

心智圖的樹狀結構在展現分類概念時，把各事物所具有的共同概念、涵蓋層面較廣的概念，或出現較多次數的語詞提取到上位階，做為上層概念，例如「老師誇獎我，同學誇獎我，鄰居也誇獎我」這句話，在轉換成心智圖的句子結構時，可以把「我」調到最上位階，同時注意主動語態與被動語態的變化。

變換主動和被動語態的樹狀圖

第 7 節 內涵與外延的邏輯順序

　　首先對語言符號提出內涵與外延概念的是英國哲學家彌爾（John S. Mill）。內涵意義是質性的、情緒感受性的，通常以某種價值或偏好來表達。美國伊利諾伊大學香檳分校的心理學教授奧斯古（Charles E. Osgood）在1942年用語意差異法（method of semantic differential）的評價、力量和行動三個基本向度來說明各種語言的內涵意義，區分不同文化團體的差異。內涵是事物歸屬的類，外延是事物構成的所有的類。換句話說，內涵相當於歸納的動作，外延則有演繹的意涵。

　　「麵包」這個詞的內涵是「食物」，外延是一切都可以稱之為麵包的東西，包括土司麵包、菠蘿麵包、紅豆麵包、肉鬆麵包、奶油麵包、雜糧麵包。下面的心智圖可以很清楚看出「麵包」的內涵與外延關係。

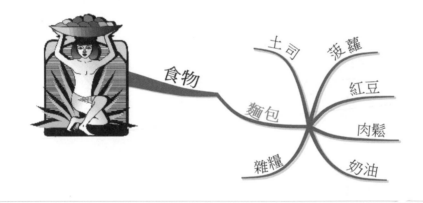

第 8 節 語意網絡架構

　　語意網絡是由代表具體或抽象概念的節點，以及指出概念之間關係的連結線所組成。奎利恩（Ross Quillian）在1960年代試圖在電腦模擬中，經由語意網絡來搜尋和理解資訊。它是從兩個或多個節點的概念激發擴散出更多想法，直到發現一個解答。語意網絡可以看成是一組事實描述，方便我們理解內容，其特點與優點是：

　　1. 它是自然語言概念的分析。

　　2. 同一階語詞的邏輯，具有相同的表達能力。

3. 能透過解釋程序推理。

4. 能夠清楚明確表達相關性。

5. 相關事實可以從節點概念推論出來，不需閱覽全部知識庫。

6. 透過「是」（is-a）和「次」（subset）在網絡中建立下一階層概念，易於進行演繹推理。

7. 運用少量概念即可描述狀態和動作。

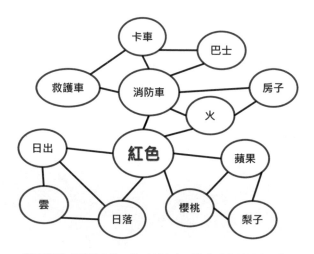

語意網絡（改編自 Collins Allan M. & Loftus Elizabeth F., 1975, P.412）

從上面的語意網絡圖可窺見心智圖樹狀結構的雛形。為符合語意網絡的定義，在心智圖的結構化放射性思考模式中，特別在資訊分類時，同一個階層必須具有同樣的邏輯或屬性。（如下圖）

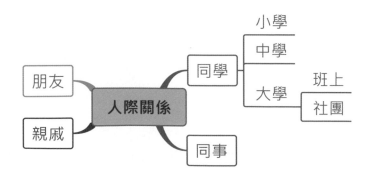

　　柯林斯和奎利恩在其典型研究中獲致的結論，支持了「訊息在長期記憶中是以網路形式儲存」。網路是一種階層化架構，其中關於特定的事實，依其本身的普通性而被儲存在不同階層中，下圖即是表達這樣的網路結構，在較高階層屬實的事件，在較低的階層也會屬實。

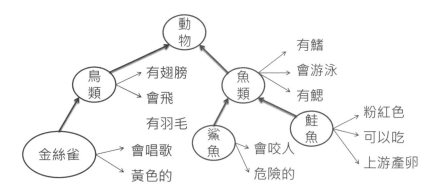

柯林斯和奎利恩的階層化組織語意網路架構（修改自岳修平，1998：93）

階層化組織語意網路架構若以心智圖呈現則如下圖。

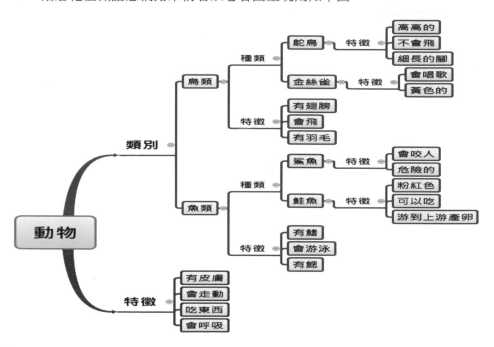

第 9 節 心智圖法的語詞運用原則

心智圖的緣起與其結構都與語意學有著密不可分的關係。透過心智圖呈現出來的內容，包括了語意的知識及語法的知識。

從語意知識的角度來看心智圖法的語詞運用原則是：

（一）詞性選擇是以「名詞」與「動詞」為主，「形容詞」、「副詞」等為輔。

（二）在每一線條上，語詞數量盡量以「一個」為原則，必要時才使用兩個以上語詞。

從語法的角度，心智圖法展開的樹狀結構組織圖必須考量：

（一）從「概括準確性」與「描繪準確性」來建構合乎語法的語詞排列，並注意到不同句法結構排列是否會造成：

　　　1. 不同的語詞意義。

　　　2. 一詞多義造成的歧義。

（二）句子轉換的派生過程中詞性的變換。

（三）內涵與外延時的邏輯順序與分類階層的組織結構。

心智圖法很重視運用「關鍵語詞」（Keyword），在本書中稱為「關鍵詞」，與我們常用的「關鍵字」一詞其實是一樣的。但因為在英文裡每一個「語詞」都是一個單字，很容易辨別；中文的「語詞」會有一個、兩個或三個中文「字」組成。為避免心智圖法中強調每一個線條上寫一個 Keyword 的原則被誤解成只能寫一個中文「字」，而非一個中文「語詞」，因此以「關鍵詞」來表達。

5
KMST 知識地圖學習法 2.0

十七世紀英國哲學家洛克（John Locke）曾說，我們感覺到世界的萬事萬物，不是由零散的知覺碎片隨意堆積而成，而是一個有組織、有系統的整體世界，在這個世界當中的每一件事物都與另外任何一個事物有關聯。知識、概念亦是如此。因此，有系統的組織概念、建構知識在強調知識經濟的二十一世紀，自有其必要性與重要性。本章將說明演繹與歸納、分類與整合知識的方法，最後提出以心智圖法為基礎的 KMST 知識地圖學習法（Knowledge Mapping Study Technique）。

第 1 節 知識的演繹與歸納

人類知識的來源有根據經驗、訴諸權威、採用演繹推理、運用歸納推理與採取科學方法五種，其中演繹法與歸納法是主要方式。

演繹（Deduction）

演繹法是人類為了探究真理所採取有系統性的研究，緣起於亞里斯多德，後來由法國學者笛卡兒正式提出，是一種運用邏輯推理來論證的方法。演繹法是以理性為前提，根據必然前提推演出必然結論，在大前提、小前提與結論間，建立一種由一般到特殊的邏輯關係。此種推理方式亦稱為定言三段論（Categorical Syllogism）。

演繹法有兩個基本方法：正斷法與逆斷法。正斷法的推論原則為「Ａ則Ｂ」，若Ａ條件滿足，則Ｂ一定成立。例如：「電視需要電力」，這台電視可以正常開機，所以這台電視有插電。逆斷法的推論原則為「Ａ則Ｂ」，若Ｂ不成立，則Ａ一定不成立。例如：「所有的人都會死」，他不會死，所以他不是人。

演繹法的特點是前提如果為真，則結論也為真。但若前提為假，那麼結論也會是假的。因此，演繹法的定言三段論是由通則性的陳述開始，然後根據邏輯做推論，最後獲得個別的陳述。

歸納（Indeduction）

歸納法是英國學者培根提出的認知方法，他認為應採取直接觀察的方法，觀察許多個別現象，探求其共同特徵或是特徵之間的關係，從而獲得結論或原理，進一步將結果推論至其他未觀察的類似事例。歸納法有兩個常用方法：

一、從過去發生的事推斷將來會發生的事。例如過去中東地區只要發生戰亂，全球石油就漲價，所以未來只要中東地區有戰爭，石油就會漲價。這個推論的缺點在於，過往事情發生時有它當時的特定條件，若未來該條件不存在，事情則不會發生，原先的推論就被推翻。

二、從片面看全部，以偏概全。例如我家附近幾家雜貨店的米漲價了，所以推論現在的米都漲價了。如果發現有些地方的米沒有漲價，這個推論就無法成立。

歸納法是經由觀察、蒐集、記錄許多事物，然後找出其共同特徵或關係，接著推論到其他相似事物上，最後建立一個通則。

心智圖法在演繹與歸納的應用

心智圖的樹狀結構可以呈現出分類層次、因果關係與聯想脈絡，操作原則是以一個關鍵詞寫在一個線條上。對於演繹時的命題思考，可經由分類層次或因果關係的樹狀結構開展出更多可能性，強化思維的縝密。例如「電視需要電力」，在心智圖上的寫法是「電視」、「需要」、「電力」（圖1），從「需要」

這裡我們開啟了思考的活口，除了原來的「電力」之外，還可能會想到「訊號」、「輸入」（圖2）。

圖1   圖2

　　心智圖法是以樹狀結構來呈現資訊的邏輯分類與階層關係，又透過網狀脈絡來指出不同概念間的關聯。在歸納思考的過程中，可以運用心智圖的樹狀結構呈現共同特徵的資訊，經由視覺化的圖像讓思緒更清晰明瞭。例如：「股市大漲」、「失業率下降」、「百貨公司業績上升」與「工業用電增加」的共同特徵是因為「經濟好轉」（圖3）。「經濟好轉」、「治安良好」、「教育普及」與「司法公正」的共同特徵是需要有個「廉能政府」（圖4）。

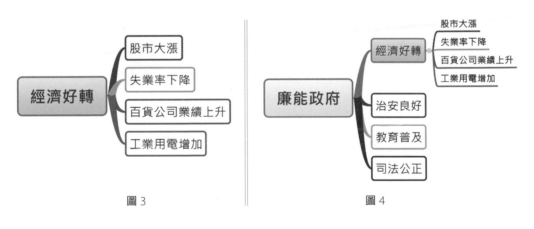

圖3   圖4

第 2 節 知識分類與整合：CHM 分類與階層法

　　分類是區分出不同事物，或把相似事物集合在一起的一種邏輯思考。日常生活中大腦的運作（例如腦力激盪、記憶、問題分析與解決）都與分類有關。

美國著名教育學家杜威（John Dewey）曾說過:「所有的知識都是分類。」（All Knowledge is Classification）建構知識有兩種方式，第一種是由上往下，將不同的事物做「群組分類」；第二種是由下往上，把相似事物集合在一起的「概括分類」。

　　經由詳盡確實的知識分類，可以幫助我們瞭解宇宙生生不息的萬事萬物。換句話說，分類是一種看待世界的視角，分類者將其感興趣的事物現象，與其他事物現象之間彼此的關係呈現在情境脈絡中，以描述、解釋、預測及產生新知識。從分類方式可以看出分類者的世界觀。

　　柯沁曼（Sherry Koshman）指出，人類用分類方式組織知識，主要目的是透過簡潔的分類圖表來說明事物之間的關係，以提升記憶效果，同時更容易檢索到需要的資訊，描述並建構相似事物間的關係。分類是依據事物之間的關係，將其排序分組，這些關係可以是明顯可見，也可以是推測而來的。

　　分類圖表不僅能呈現出知識概念，更能將這些概念以系統方式組織起來，形成有次序的結構。因此，分類圖表的功能是描述與解釋概念與概念之間的關係架構，建構出其中的關聯，以有效地呈現知識。至於所謂種類則是與分類息息相關的抽象概念，在分類過程中，種類被視為分析與組織事物、現象、知識的工具。

　　我們生活場域常用的分類思考方法論述繁多，這裡以職場較常提及的 KJ 法以及金字塔原理，來說明「由下往上」與「由上往下」兩種形成知識類別的過程與方式。

KJ 法

　　KJ 法能透過 A 型圖解，針對某一特定主題蒐集大量的事實、意見或資料，再根據它們相互間的關係做出概括分類。KJ 法是由日本東京工業大學教授川喜田二郎（Kawakita Jiro）創立，本質上是一種以語文為主體的定性資料處理方法論，應用範圍普遍，同時也是一種經常應用在腦力激盪的創造力技法。用 KJ 法整理資料的基本操作步驟如下:

（一）把資訊或想法寫在卡片上，想法越多越好，原則上每一張卡片只寫一個資訊、概念或想法。

（二）寫好的卡片根據其內容的相似性予以群組化：

　　1. 小群組：類似的卡片聚在一起，成為一個小群組，並根據這個小群組中每一張卡片內容的屬性，為這個小群組取一個類別名稱。

　　2. 中群組：類似的小群組聚在一起，成為一個中群組，並根據這個中群組中每一個小群組的名稱屬性，為這個中群組取一個類別名稱。

　　3. 大群組：類似的中群組聚在一起，成為一個大群組，並根據這個大群組中每一個中群組的名稱屬性，為這個大群組取一個類別名稱。

（三）以圖解的方式，呈現出大類、中類、小類與卡片內容（下圖）。

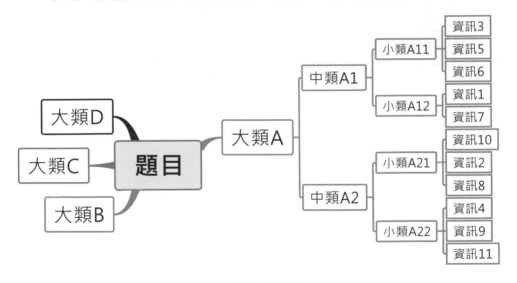

KJ 法的 A 型結構

金字塔原理

　　金字塔原理是由麥肯錫企管顧問公司的明托（Barbara Minto）於 1973 年提出的思維建構法。管理大師大前研一在《思考的技術》中所提到的金字塔

結構思考法，正是源自於明托。這是一種兼具水平關聯與垂直關聯的思考模式，同時涵蓋由上而下與由下往上的分類方式，不僅適用於寫作、思考、提問，也可以應用在書面或口頭報告上。

明托指出，人類的大腦會自動將每件事物排出順序，把同時發生、相關聯的一組東西視為同一類，並且進一步把一種邏輯模式套用到這個類別上。例如咖啡、泡麵、花果茶、滷味、蛋糕、鬆餅看似不相干，但是大腦會把咖啡、花果茶歸納為「飲料」，蛋糕、鬆餅歸納為「點心」，「飲料」與「點心」再歸納成「下午茶」，泡麵、滷味歸納為「宵夜」，「下午茶」與「宵夜」可再歸納為「食物」。

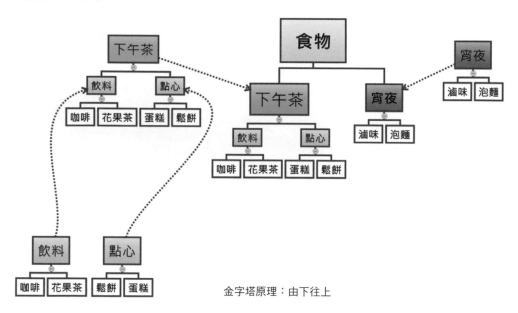

金字塔原理：由下往上

遇到事物數量較多時，為了方便記憶，大腦也會對它們做邏輯分類，例如燕子、腳踏車、小狗、海報紙、毛筆、輪船、影印紙、貨車、烏骨雞、飛機、鋼筆、獨木舟、鯨魚、鮭魚等14個項目，可以先分成「動物」、「植物」、「交通工具」、「文具」等四大類。（右頁-上）

動物又可分成「哺乳類」與「卵生類」；交通工具可分成「人力」與「動力」；文具也可分成「筆」跟「紙」。（右頁-中）

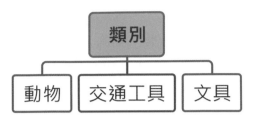

金字塔原理：由上往下 1

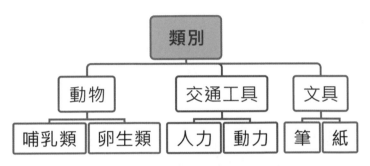

金字塔原理：由上往下 2

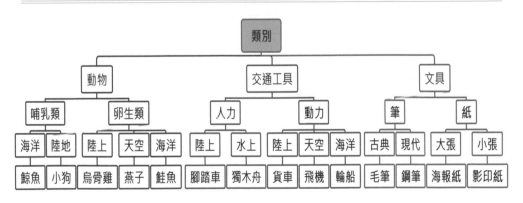

金字塔原理：由上往下 3

　　哺乳類又可分為「海洋」與「陸地」，卵生類可分成「陸上」、「天空」與「海洋」，人力可分為「陸上」與「水上」，動力可分為「陸上」、「天空」與「海洋」，筆可分為「古典」與「現代」，紙可分成「大張」與「小張」。

金字塔原理的應用範圍非常廣，上述兩個例子僅就分類上說明。第一個例子是由下往上，從小類、中類到大類的歸納分類，形式非常類似 KJ 法；第二個分類例子則是由上往下，從大類、中類到小類。不論是哪一種形式的分類，分類與命名一定存在某種邏輯。

舉例來說，在「交通工具」那一類之下，先分成「人力」與「動力」，之下再分「陸」、「海」、「空」。也可以先分成「陸」、「海」、「空」，然後每一項的下一階再分成「人力」與「動力」。兩種形式在邏輯分類上都沒有錯誤，究竟哪一個概念放上位階，哪一個放下位階較佳？沒有標準答案，但是跟解決問題或思考事情的「目的」或「優先順序」有關，如果在交通工具的選擇是先考慮會不會耗費體力，那麼「人力」、「動力」就會在「陸」、「海」、「空」的上位階，反之亦如此推演。

CHM 分類與階層法

根據我的教學經驗發現，初學心智圖的學生有個最常碰到的困惑：畫出中心主題圖像之後，接下來就不知道該在樹狀結構第一個階層的內容寫什麼。或是一段文章整理出重點項目後，卻不知該如何歸納出上層結構的名稱。這時如果能善加運用 CHM 分類與階層法（Classification & Hierarchy Method），以上困惑將能迎刃而解。

要如何決定或選擇心智圖主幹上的類別？博贊提出了在不同知識領域的邏輯分類原則 BOIs（Basic Ordering Ideas），做為展開心智圖第一階層類別名稱的好選擇：

（一）問題本質分析：以 5W1H 來分類。

（二）書本：以章／節／主題來分類。

（三）屬性內容：以事物的特性來分類。

（四）歷史：以發生的時間順序來分類。

（五）結構：以事物形態來分類。

（六）功能：以工作內容來分類。

（七）流程：以事物如何進行來分類。

（八）評價：以「有多好」、「價值」、「事物的利益」來分類。

（九）類別：以事物之間的關係或屬性來分類。

（十）定義：以事物的意涵來分類。

（十一）個性：以角色或人格特質來分類。

　　心智圖法雖然是很個人化的思考與學習工具，但還是必須遵守一定的原則，以便更有效率地組織知識與產生知識。

　　因此我統整了演繹與歸納、KJ 法、金字塔原理與博贊的 BOIs 原則，歸納出心智圖 CHM 分類與階層法。這方法的運作原則在決定第一階資訊時，除了上述博贊的建議之外，還可以結合管理策略或學習策略做為邏輯分類。例如問題分析時可以採用 PEST 或 SWOT 來分類；專案管理可以採用五大流程與十大知識領域來分類；學習時的文章筆記可以採用「人、事、時、地、物」、「5W1H」或「開始（原因）、經過、結果」來分類；上課、聽演講的筆記可以根據演講大綱或自己關心的問題來分類；會議時可以根據討論議題來分類。無論如何，重點在於依照實際情況選擇合適的各個階層分類，而非隨意選擇，盡可能同一個階層採用相同邏輯屬性概念。除非是創意發想時的自由聯想，才允許天馬行空的概念出現。

　　第一階主題定案之後，接下來就要決定第二階、第三階等各個下位階了。在事物的分類，會是中類、小類到內容的描述說明，例如第一階是「食物」，第二階是「水果」，第三階是「瓜果」，第四階是「西瓜」；如果腦袋先產生一個想法是「雞腿」，我們要思考它應該歸在哪一個大類下，並補充大類與雞腿之間可能該有的中類、小類。

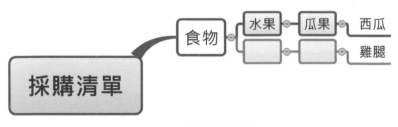

心智圖法的 CHM-1

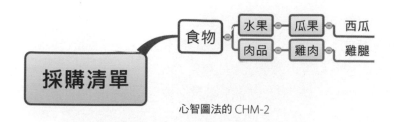

心智圖法的 CHM-2

以 5W1H 或專案管理的流程、知識領域做第一階分類，要決定第二階之後的分類主題就必須依照實際面臨的情況而有不同選擇，例如 5W1H 每一項目之下的第二階也是 5W1H，「地點」（Where）的下一階又分別是「為什麼選擇這個地點」（Why）、「誰可決定地點」（Who）、「什麼時候要決定地點」（When）等。

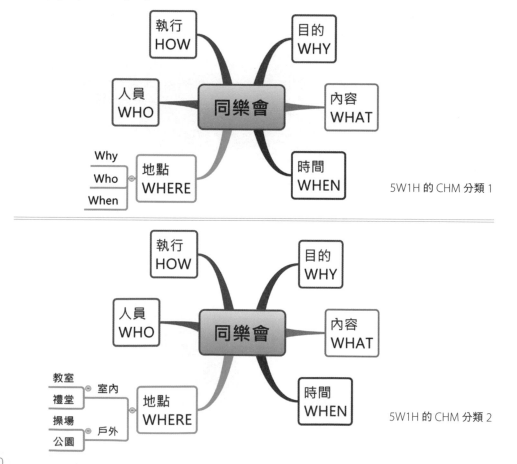

5W1H 的 CHM 分類 1

5W1H 的 CHM 分類 2

也可以分成大、中、小類的形式，例如：「地點」的下一階是「室內」、「戶外」，再下一階是「教室」、「禮堂」或「操場」、「公園」。

要分析問題與解決問題時，因果關係中每一階層也會依實際應用的需要，衍生出不同的階層化分類。例如因果關係中第一階是「問題」，第二階是「造成的原因」，第三階是「問題原因的解決方案」。要特別注意的是，在因果關係的樹狀結構中，原因或解決方案本身也會有分類關係的情況產生。

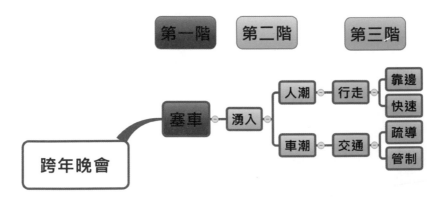

問題分析與解決的 CHM 分類

因此，分類與階層法是在種類項目與類別大小之間交互進行。為了培養見林也見樹的思考能力，當有一個大類別資訊出現時，該根據中心主題的核心概念，思考這個大類應往下層衍生哪些中類與小類；或是一開始時產生了中類概念，這時不但要往上探討比較適合屬於哪個大類，也要往下分析其小類別；如果一開始是小類資訊，同樣也是根據中心主題的核心概念，思考這個小類別其上位階的大類、中類應該是什麼會比較恰當。

經由分類與階層法，我們產生的概念會組織成一個有階層的結構，建構起一個大、中、小類的階層之後，每一個大類中除了原本的中類之外，還可再以水平思考方式探討其他可能的中類；同樣的，每一個中類之下，除了原本的小類之外，也可以用水平思考方式產生其他小類。如此一來，就可以建構出一個思緒非常縝密的金字塔結構。

第 3 節 KMST 知識地圖學習法 2.0

「地圖」讓我們清楚知道身處何處，何去何從，欲達目的該走的路徑與步驟。學習亦是如此。有效的學習地圖，指引每個正確的學習方向、步驟與內容，讓我們事半功倍。我自幼功課極差，再怎麼努力挑燈夜戰苦讀，花再多的錢請家教補習，成績上也未見任何成效。如今回想起來，最主要原因是沒有讀書方法，也就是缺了一張學習地圖，讓自己陷入苦讀的深淵中。正確有效的學習地圖在哪裡？本節將簡述幾個重要的學習模式，並提出一種以心智圖法為基礎的 KMST 知識地圖學習法 2.0（Knowledge Mapping Study Technique2.0）。

SQ3R 學習法

美國俄亥俄州州立大學心理學教授羅賓森（Francis P. Robinson）在《有效的學習》（*Effective Study*）中提出一種有效提升學習能力的讀書方法，稱之為 SQ3R。這種方法主要用於精讀課文，最初是為了美軍特種訓練設計。SQ3R 是五個英語詞語的字首，即：概觀（Survey）、發問（Question）、閱讀（Read）、背誦（Recite）、複習（Review）。

一、概觀（Survey）：在詳細閱讀文章、書本之前，先很快地瀏覽一遍文章，重點在於掌握文章的主要標題及內文結構，以便設定學習目的、方向，和提升閱讀的注意力。先閱讀該篇文章或書本的序言、總結及參考文獻資料，試試能否從中獲得文章或書本的主要議題、概念。目標至少要掌握三到六個要點。

二、發問（Question）：以文章或書本中的章節標題與六何法（5W1H），針對要學習的主題自行擬定問題。

三、閱讀（Read）：透過詳細閱讀，找出發問問題的答案。這階段要主動閱讀，在內文中找尋先前擬定問題的答案。

四、背誦（Recite）：閱讀時利用各種記憶技巧幫助記憶重點，例如用不同顏色螢光筆畫重點、口頭複誦或筆記摘要。

五、複習（Review）：再次閱讀所畫的重點或整理的摘要筆記，試著回憶所記憶的重點內容。

OK4R 學習法

美國康乃爾大學在 1962 年將羅賓森的 SQ3R 修改成 OK4R。OK4R 的六個步驟又可細分為學習前、學習中、學習後三個階段：

◎學習前階段

瀏覽（Overview）：以速讀方式快速瀏覽全文一遍，以概略瞭解章節次序及重要段落。這步驟在資訊爆炸的現代更顯重要，能讓我們篩選出真正需要的文章，避免迷失在資訊叢林裡。

◎學習中階段

找出重點（Key ideas）：根據文章標題標示出重要概念。找重點可從閱讀每一段落的第一、二行以及最後一、二行著手，因為作者一般會在這些地方闡明旨意及歸納重點。同時要注意專有名詞與自己不懂的地方。

閱讀（Reading）：逐字、逐句、逐段仔細地閱讀，同時標示重點、畫出要句、撰寫心得、細節理解。

◎學習後階段

回憶（Recall）：閱讀之後不再看書本，憑印象盡量用自己的語言說出或寫出剛讀過的重點，即時測驗自己，如果無法明確回想起內容，就需要回到第三步驟再閱讀一次。

思考（Reflect）：「回憶」只是記住書本上的知識，經過「思考」的步驟，知識才能轉化成屬於自己的東西。整理新學習到的知識與過去既有的知識、經驗，思考其中的疑點、歧義或衝突，也找出吻合相似之處，便可吸收新知識取代舊知識，或排斥新知識鞏固舊知識，並且可擴大自己的認知層面。

複習（Review）：在適當時機或一定時間間隔之後，重複前述五個步驟。每次複習時要能找出新的或更多重點，好提升理解與記憶效果。要能深入分析作者觀點背後的意涵，體會為何以及如何寫這篇文章，如此便能與作者隔時空進一步交流。

坎第的培養閱讀能力方法

　　南昆士蘭大學副校長坎第（Philip C. Candy）在《自我導向的終身學習》（*Self-Direction for Lifelong Learning*）一書中指出，培養閱讀能力包含了四大步驟：

一、準備閱讀：綜覽文章的結構、題材，也就是閱讀書中主要概念、理念、定義或圖表、表格等。

二、思考閱讀的內容：著重於文字的理解、描述的理解與應用的理解。

三、萃取並組織資訊：以摘要式筆記來萃取與組織資訊，確認文章中主要的議題、原則以及支持的證據。透過這步驟可以瞭解主要概念之間的相關性，以及與其他理念之間的相關程度。

四、轉化資訊：清楚理解閱讀文章要傳達的理念，並能以自己的意思表達出來。

　　坎第所提出的四大步驟能幫助你在較高階的認知過程中，透過高層次閱讀達到自我導向學習的目標。

博贊的 MMOST 學習法

　　博贊在《心智圖聖經》（*The Mind Map Book*）中提出了MMOST（Mind Map Organic Study Technique），將以心智圖做為學習筆記的讀書方法共分成八個步驟：

一、快速瀏覽書本一次，讓自己對書中內容產生整體概念，然後根據書本的主要概念在一張白紙上畫出一個圖像。

二、根據文章的內容多寡與難易度，來規劃學習時間與範圍。

三、另外拿出一張白紙，以心智圖快速列出與書本主題相關的資訊，可以是書中的內容，也可以是自己既有的知識。

四、在剛才的心智圖中加入新的想法，或以一張全新的心智圖列出學習的目標。

五、假設自己正在與作者對話，再次略讀內容、標題、重要因素、圖表與目錄，並在第一張只有中心圖像的心智圖上加入幾個主幹線條，代表書內的主要議題。

六、根據文章開頭與結尾的段落來揣測作者意圖，並在心智圖各個主幹之後的支幹上加入更多次要議題。

七、開始詳細閱讀文章，尤其是艱澀或特別重要的地方，並在心智圖中加入需要的詳細重點。

八、透過解決問題、完成學習目標、做心智圖重點摘要筆記來複習。

博贊在《超高效心智圖學習法》（*The Buzan Study Skills Handbook*）中將 MMOST 改名為 BOST（Buzan Organic Study Technique），但內容意涵並無太大差異。

格綠寧學習法

傳授高效率閱讀與學習技巧的格綠寧（Christian Grüning）根據自己準備律師、法官考試的經驗提出學習法，共分成四大階段：

一、資訊的瀏覽：以結構式閱讀方式快速瀏覽文章內容，像拼圖一般做整理與歸納，並以積極的態度圈限範圍、提出問題與活化知識。

二、資訊的處理：以符合人類大腦結構傾向及運作方式的心智圖來處理並建立學習內容結構，有效掌控重點並做補充，透過觸發學習動機與適當壓力管理來提升學習能力。

三、資訊的儲存：先透過心智圖建立知識網絡，讓學習者容易理解內容結構與重點；融入五官感覺提升專注力與訓練記憶；做好時間管理，有計畫地學習、記憶；最後透過規律複習來強化記憶效果。

四、資訊的取出：資訊重新建構的階段，檢驗前三階段是否處理得當。

高峰學習

高峰學習是一種在自我控制、設計和選擇之下的自我導向學習，學習情況輕鬆、愉快、自然，是一種使生活更精進、更充實、更有意義的生活學習，更是強調運用各種方法和資源來幫助學習，看重學習方法更甚於知識本身的「學習如何學習」。過程分為學習前、學習中與學習後三階，詳細意涵與內容請參

見下圖，看看各位是否能經由閱讀心智圖瞭解我要傳遞的知識。

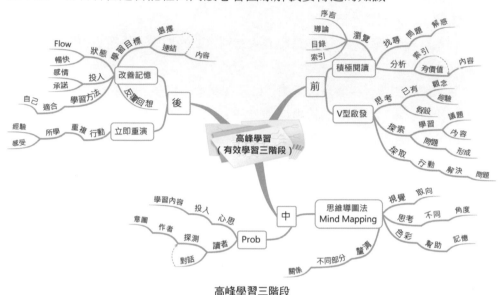

高峰學習三階段

KMST 知識地圖學習法 2.0

綜合上述多位學者的觀點可以看出，整理重點摘要筆記是有效學習不可或缺的一環。整理筆記不只是記錄內容，還要加入自己的想法意見，同時為了避免見樹不見林的學習困境，以速讀方式先掌握整本書的概貌是先決條件。

速讀為何對學習有幫助？台大呂宗昕教授指出，使用速讀的優點好比先大致逛逛百貨公司，熟悉環境之後，再去有興趣的樓層商家仔細觀看選購。因此速讀對學習的幫助有下列幾點：

一、 容易掌握讀書的重心：快速瀏覽一次全部的文章，便可大致瞭解內容多寡與難易度，重點出現在哪些章節，有助於讀書時間分配和擬定讀書計畫。

二、 方便標示重點記號：對文章內容有大致概念之後，閱讀第二遍時才容易掌握真正需要的重點。

三、 有助於減輕讀書壓力：利用最短的時間將文章內容大致看過一次，心理上比較輕鬆，不會有一直讀不完的壓力。

四、增加考試的分數：如果真的沒有時間細讀課文，速讀還是能幫你對內容產生大致印象，看到考題時不會一籌莫展，多少可以寫出一些東西，拿到一點分數。

以上提及的學習法都涵蓋了速讀、筆記與記憶幾個元素。歸納上述學者論點，以及我多年實務應用與教學經驗，在 2015 年提出了「KMST 知識地圖學習法」，經過多年的實踐，今天藉由本書修訂版提出優化之後的「KMST 知識地圖學習法 2.0」。

這是一種結合速讀、筆記與記憶的全腦式學習法。它適用於高中以上的學生，或針對大量知識內容的書籍，例如行政學、管理學、教育學、心理學……等專書或論文，進行深度、高層次的學習。

做法是將學習分成三個階段，分別是探索階段、筆記階段與記憶階段。其內容與步驟如下：

◎探索階段

為了達到見林也見樹的系統化學習，掌握有價值的資訊，避免浪費時間閱讀、記憶不符合學習目標的內容。因此，在花大量時間細讀一本書或長篇文章之前，可先透過下列三個步驟，掌握書本內容的概要，並設定閱讀該書（或文章）的學習目標。

一、拿到一本書時，先從書（或文章）的名稱、章節目錄思考一下，針對該主題，在尚未閱讀文章內容之前，你已經瞭解多少？如果你是作者，你會寫出哪些重點？將你的想法以重點摘要的心智圖（手繪或電腦軟體繪製）方式列出來。

二、快速瀏覽整本書（或文章），特別留意內容的結構與標題、圖表等，看到有不懂的地方、重要的資訊，先不要停頓下來思索，只要在頁面貼個小標籤，提醒自己這裡有需要細讀的內容即可。繼續快速把內容看完。

三、思考作者想要表達的重點是什麼？你可以從這本書（或文章）當中學到什麼？以心智圖（手繪或電腦軟體繪製）列出你的學習目標與學習重點，根據下列其中一項或多項：

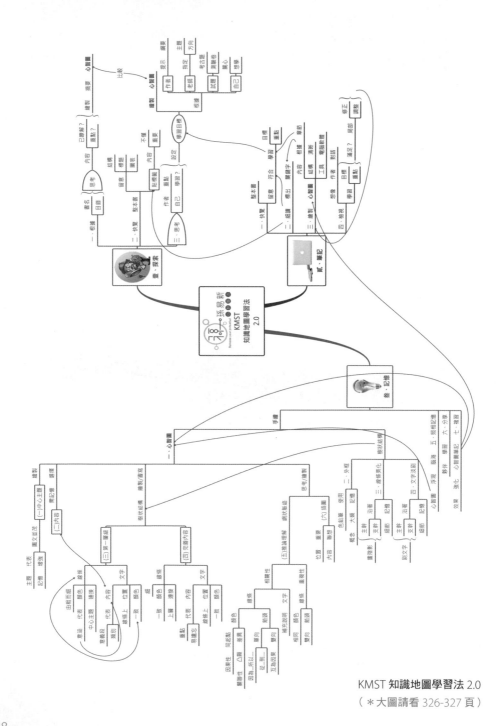

KMST 知識地圖學習法 2.0

（＊大圖請看 326-327 頁）

（一）作者所提示的學習綱要。

（二）老師指定的學習主題或方向。

（三）考古題、測驗卷的內容。

（四）自己關心的議題或想學習的內容。

　　與第一步驟所完成的心智圖做個比較，看看哪些是你尚未閱讀文章內容之前就已經知道的知識。

◎筆記階段

　　經過探索階段之後，如果該書（或文章）值得進一步深入學習，就可以透過心智圖筆記來萃取並組織資訊。此一階段不僅只是記錄知識點而已，事實上它是一個可以提升對書（或文章）中內容理解與記憶的有效過程。

一、再次快速瀏覽整本書（或文章），這時把閱讀重心放在出現符合學習目標與學習重點的章節段落。

二、仔細閱讀文章當中符合學習目標、學習重點的內容，或探索階段第二步驟中貼上小標籤那些艱澀難懂的章節、段落，並以具有邏輯層次性的方式，用螢光筆或色筆標示出關鍵詞。

三、以繪製心智圖的軟體將上一步驟標示出的關鍵詞，整理轉化成結構清晰、易懂易記的心智圖學習筆記。其步驟如下：

（一）在中心主題的地方輸入書名、篇名或單元主題名稱。若為了加強印象，可以插入相關聯的圖像。

（二）根據符合學習目標之各章節名稱或意義段的概念，在第一階層的主幹線條上展開若干個主要主題。

（三）從章節或意義段的內容意涵，將線條色彩修改成對自己具有意義或直覺聯想的顏色。

（四）接著分別將每一個主要主題（主幹）之後的次主題或內容細節逐一完善。

（五）檢視不同主題之間是否具有相關性，包括彼此之間是否具有因果關係，或重複出現的概念，有的話則以箭頭線條指出其相關性，必要時可在線條上加文字補充說明。

（六）除了根據探索階段第三步驟中的要點，請再次思考並檢視心智圖當
　　　中的內容，並在特別重要或自己容易遺忘的關鍵詞上，插入相關聯
　　　的圖像，以吸引注意力並強化記憶的效果。

四、以與作者虛擬對話的方式，檢視心智圖的內容是否滿足原先預期的學習目
　　標與重點，如果有必要的話，將你的心智圖學習筆記，做出局部的調整與
　　增修。

◎記憶階段

　　經過上一個心智圖筆記階段，以我自己報考博士班，以及輔導許多學員報
考公務員、升學考試的成功經驗，大部分書中的內容在透過電腦心智圖筆記的
理解過程中，已經可以牢牢記住。但有些內容不僅容易混淆也難以記憶。因此
有必要透過知識地圖學習法的第三階段來強化記憶的效果。

一、手繪心智圖：針對筆記階段以心智圖軟體整理好的學習筆記當中，需要特
　　別加強記憶的部分，再以手繪心智圖的方式，重新繪製一次，以幫助記憶。
　　請注意，不要看著電腦上的心智圖，一個關鍵詞、一個關鍵詞的抄寫過來，
　　而是一次多看幾個關鍵詞，組成一個有意義的概念之後，憑著印象把內容
　　畫出來。再次提醒，手繪心智圖的時候不要只沉醉畫出漂亮的圖，而是在
　　繪製的過程中，同時複習並記憶圖中的內容，其過程與電腦繪製類似，做
　　法與規則如下：

　　（一）以圖文並茂的方式，在一張 A4 白紙上畫出一個 5 公分左右，能代
　　　　　表主題且能留下強烈印象的中心圖（central image），它必須是
　　　　　彩色的圖，並在圖中留下適當的空白，以書寫主題文字。

　　（二）選擇、確認需要記憶的內容範圍，並針對內容區分成幾個意義段或
　　　　　類別。

　　（三）先畫出所有的第一個層級。線條顏色必須對你而言是能代表該意義
　　　　　段或類別的情緒感受，線條要與中心的圖像連接在一起，並且是由
　　　　　粗而細，從中心往外畫出去，然後在線條上以相同顏色寫出第一個
　　　　　層級的意義段或類別名稱。

　　（四）接著陸續完善每個意義段或類別之下的所有內容。這時第二層級以

下的線條只要畫成一般粗細即可。線條若是往上的方向畫凸形，往下則凹形，線條與文字的顏色原則上與第一層級相同。再次強調文字一律寫在線條上方。

（五）如果在不同資訊之間有相關性的話，要加上單箭頭或雙箭頭的關聯線條。

（六）在特別重要的地方，加上能對內容產生聯想的彩色插圖，以增強視覺上的注意力與內容的記憶效果。

二、以相同或類似顏色的彩色鉛筆，在每一個主要主題（主幹）所展開的樹狀結構，沿著邊緣畫出一個包覆狀的邊界外框。透過這個過程，記憶這篇文章分成幾個主要概念或意義段。

三、接著也是以相同或類似顏色的彩色鉛筆，沿著主幹、支幹線條畫出由粗而細的陰影美術效果，除了創造美感，同時記憶線條上的細節內容。

四、同樣也是以相同或類似顏色的彩色鉛筆，淡刷主幹、支幹線條上的文字，並再次記憶線條上的細節內容。

五、最後以照相記憶的方式，讓手繪心智圖可以輕鬆浮現腦海為止。

六、以整理好的心智圖學習筆記，用自己的表達方式分享給學習夥伴。

七、往後經常複習你的心智圖學習筆記，以強化對書本（或文章）重點內容的記憶效果。

　　至於在「KMST 知識地圖學習法 2.0」當中所需要用到的心智圖文章筆記整理技巧，在本書後面實務應用的部分會再作進一步說明。

6
創意思考

　　管理大師彼得 • 杜拉克 （Peter F. Drucker）曾經說：「不創新，即死亡。」（Innovate or Die）創意思考是創新的前提，創造力是創意思考的來源。凡事只要用「心」，就能激發更多智慧和想法。本章將說明創造力的意涵，以及與心智圖法相關的創意思考理論。

第 1 節 什麼是創造力？

　　創意是新而有用的想法，創造力是產生創意的能力，將創意透過企劃力與執行力付諸實現則是創新。本節將闡述創造力的意涵及與心智圖法的關聯性。

創造力的概念

　　依據韋氏大字典的解釋，創造有「賦予存在」、「無中生有」或「首創」的性質。創造力是一種創造的能力，也有學者稱為創造的思考能力。

　　創造力大師陳龍安認為，創造力是指個體在支持的環境下，結合敏覺、流暢、變通、獨創、精進的特性，透過思考的歷程，對事物產生分歧性觀點，賦予事物獨特新穎的意義，結果不但使自己也使他人滿足。許多研究也顯示，有創造力的人具有勇氣、善於表達、幽默與直覺等特徵。

　　擁有詳盡的背景知識是創造力的關鍵。太陽底下無新鮮事，幾乎所有的創意都只是把既有想法重新整合而成。那些有創意的人，對自己創作的主題都具有豐

富的知識。牛頓是歷史上最有創意的科學家之一，談到廣博知識的重要性，他說：
「如果我能看得比別人遠，那是因為我站在諸多巨人的肩膀上！」注2

創造力的小故事

　　在我們生活之中，創新的產品與服務無所不在，從綠能屋、智慧型手機、
餐廳的服務流程到搭乘計程車，都可發現創造力。究竟什麼是創造力？在說明
之前，不妨先聊聊兩個常在網路上被分享的故事。

　　　　一個陽光燦爛的中午，在美國明尼阿波利斯市的一家餐廳，一
位顧客想吃個簡單的午餐，但是客人很多，點餐的服務生非常忙
碌。這時一位收拾碗盤的服務生注意到這位坐在角落的顧客，便主
動上前招呼。顧客說他只要一杯健怡可樂和兩個麵包，但是這家餐
廳只有百事可樂，於是顧客改點了一杯檸檬水，開始享用起午餐。
過沒多久，剛才那位服務生送上來一杯清涼的健怡可樂。以下是他
們的對話：
　　顧客：「你們不是沒有賣健怡可樂嗎？」
　　服務生：「沒錯，我們沒賣。」
　　顧客：「這杯是從哪裡來的？」
　　服務生：「對面街角雜貨店買的。」
　　顧客：「誰付的錢？」
　　服務生：「是我，才兩塊錢而已。」
　　顧客：「哇！謝謝你。」
　　服務生：「不客氣。」
　　顧客不禁被這位服務生專業貼心的服務折服。一年之後，顧客
再度光臨這家餐廳，那位服務生已經晉升為經理了。

注2：柯林‧羅斯、麥爾孔‧尼可（Colin Rose & Malcolm J. Nicholl），《學習地圖》（Accelerated Learning for the 21th Century），戴保羅譯，台北：經典傳訊，1999。

　　這位服務生的表現就是典型創造力中敏覺力與變通力。接著我們來看第二則故事。

　　　　大老闆家的總管要退休了，他想從兩位副總管中挑選一位來接任總管職務，由於平時兩位的表現都很努力，大老闆不知該晉升哪位比較好，於是想出一個考驗的方法。

　　　　大老闆告訴副總管甲：「明天家裡要宴客，想請大家吃西瓜，你去幫我問一下西瓜怎麼賣？」

　　　　副總管甲快速來回並回報：「老闆，一斤25元。」大老闆問：「甜嗎？」副總管甲又快速來回並回報：「老闆，很甜，我試吃了。」大老闆繼續問：「多買可以算便宜一點嗎？」副總管甲再一次快速來回並回報：「老闆，買十斤的話，每斤可以算23元。」

　　　　大老闆找來副總管乙，同樣說：「明天家裡要宴客，想請大家吃西瓜，你去幫我問一下西瓜怎麼賣？」

　　　　副總管乙去了一會兒才氣喘喘地跑回來，回報說：「老闆問好了。我先問平常購買的那家水果攤，他一斤賣25元，買十斤以上可以算23元，我跟他套交情說是老顧客了，他願意每斤22元出售，我也試吃了幾口，確實很甜。但是我又跑到對面去問另外一家水果攤，他的西瓜也很甜，而且不管買多少都願意以每斤22元出售，買十斤以上的話，還幫我們送過來。」

　　如果你是這位大老闆，要晉升哪位成為總管？答案應該很清楚了吧！副總管乙就是典型創造力當中精進力的表現。

　　因為工作的關係，我經常四處演講，偶爾有邀請單位會安排計程車在當天一大早到我家樓下來接。預訂時間十分鐘前我就會接到司機的電話，溫馨告知已經在樓下等候，我一下樓就會看到穿著整齊制服的司機面帶笑容為我打開車門，車內駕駛座旁布置了新鮮的當季鮮花，還為我準備了麵包、牛奶、礦泉水

以及當天的報紙。出發時，司機還會徵詢想聽哪一類型的音樂，音量大小是否恰當？抵達目的地，司機立刻下車繞到後面幫我開車門，並遞上名片，說聲：「希望有機會再次為您服務。」這樣貼心溫馨的服務或許已經算不上非常獨特的獨創力，但絕對是精進力的典範。在演講結束，主辦單位請我填寫講師意見回饋表，在「交通接送」一欄中我一定會為這位司機打滿分，並極力推薦繼續採用。

從以上案例我們可以得知，在創意思考歷程中所需的敏覺力、變通力與精進力的重要性，的確是不亞於流暢力與獨創力。接著，我們進一步來探討何謂「創造力」。

創造力的定義

美國心理學會主席基爾福特（J. P. Guilford）從智力結構的觀點，區分了發散性與聚斂性思考。聚斂性思考必須給出正確答案，發散性思考是一種問題解決的歷程，引導個體產生許多不同的答案。在創造力的測驗中，可以觀察到流暢性（點子數目多寡）、獨創性（不尋常或獨特的點子）與變通性（點子所屬類別的數量）的差異。創造力本身是一種創造的能力，並隨著以往的經驗或知識所累積的智力、個人思考風格、環境、動機影響，產出有創意的反應，是一種以獨特、新奇的觀念解決問題的歷程。

陳龍安綜合相關學者觀點也列出影響創造力的因素，可分為能力、歷程、人格特質，重點歸納整理如下：

一、創造來自五種能力：

（一）敏覺力：敏於覺察事物，發現缺漏、需求、不尋常及未完成部分的能力。

（二）流暢力：在一定的時間內，根據主題連續思考，產生構想數量多寡的能力。

（三）變通力：不同分類或不同方式的思考，從某一輛思考列車轉換到另一列車的能力，以不同的新方法去看一個問題。

（四）獨創力：想法的獨特性，想出別人想不來的觀念。由某一項反應在

全體反應中所占比例來決定，與別人雷同度越少，創造力越高。

（五）精進力：一種補充概念，或在原來構想或基本概念再加上新觀念，增加有趣的細節，或組成相關概念群。

二、創造有四段歷程：

（一）準備期：蒐集有關問題的資料，結合舊經驗和新知識。

（二）醞釀期：百思不解的問題就暫時擱置，潛意識仍然會思考解決問題的方案。

（三）豁朗期：突然頓悟，知道解決問題的關鍵所在。

（四）驗證期：實際運用頓悟出來的觀念，驗證其是否可行。

三、有創造力的人具備四種人格特質：

（一）好奇心：對事物產生懷疑，疑問隨即伴隨而來。當問題產生時便去調查、探詢、追問，雖然感到困惑，卻仍然繼續思索，力求釐清事情的真相。

（二）冒險心：有猜測、嘗試、實驗或面對批判的勇氣，也包括堅持己見、應付未知狀況的能力。

（三）挑戰心：處理複雜問題與混亂意見，尋求解決問題的能力。將邏輯條理帶入情境，並能洞察出影響變動的因素。

（四）想像心：在腦中構思各種意象並加以具體化。讓我們超越現實的限制，進入一個無所不能的世界。

博贊在《創意智商的力量》（*The Power of Creative Intelligence*）一書中指出，影響創造力的要素包括下列七項：

1. 運用左右腦心智技能的能力。

2. 將內心想法轉換成書面資料，並增補細節的能力。

3. 思緒的流暢性。

4. 彈性與變通能力。

5. 原創性。

6. 擴散思考能力。

7. 聯想的能力。

心智圖法與創造力

亞里斯多德認為，思考問題時若能將文字轉化成視覺情境，想法才能源源不絕。心智圖法即是一種視覺化思考工具，運用與內容主題相關的圖像來激發想法，可以讓思緒更流暢。心智圖中不同樹狀結構分屬不同類別，我們思考事情時盡量在不同的樹狀結構中切換思維，可以讓想法具有變通性；心智圖法緣起於語意學，因此強調思考時把想法拆解成單獨的語詞，每個線條上的關鍵詞都是另一個思考的起點，得以讓想法更廣更深，想出別人忽略的構想，讓想法具有獨創性。透過樹狀結構來開展想法，很容易能看出哪個大類、中類、小類資訊不足，需要增補，有助於提升精進力。最後，心智圖法強調同時使用左右腦的心智，讓想法能兼顧邏輯與創意、科學與藝術、理性與感性，對養成敏覺力有一定的功效。

第 2 節 運用心智圖法創意思考

創意思考的形成要素中具有心智圖法強調的四個主要核心概念：關鍵詞、放射思考的圖解結構、色彩與圖像。本節將以摘要方式為大家做重點式說明：

一、心智圖的放射性思考可讓我們從一個主題經由聯想，產生許多不同角度的思維。每個關鍵詞都能自成中心，向外延伸，無限擴散，每個擴散都能導回原本的概念。

二、心智圖法可以訓練感官能力，用關鍵詞和邏輯關聯加強記憶，收集各種想法並形成概念。

三、你還可以用心智圖來制定計畫或做筆記，應用文字、數字、行列、順序、圖像、色彩、符號、韻律、聯想等左右腦的天賦心智，不但能增進創造力和記憶力，更能使心智圖逸趣橫生，更具個人特色。在寫作上讓心智圖幫忙靈感發想，落筆前得以從容準備。

四、心智圖利用整體思考的方式，讓資訊可以從不同主題方向呈現，這種方法能有效掌握訊息重點，讓人快速精確地發現問題盲點，並透過心智圖架構知道自己所處位置，或應該吸收哪些資訊以補不足。

博贊指出，心智圖運用到各種與創造力有關的技巧，尤其是想像力、聯想與變通力，因此是一種非常棒的創意思考工具。他並且說心智圖法之所以能激發無限潛能，是因為從大腦心智的角度來看，大腦放射思考的天性與心智圖中每一個關鍵詞、圖像都能激發大量想法的模式相符。在一些智力活動中，例如做決策、記憶、創意思考，若能善加運用放射性思考原則，你的大腦將獲得更多自由擴展的空間。

接下來我們將從腦力激盪、創意工作計畫、創意解決問題、智力結構理論與創意學習的角度來探討心智圖法的功能。

運用心智圖法腦力激盪

以心智圖當作腦力激盪工具時，可根據主題先列出討論的大方向與中方向，甚至小方向。例如下圖：

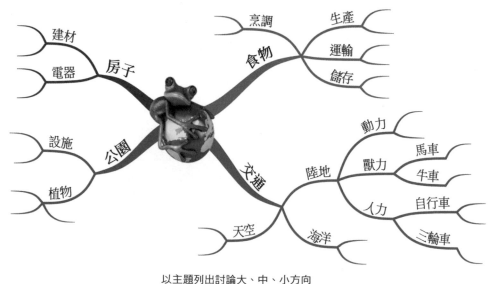

以主題列出討論大、中、小方向

這張心智圖是以「愛護地球」為腦力激盪的主題，從中心主題的圖像發展出「食物」、「交通」、「公園」與「房子」四大討論主題，每個主題之後都可延伸次主題，讓腦力激盪過程中可以自由地在不同主題（樹狀結構）之間變換思考內容，達到創造力中的「變通力」；從每個大主題或次主題概念盡量發揮想像力，將圖像、情境融入五官感覺，讓自己沉浸在虛擬實境中，並在不同主題之間跳躍思考，想到哪裡就寫到哪裡，想法因而源源不絕而生，符合「流暢力」原則。

在書寫心智圖內容時，掌握每一個線條上只寫「一個」關鍵詞的原則，每一個關鍵詞都會成為一個新的思考起點，因而產生了思考的活口。下圖中「食物」、「生產」之後的想法不用「禁用農藥」，而拆成「禁用」與「農藥」，從「禁用」又可聯想到「肥料」或其他生產食物時禁用的東西；從「交通」、「陸地」、「動力」之後，原本腦袋有個想法是「小型汽車」，但是拆成「汽車」與「小型」，從「汽車」又可聯想到「省油」或其他注意事項。「一個」關鍵詞，不僅想法能更流暢、更變通，也能增補更多細節內容，想到他人忽略的構想。這屬於「精進力」與「獨創力」。

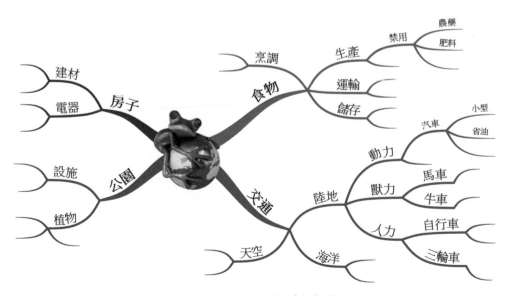

以一個關鍵詞為原則，開啟更多思考活口

創意工作計畫的應用

英國登堡行銷公司（Temple Marketing）總裁尼格‧登堡（Nigel Temple）說：「我們公司使用心智圖來改善財務規劃以及各個層面的管理。例如在腦力激盪階段，心智圖法是一項非常好用的工具，它可以把一些創意想法以符合邏輯順序的方式記錄下來。」

大多數人習慣以文字來呈現大綱結構，心智圖也使用大綱的層次，但大量採用圖形與圖像，可觸及並激發人腦的創造力，產生更多的好構想，而且比傳統腦力激盪的結構嚴謹得多。心智圖的圖解結構可以幫助我們看清楚整體大方向與各個細節，釐清彼此關係，刺激大腦思考與創意發想。

越來越多專案經理人把心智圖法運用到專案管理的企劃上，不少培訓專案管理師的企管顧問公司也採用心智圖為教學工具。在「工作任務分解結構」（WBS）的流程上，心智圖法非常適用於安排專案進度、分配資源、監視工作進度。在定義專案範疇及初期規劃時，經理人需要全腦思考，可運用心智圖做腦力激盪，把想法盡量丟出來，暫時不需太在意想法之間的邏輯順序，只要盡情「塗鴉」。這可以有效擴張人們的想像力，還能激發參與者的熱情。

用創新的方法解決問題

傳統思維方式無法解決的問題，必須採用新的思維，使問題圓滿解決。創造性問題解決過程即是希望在面對問題時能跳脫問題的情境，從有別以往的知識、經驗，做出各種可能的回應，這些回應要兼顧新奇性與實用性，以建立出具有創造性的問題解決方案。

心智圖能幫助你整理思考，如果能經常運用，可以滋養個人在擴散思考與聚斂思考的分析力、觀察力、組織力及聯想能力，思考的創造力在日久之後也會增進。透過心智圖的繪製還可以啟發聯想力，從系統化結構中聚斂篩選出所需的資訊，對用創意方法解決問題十分實用。

實踐智力理論的代表人物

基爾福特（Joy Paul Guilford）提出形成智力立體架構有三個基本向度：

1. 思考運作：認知、記憶、擴散性思考、聚斂性思考、評價。
2. 思考內容：圖形的、符號的、語意行為的。
3. 思考產物：單位、類別、關係、系統、轉換、應用。

迦德納（Howard Gardner）指出，智力並不是一種單一能力，而是由八種不同能力組成，其能力面向與代表人物分別是：

1. 語言智力→艾略特
2. 邏輯數理智力→愛因斯坦
3. 空間智力→畢卡索
4. 身體動覺智力→葛蘭姆
5. 音樂智力→史特勞汶斯基
6. 人際智力→甘地
7. 內省智力→佛洛伊德
8. 觀察大自然智力→達爾文

心智圖就像一位擁有很多隻手的捕手，專門接住我們大腦隨時蹦出來的「思考球」。腦袋中不論何時何地產生了偉大想法，都能經由它的樹狀結構與網狀脈絡，以結構化的擴散性思考模式記錄、儲存起來，並以圖像、符號來標示內容重點所在，強化重點的聯想。因此心智圖可以幫助我們在創意思考擴散的過程中，很有系統地記錄下所有構想。在心智圖中將一句話或一個訊息濃縮到極致，巧妙地運用關鍵詞，就能自在操控大量的情報。

創意學習的應用

心智圖能喚醒人們視覺化的能力。大腦發展視覺圖像能力的同時，也能激發培養思考能力、認知能力、記憶力，並建立自信心。藉由獨立發展圖像組織架構，學習者可以呈現他們對學習內容的理解程度，掌握組織知識的過程。只要學習者瞭解如何創造、應用圖像組織，便學習到了一個有助於計畫、理解、記憶與評價知識的新穎工具；經由圖像組織還可以增進學習時對主題、內容批

判思考的能力。

做筆記是學習的必備功夫，應用「創意筆記法」心智圖來整理、記錄所學內容，能令人印象深刻，不容易忘記，而且記錄方法輕鬆，還能達到有效溝通的目的。功能如此多樣，方法又符合大腦的思考模式，因此常被比喻成「思考的瑞士刀」。從功能來看，又宛如是在變化無常的波浪上乘風破浪，因此心智圖被比喻成「智力的衝浪板」註3。

左右兩邊的大腦擁有不同的心智能力，只要用對方法，我們可以非常協調地讓左右大腦發揮最佳效能。心智圖筆記具有空間、非線性取向、運用顏色和圖像的特色，以整合、交互連結的方式自然地運用全腦思考，並以樹狀結構與網狀脈絡來展示關鍵性概念與彼此間的關係。這些特色可以幫助我們整理資訊，強化內容的記憶。

達文西是文藝復興時期天才中的天才，他非凡的成就來自於卓越的學習力與創造力，這都與他同時運用左右腦心智能力的「用心默記」來培養記憶力有關。全腦思考的心智圖法不僅能提升我們對內容的理解程度，也能強化長期記憶的效果。

第 3 節 心智圖法給創意思考的啟示

人類最主要是採用語意式與圖像式思考，大腦蘊藏的無限潛能，可以透過視覺化圖像的思考模式來釋放。視覺思考的運作有三個層次：首先是有意識地「看」，透過觀察來蒐集與解釋資料。接著運用輔助圖表，例如心智圖來呈現所看到的資料。最後進一步發展，在腦子裡形成「視覺化圖像」的能力來衍生思考，並呈現內在思維的能力。舉凡記憶力與創造力都是視覺化思考的應用。心智圖即是一種以視覺化思考方式來激發點子與組織想法的工具。

註3：威廉‧羅得（William Reed）。《心智圖筆記術》（MindMap Note-Jutsu）。蕭雲菁譯。台中市：晨星，2006。

創意的產生歷程也仰賴擴散性思考，我們也同時瞭解到大腦有能力接收非線性的資訊。心智圖的樹狀結構就是以圖解組織的思考方式擴散與整合資訊，有助於主題創意的概念發散和邏輯收斂，且都利於組織進行創意思考。

由於環境急速變遷，原本解決問題的方法可能面臨不夠適切的窘境。如果你也有類似的困擾，心智圖法將為你在黑暗中點亮一盞明燈，幫助你釐清問題，並找出可能的解決方案。心智圖還將不同的問題整合在一起，清楚知道哪些必須進一步探討。運用心智圖法列出各項問題的解決方法，可以增進對問題的洞察力，有助提升工作績效。

在創意構思過程中，心智圖法可以幫助我們在準備期及孕育期階段更加集中注意力，更有效地蒐集資訊，並建構關聯性，讓思緒快速進入豁朗期。

說明完創造力、創意與創新和心智圖法「關鍵詞」與「放射思考的圖解結構」的關係，接下來將就圖解思考、圖像與色彩做進一步探討。

7
圖像組織

　　還記得就讀國中、高中的時候，上課鈴一響就是我夢魘的開始，因為老師會在黑板上寫一大堆密密麻麻的文字，老師講得很認真、很辛苦，我聽得很模糊、很痛苦，相信也有不少讀者跟我一樣，有不愉快的學習經驗。傳統條列式的書寫在形態上是排列在一起的線性式文字，讓人無法看清楚知識內容的整體架構與關鍵重點在哪裡。

　　後來因為工作及興趣的關係，參與企管顧問公司以及青商會舉辦的課程時，發現學習過程若是輕鬆有趣，學習效果就會顯著和長久。為何會有如此的差異呢？最大差別是企管講師擅長以不同的圖表來解釋複雜的關係。日本多摩大學教授久恆啟一在《這樣圖解就對了！》書中強調，以圖解呈現資料內容乃採用有空間感的分層排列方式，除了給人清晰易懂的印象之外，過程還會讓人「深入思考事物的本質」。因此圖解不僅是表達的方式，也是思考的工具。

　　圖像組織（Graphic Organizer）又稱組織圖或圖解思考，是將概念、語句、符號、圖像等元素，在一個空間中展開彼此的關係。伊艮（Margaret Egan）在〈有效使用組織圖〉（*Reflections on Effective Use of Graphic Organizers*）一文中指出，圖像組織是人類心智模式的表現，一種視覺化呈現知識的方式，它將訊息概念結構化，並將某個主題（或概念）的各個重要層面重新組合建構出一個新模型，可以讓想法更明確、更具體、更豐富、更有創意地呈現出來，讓複雜的資訊簡單化、平面概念立體化、抽象事物具體化、無形的想法有形化。以組織圖來做筆記的時候，因為只記錄關鍵詞，不但可以節省時間，更能理出概念之間的關係脈絡，讓學習者學得更愉快、更有意義。

視覺化組織圖種類非常多，功能也不同。一般常見有呈現資訊的直方圖、長條圖、圓餅圖與折線圖；分類分析的矩陣圖、魚骨圖、曼陀羅（九宮格）、雷達圖；展現關聯概念圖、樹狀圖、組織圖、流程圖、范氏圖與網絡圖。如果想要有效使用這些組織圖，不但要瞭解其理論背景，伊良也強調要配合不同的工作需求、時機與不同的任務目標，選擇適合的組織圖使用，否則運用不當，恐怕很難達到預期的效果。

第 1 節 什麼是圖像組織？

學習策略的觀點

美國發展心理學家迦德納在《智力架構》（*Frames of Mind*）一書中發表了多元智慧論（Theory of Multiple Intelligence），其中提到「視覺化」是「空間智慧」的核心。加速學習系統創始人，也是英國學習協會領導人羅斯（Colin Rose），在《學習地圖》（*Accelerated Learning*）中引用一位致力於「加速學習理論」研究與推廣的洛扎諾夫（Georgi Lozanov）博士的觀點：「刺激視覺的素材是一種有效的教學與學習策略，不僅有助於品質提升，更能強化長期記憶的效果。視覺化的圖表、組織圖可以用來呈現、界定、解釋、操作、統整與概念的釐清，對提升教學成效是一種很好的策略。」

英國艾希特（Exeter）大學的研究員何奧（Michael Howe）進行一項學習時做筆記對學習成效影響的研究發現，有做關鍵詞筆記的學習效果是沒做筆記的六倍。由於傳統整句條列式筆記講求文法正確性，相較於只記錄關鍵詞的筆記就顯得繁瑣沒效率。視覺化的組織圖筆記強調只寫下會產生較強印象的名詞、動詞等關鍵詞，以及關鍵詞之間的關聯與聯想，不僅有助於學習時儲存訊息、編碼、組織資訊、激發聯想、推論與解釋，還能提升學習時的專注力。《多元智慧的教與學》（*Teaching & Learning through Multiple Intelligences*）的作者坎貝爾（Linda C. Campbell）以及《學習革命》（*The Learning Revolution*）的作者佛斯（Jeannette Vos）都建議，學習時的筆記要使用運

用到大量群組化、視覺圖像技巧的概念圖或心智圖。

美國賓漢頓大學（Binghamton University）教育與人類發展學院的教授布倫來（Karen Bromley）、維逖斯（Linda Irwin-De Vitis）與摩德羅（Marcia Modlo）歸納多位學者的研究後，提出組織圖的基本形態有：

(一) 階層性：組織圖大部分都有一個中心概念，底下有下位階的等級、層次或次概念，歸納與分類是常使用的技巧。

(二) 概念性：概念性組織圖常用的形態有中央概念、層次或角色、問題分析與解決、比較概念的異同等。

(三) 序列性：對於具有因果關係、次序性的概念、過程與結果、問題解決的歷程等，都可以運用序列性的組織圖。

(四) 循環性：這種組織圖包含一系列沒有起點也沒有終點的循環歷程。

基於上述所列出的特徵，布倫來、維逖斯與摩德羅認為組織圖具有以下四大功能：

一、連結各自獨立的概念：藉由組織圖刪除不必要的資訊，留下關鍵概念並指出關聯性，以利於理解內容。

二、整合新經驗與舊經驗：新知識進入腦中時，組織圖可以有效的與既有基模整合。

三、整合心智：組織圖中會以圖像來表達重要概念，比起長篇大論的文字更容易記憶。

四、連結聽、說、讀、寫與思考，達到有意義學習的目的。

透過組織圖可以清晰、簡潔、有效率地表達資訊的狀態、資訊之間的關聯與資訊的分類分析，達到加深印象、化繁為簡、易懂易記的教學與學習成效。

創造思考的觀點

創造思考能力通常包含擴散思考的五項基本能力：流暢力、變通力、獨創力、精進力與敏覺力。組織圖強調關鍵詞使用，除了可以減少不必要的贅言，也能開啟更多思考活口，讓思緒集中在主題上，幫助我們搭別人想法的便車，

思緒可以變得更流暢。分類階層的概念也有助於水平思考的拓展，對思緒的變通有幫助。

　　錢秀梅、蔡文山、孫易新、黃玉琪、錢昭君、陳孟妏等人的論文研究結果也顯示，使用組織圖形式的心智圖法做為創造思考與教學工具，對提升學生創造力均呈現正向成效。在蔡巨鵬做的「易經創造思考的訓練模式之建構與應用」研究中，以九宮格、心智圖等視覺化的組織圖運用在250場創造力訓練課程上，結果發現視覺化組織圖不但能激發學員的創意潛能，做好個人知識管理，還能瞭解過去，掌握現在，創造未來，課後學員皆紛紛表示從中獲得許多啟發。

　　最近二十年來，企業界、政府機構與非營利組織為了提升工作績效，紛紛導入專案管理系統。美國華盛頓大學的伯朗（Karen A. Brown）教授以及范德堡（Venderbilt）大學的海爾（Nancy Lea Hyer）教授在《心智圖：專案管理的利器》一文中指出，許多專案經理在規劃專案時，思考很容易落入執行細節層面，因為大多數人都偏向用左腦思考。如果能使用充滿色彩、圖像、組織結構縝密的全腦思考模式的組織圖，例如心智圖，可以讓專案在一開始就能激發更多創意與直覺，過程中能產生更周延的思考和有效的決策。曾經參與蘋果電腦與惠普等公司成長、領導計畫和組織變革工作的葛羅夫國際顧問公司創辦人席彼特（David Sibbet）也在《視覺會議》（Visual Meeting）一書中強調，善用類似心智圖功能的視覺化組織圖或表格，就好比在演奏爵士樂，不但可以讓思考過程更有創意、洞察力，也讓我們的思緒或計畫的結構更完整。

邏輯結構的觀點

　　邏輯又稱為推理或理則，數學家哥代爾（K. Godel）說：「邏輯乃是一門先於其他科學的科學，它包含了所有科學的基本觀念和原理。」人類大腦思考的基本形式又會因構成的元素，以及元素之間聯結方式（結構）不同，而形成各種不同的亞形式，這類亞形式稱之為思考的邏輯結構（或思維的形式結構）。

　　維基百科指出邏輯的基本定義是：

1.同一律：每個事物都只能是自己本身。

2.排中律：任何事物在一定條件下，要有明確的「是」或「非」，不能存

在模稜兩可的中間狀態。

3. 充足理由律：任何事物都要具有支持它存在的充足理由。

4. 非矛盾律：在同一時間，某個事物不可能既是這樣又是那樣。

邏輯系統的性質是：

1. 相容性：任一定理都不會與其他定理相矛盾。

2. 可靠性：不會出現一個正確前提，卻產生錯誤的推論。

3. 完備性：不會出現一個正確命題，卻無法被證明。

　　演繹和歸納則是邏輯思考的基本結構。演繹推理是從現有前提下思考會推演出什麼樣的結果；歸納推理則是從現有的資訊中，觀察它們可以導出什麼可靠廣義化概念的過程。

　　圖解方式的組織圖在邏輯思考的基礎就是「邏輯樹狀圖」或稱為「金字塔架構」，是一種嚴謹的「主題—大綱—細節」關係的組織圖。一張有價值的組織圖不僅要網羅必要的資訊，還要能夠指出資訊之間的邏輯關係，包括了因果關係、並列（水平）關係，以及相對關係。邏輯樹狀圖可以幫助我們從宏觀到微觀，從廣度到深度，清晰呈現資訊的分類與彼此間的關係，達到有層次、有系統整理資訊的目的。其運用原則包括：

一、附屬於同一因素（或概念）之下的次要因素，其抽象程度必須一致，也就是同一位階的因素，必須具有同樣的邏輯表徵。

二、主從關係必須合乎邏輯，不能隨意衍生出不相干的概念。

三、同屬於某一因素之下的次要因素，不可以重複，也不能有所遺漏，也就是「彼此獨立，互無遺漏」（金字塔原理）。

　　不論從學習策略的觀點、創造思考的觀點或邏輯結構的觀點，不同視覺化的圖解組織圖會有不同的目的，但整體而言組織圖的優點有：

一、一目了然：可以兼顧宏觀與微觀、廣度與深度，在最短的時間掌握最多的資訊。2005 年我受邀為鍊德科技全球策略行銷部門講授心智圖法，全程參與研習的張副總經理在課程結束前向學員表示，心智圖是很好的腦力激

盪工具，在分析問題時不但能激發創意，更能經由一張 A4 紙中的樹狀結構與網狀脈絡，清晰地釐清並掌握所有相關因素，即所謂許多跨國企業在會議簡報中要強調的「one page control」。

二、有效傳達資訊：透過組織圖對資訊做出系統分類，有助於理解內容，並能一眼看出是否有重複或遺漏的事項。

三、表達資訊間的關聯性：因果關係的流程圖、邏輯圖、心智圖、魚骨圖；包含關係的范氏圖；層級關係的組織圖、心智圖；類別關係的矩陣圖、心智圖、曼陀羅等，都能以不同的圖解方式說明資訊之間的關聯。

四、讓資訊內容的結構更有邏輯：圖解形式的組織圖透過樹狀結構、關係線條、箭頭符號等，表達邏輯關係與順序，避免矛盾情況出現。

五、生動、活潑、圖像化：運用顏色、插圖讓組織圖更加視覺化，表達我們對訊息的感受性，並能吸引注意力。

第 2 節 放射性思考的圖像組織

根據我使用心智圖與教學的經驗，發現學員經常把具有「放射思考」的概念圖、魚骨圖、曼陀羅（九宮格）與心智圖法產生概念上的混淆，甚至歸為同一類。因此接下來將逐一個別探討其意涵、應用以及和心智圖的異同。

概念圖
◎意涵與應用技巧

《學習如何學習》一書作者諾瓦克與高溫建議使用能夠指出概念關係的順序與關係的視覺化圖表，來做為教學以及問題分析與解決方案的工具，他們稱此技術為概念構圖（Concept Mapping），呈現出來的圖表稱之為概念圖（Concept Map）。

概念圖的結構從外觀看很像樹狀圖，它包含了一個中心概念和支持的事實。應用的技巧是把涵蓋範圍最廣的概念或思考主題放在最頂端，下一階寫出

次廣的概念或從主題衍生的想法，並以線條連接上一階層概念，也可以在線條上說明兩個概念之間的關係。往下每個階層也是依循此原則添加，直到重要概念都已經涵蓋在內為止。

◎使用時機

1. 流程解說。
2. 系統、問題或決策分析。
3. 部門組織結構。
4. 發現因果關係。
5. 撰寫計畫。
6. 整理書面資料。
7. 教學、簡報。

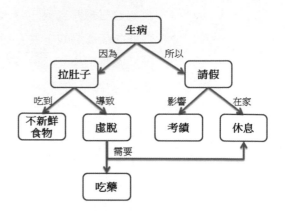

◎使用限制

1. 初學者動作會較慢且覺得不適應。
2. 不確定何時該結束。
3. 較難顯示多重的關聯。

◎與心智圖的異同

1. 相似點：皆有概念的層次關係及概念之間的連結。
2. 差異點：

• 心智圖強調使用圖像、色彩等元素，概念圖只運用文字來呈現概念與關係。但是近年來少部分的概念圖也加入了色彩、圖像，尤其是國小的教學應用。

• 心智圖在每個節點線條上的語詞數量特別強調只寫一個語詞，尤其是應用在思考上的筆記。概念圖則未特別規定每個節點概念的語詞數量。

• 概念圖在節點之間有聯繫詞連接概念，心智圖只有在線條上寫出概念，沒有強調概念之間一定要加上聯繫詞，除非缺少了聯繫詞會對內容產生誤解，才在兩個概念之間多加一個線條，寫出聯繫詞。

• 在思考方式上，心智圖法比較強調放射性思考，概念圖比較傾向聚斂式思考。

魚骨圖
◎意涵與應用技巧

　　魚骨圖是 1940 年代七大基本品管工具之一，1960 年代由日本品管大師石川馨加以統整，正式應用在川崎重工造船廠的品質管理流程，因此魚骨圖又稱石川圖，也有人稱之為要因分析圖或因果圖（Cause-and-Effect Diagram）。魚骨圖的魚頭通常表示某一特定的問題或問題的結果，組成這條魚的大骨頭就是造成此問題或結果的主要原因。魚骨圖是問題分析與解決的好工具，也是專案管理中風險辨識的主要工具之一。

　　魚骨圖很容易上手，通常會搭配美國 BBDO 廣告公司創辦人奧斯蒙（Alex Faickney Osborn）在 1938 年所提倡的腦力激盪法。首先在紙張上畫出向右方向的魚頭，在魚頭上寫出待解決之問題或某一現象的結果。接下來透過腦力激盪，在魚身的大骨頭寫下造成此結果的主要原因。接著從大骨頭衍生出若干中骨頭，它們就是造成主要原因的各個次要原因；再從中骨頭衍生出若干小骨頭，它們就是造成中骨頭上面次要原因的各個因素。運用魚骨圖時需充分運用互斥與窮盡（MECE）原則，也就是說，各因素不能重複且沒有遺漏任何事項。

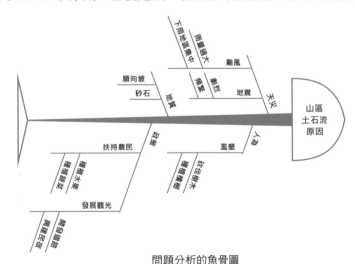

問題分析的魚骨圖

　　魚頭向右的魚骨圖是分析問題的原因，針對解決問題的方案分析就可以用魚頭向左的「反魚骨圖」。魚頭是原本問題分析中的某一大問題、中問題或小

問題。在問題解決的魚骨圖中，大骨頭代表該問題的主要解決方案，中骨頭是該解決方案的各種做法，小骨頭則是做法的說明或依據。

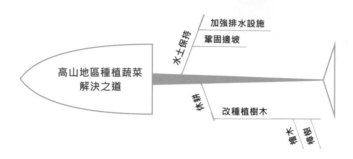

問題解決方案的魚骨圖

◎使用時機

1. 辨識問題或風險背後的原因。
2. 發現因果關係。
3. 根據問題尋求解決方案。

◎使用限制

1. 層次較多階的時候，手繪魚骨圖會書寫空間不足。所幸已有許多繪製組織圖的軟體可以使用，這項限制可稍獲解決。
2. 不確定何時該結束。

◎與心智圖的異同

1. 相似點：分類與階層化的概念。
2. 差異點：
    • 心智圖強調同時使用文字、邏輯分類、圖像、色彩元素，魚骨圖只運用文字、邏輯分類來呈現問題與解決方案。
    • 心智圖在每個節點線條上只寫一個關鍵語詞，魚骨圖則是在每根骨頭上寫下一個或多個語詞來表達想法。

曼陀羅（九宮格）

◎意涵與應用技巧

曼陀羅（Mandala）源自於佛教的智慧，Manda 是梵語「本質」、「真髓」；la 是「得」、「成就所有」的意思，Mandala 一詞有「獲得本質」或「具有本質之物」的意涵。距今約一千五百年前的藏傳佛教在冥想與儀式中使用曼陀羅，象徵西藏佛教中的真理，也是一種藝術，用來表達天體大宇宙與人體微宇宙相互匯集的世界觀。日本學者今泉浩晃在 1987 年將之加以系統化，成為一項激發個人潛能、穩定情緒，專注學習與提升創造力的腦力激盪及分析問題的工具。作家佐藤博更進一步改良，把它做為實現目標的新式日記。

曼陀羅是一種網狀組織的視覺化思考工具，在一張紙張上的水平與垂直方向各平均分割成三等分，成為九個格子，因此又稱為「九宮格」。中心那格填寫主題，其他八格是次要主題或相關描述，以放射式思考加上圖像式的表達，啟動想像力，創造能量。這種結構完全符合大腦的思考方式，可活化潛在意識。它的思考方式有如魔術方塊般分成兩種基本形式：

一、向四面擴散的放射模式：中心區域是思考的起點，由它向圍繞四周的八個格子擴散想法。每一個小格子又可以再分割成九個小區域，每一個小區域又可以分割成更小的九個小區域，這種變動可以無止盡延伸，這便是曼陀羅蘊藏無限能量之所在。相反的也可以由分布四周的八個事物，向中心聚合歸納成一個集合概念。（左圖）

二、逐步思考的順時鐘模式：曼陀羅亦可從中心區域為定點向下方的格子移動，然後順時鐘移動，依序產生各種想法。（右圖）

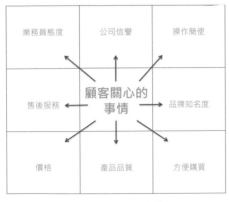

向四面擴散的九宮格

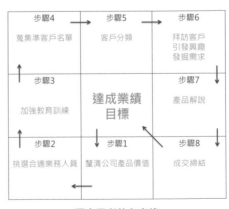

逐步思考的九宮格

運用曼陀羅技巧時,可以在大腦思索各個相關事物,同時把想法轉化成影像,努力感受其中蘊藏的能量。今泉浩晃稱這種狀態為「觀想」。

◎使用時機

　　1. 創意思考。

　　2. 問題分析。

　　3. 工作計畫。

◎使用限制

　　不同階層之間的概念較難一眼看出彼此關係,尤其分成許多張曼陀羅的時候。

◎與心智圖的異同

　　1. 相似點:

* 放射(擴散)思考模式。

* 分類與階層化的概念。

* 運用圖像激發想像力。

* 曼陀羅的空白格子與心智圖的空白線條都植基於完形心理學理論,可誘發、促使大腦激盪出更多想法。

　　2. 差異點:

* 每張曼陀羅只根據中心主題思考四周下一階層的八個概念,對初學者而言,比心智圖更容易上手。

* 心智圖在每個節點線條上只寫一個語詞,曼陀羅則沒有特別強調或限制,因此在每個格子上可以寫下一個或多個語詞來表達想法。

　　從概念圖、魚骨圖與九宮格等特性中可發現,它們都與心智圖同樣具有視覺化、擴散思考、邏輯分類的概念;心智圖還特別強調色彩、圖像的使用。但近年來在若干教學場域上也看到有些老師在運用概念圖、九宮格時,也融入了色彩和圖像,只是尚未明確說明色彩、圖像的使用原則。早期柯林斯的語意網絡圖也是只有文字與線條,經過博贊的修正,才在心智圖中融入了色彩與圖像。或許概念圖、魚骨圖與九宮格也能發展出另一套色彩、圖像的操作原則,這些都值得後續相關領域的研究者探討。

第 3 節 運用心智圖法製作組織圖

圖像組織（組織圖）是一種讓思考、學習更加生動活潑的視覺化工具與策略，能突顯重要的關鍵概念，說明概念之間的關係及組織的整體性，因此能夠有效率地整合知識，提升批判思考的能力，對於理解文本內容與記憶也相當有幫助。本章探討的各種與心智圖結構類似的組織圖，在英國博贊軟體公司（ThinkBuzan）執行長葛利菲斯（Chris Griffiths）的眼裡看來，那些都不能算是心智圖，因為它們缺乏心智圖的一些重要因素，例如心智圖法強調一個關鍵詞的運用技巧，以及色彩、圖像的使用等。

根據本章的探討以及我自己應用二十幾年的心得，將各種形式的組織圖與心智圖的主要共同點與差異處說明如下。

共同點有：

（一）擴散思考模式。

（二）分類階層化的概念。

（三）資訊之間的關聯性。

（四）歸納與演繹在思考過程中不斷地同時出現。

差異之處則在於，心智圖的運用技巧還特別強調：

（一）語詞選擇是以名詞、動詞為主，形容詞、副詞等為輔，每個線條上
　　　以書寫一個語詞為原則，可達到開啟思考活口的效果。

（二）每個樹狀結構透過顏色來表達心中的感受，可觸發更多創造力並
　　　強化內容記憶。

（三）透過插圖來強調重點，並強化對內容的聯想，達到記憶的目的。

除此之外，心智圖法能讓左右腦心智能力並用，兼顧邏輯與創意、科學與藝術、理性與感性的思維。

心智圖法四個主要操作定義中的「放射思考的圖解結構」，即符合組織圖的概念，透過樹狀結構與網狀脈絡構成心智圖的整體性。樹狀結構應用在不同

的場合會有不同的內容結構，例如：

1. **分類關係**：最上位階代表最大類的概念，次位階是中類，依此類推，最後一階是具體事物名稱。

2. **因果關係**：例如在問題分析時，最上位階代表問題本質或表徵，往下各個位階則是造成該問題的原因，或衍生的廣度與深度的問題或影響；探討問題解決模式時，最上位階是造成問題的因素，下一階是各種可能的解決方案，再下一階是該方案的各種做法。值得注意的是，因果關係中的「因」或「果」本身也可能包含了分類關係。

3. **聯想脈絡**：最上位階代表原始或抽象的概念，往次位階的各個階層越來越具體，越來越細節，或是在次位階列出自由聯想所產生的各種想法。

　　若是不同關鍵詞之間具有關聯性，就以單箭頭或雙箭頭的線條指出彼此關係，亦可在線條上用文字說明兩者之間的關聯，就可形成網狀脈絡。

　　心智圖法的樹狀結構與網狀脈絡可以表達圖解思考的分類分析，展現關聯，將一切化繁為簡，讓人易懂易記。

8
圖像思考

　　有小朋友的父母一定有這樣的經驗：家中牆壁、桌子、沙發椅經常會出現許多「塗鴉」傑作。還不會寫字的小朋友為何會喜歡塗鴉？他們透過塗鴉想表達什麼？

　　俗話說「一幅畫勝過千言萬語」，圖像是標準的一詞多義，繪製者透過圖像創作，究竟是要傳達單一直接的意義，還是豐富複雜的思維？觀看者在解讀時會不會產生多重、其他的意涵？

　　「圖像」是心智圖法操作上的四大核心關鍵之一，透過圖像的運用，可以激發創意、提升記憶。本章將從圖像學的角度來說明「圖像」在心智圖法中的使用原則與功能。

第 1 節 意象與圖像

　　人類思維模式可以分成語言模式與非語言模式。語言模式的基本單位是「語詞」，非語言模式的基本單位則是「意象」。意象反映出人腦中非語言符號的形象或意念，「形象」指的是大腦中出現的實物圖像或映象；「意念」則是實物的性質、關係。意象包括了三種基本成分：形象、性質與關係。

　　美國心理學家布魯納（Jerome S. Bruner）指出人類思維有三個階段：活動模式（active mode）、圖像表徵模式（iconic mode）與符號象徵模式（symbolic mode）。其中的圖像表徵就是一個現象的重現，看起來像一幅畫，

但具有更深層的意涵，並能重現所代表的事物。

中國國際藝術研究院首席顧問周建設統整康德等學者的看法之後，提出意象具有下列三個主要特徵：

1. 真實穩定性：心中對某件事物的想法與該事物的本質一致，想法一旦被儲存在腦中就不會隨意改變，具有相對穩定性。

2. 分解組合性：每一個心中認知的意象都可以分解成許多小部分，然後重新組合成新的意象。埃及的獅身人面像、中國的千手觀音都是原本各自的意象分解組合之後的創新意象。

3. 自我可感性：由於每個人觀察角度不同，同樣一件事物在腦中認知與記憶系統中也會產生不同的意象。這種意象只有自己最清楚，別人很難完全感受。

與大多數動物比較起來，人類具有一種神奇的力量，能夠使用建構的符號（Sign）來再現這個世界、自己的經驗，乃至於萬事萬物的點點滴滴。當人們對於某個符號的內容、意義有了一定程度的共識之後，這符號可以稱為象徵（Symbol）。

我們生活當中充滿了各式各樣的符號與象徵的圖像化意象，從簡單的形狀、色彩，到故事中的怪獸，以及通行世界的品牌標誌（Logo），分別具有其神話、宗教、傳說、藝術及文化意涵。圖像形式的符號與象徵，也像語言一樣具有溝通的功能，傳統符號是現代人共通的語言，可以用來表達某種敘述與內心的觀點、感受，而且更能快速表達意念。人類運用圖像的歷史比文字早了幾千年。

無論是雕塑、繪畫或其他類型的圖像，藝術創作者創作作品並不只是模仿現實形象，而是對現實世界萬事萬物產生心理反應的替代行為，「再現」出現實世界萬事萬物的替代品，也就是宮布里希（E. H. Gombrich）在《木馬沉思錄》（*Meditations on a Hobby Horse*）和《藝術與錯覺》（*Art and Illusion, A Study in the Psychology of Pictorial Representation*）中以視覺心理學為基礎的再現觀（representation）。這些藝術創作表達了創作者的想

法，也供日後觀看者理解與解讀原創者希望傳達的意義。

第 2 節 圖像研究與圖像學

圖像研究

所謂圖像研究指的是使用、學習圖像或符號的藝術。

圖像研究（iconography）字源來自於兩個希臘字，eikon 是圖像的意思，graphe 的本意是書寫。圖像研究是一種對藝術圖像的描述性診察，包含了三個解釋層次：

- 層次一：解釋圖像的自然意義。
- 層次二：解釋藝術圖像的傳統意義。
- 層次三：解釋作品的內在意義或內容。

圖像學

圖像學探討的是以一個實際的藝術作品做為一個圖像或符號所代表的事物。

圖像學（iconology）字源也是來自希臘字，eikon 是圖像，logy 源自 logos，有思想、推論的意思。圖像學是將美術作品視為社會史和文化史中某些脈絡的凝縮徵兆而進行解釋。以潘諾夫斯基（Erwin Panofsky）的理論觀點來看，圖像學不僅強調創作者或作品本身的創作背景，也注意到不同時代或環境觀賞的背景。更進一步說，作品不但還原創作者的意圖和過去的歷史文化現象，同時也是過去與當代的一種聯繫，體現後現代藝術中的多元解讀觀點。它是一種詮釋圖像的科學，也是對藝術圖像的比較性分析。

符號與象徵

人類神奇的大腦對周遭一切總是充滿了好奇心。我們從哪裡來？為何現在會在這裡？死後又會去哪裡？大自然現象的背後隱藏了什麼意義？數萬年的文

化演進過程中，我們創造出可以回答這些古老問題的信仰架構。英國社會人類學家布魯斯—米特福德（Rupert Bruce-Mitford）指出，我們從信仰架構中發展出一套功能簡單明瞭，表達立即、簡潔訊息的「符號」，以及經由視覺圖像表達出背後潛在意義「象徵」的廣泛語彙來和宇宙連結。它們可以是書面或視覺語言一部分。符號與象徵經常交互使用，但象徵具有更深層的意涵。

童子軍的旗語、軍事單位的燈號命令，只需要也只能被解釋成一種同一且單一的符號意義。今天我們慣用的交通、氣象、數學、貨幣、樂譜、品質認證等各種國際通用標誌也屬此類。圖像製作者如果將圖像當作符號來使用，傳達的意義就屬單一，但也有圖像創作者企圖傳達內在意義或更多、更深層意涵的象徵。

藝術家陳懷恩指出，象徵是一種清晰的記號書寫行為，象徵以及象徵意義的連結是用下列三個步驟依序進行：

1. 以概念為對象。
2. 以自然事物為解釋手段。
3. 建構概念。

希臘哲學家亞里斯多德在《詩學》（*Poetics IX*）中對象徵與圖像則有不同的定義與解釋。亞里斯多德指出，象徵具有共通性，例如文字與各種通用符號；圖像則記錄了歷史、五官感覺等充滿差異的生活事件。在我們的生活中，象徵、文字和圖像都可以視為不同類型的溝通語言。文字屬於「指意性」的記號與象徵，具有結構性與普遍性，此象徵是單一符號具備明確的解釋意義，並且將整體性文化表徵當作詮釋對象；圖像則是「描述性」的景象，具有特殊性與差異性，在不同文化脈絡與時代背景下，指涉意義也會不同。

從定義內容看來，亞里斯多德的象徵與布魯斯—米特福德的符號是相同的，都代表單一的意義。亞里斯多德的圖像則與布魯斯—米特福德的象徵有共同的意涵，都表達更深層或多重的意義。

陳懷恩也認為，圖像當然也可以做為指示性的符號，用來象徵某個語句、意思、地點或情境。藝術史學家賀美倫（Göran Hermerén）在《視覺藝術的

再現與意義》（*Representation and Meaning in the Visual Arts*）中指出，
使用象徵必須符合三個基本條件：

一、象徵內容必須讓具有相關背景知識的人在正常觀看條件下獲得理解。也就
　　是不鼓勵觀看者過度詮釋。

二、創作者自己能夠辨識所描繪的象徵內容。

三、不能直接描繪所要象徵的事物本身。

　　當圖畫演變成符號，每個符號各自代表獨特的發音時，就是字母文字。以
抽象符號代表一個完整的語詞就是象形文字與表意文字，中國漢字是至今仍在
使用的最古老文字系統。以文字做為象徵符號時，兩個文字並置就會發展出複
合關係、複雜概念或轉義，例如「花」、「蓮」分別各有原始意涵，兩個字並
置時就成為台灣東部的地名。同樣的，圖像並置也會有類似的效果，例如「燈
泡」可以代表創意，「玉山」有台灣的意涵，一個「玉山峰頂有個燈泡」的圖
像可以代表「創意台灣」。

　　從上述可以歸納整理出：代表特定且單一意義的視覺插圖可以稱為符號；
代表特定但是融入多重或深層意義的稱為象徵；圖像則會因為不同的文化、時
空背景、環境因素而有不同的意義或解讀。

第 3 節 圖（心）像意涵以及在心智圖法的應用

　　加州大學柏克萊校區人類大腦研究專家戴蒙（Marian Diamond）教授指
出，人類之所以有別於其他動物，其中一大關鍵就是人類擁有較佳的溝通能力，
例如透過語言、圖像、音樂、舞蹈等情緒表達。我們大腦中邊緣系統的情緒中
樞又與長期記憶系統有著密切關聯。因此，處理資訊時融入情緒、意義是提升
學習成效的關鍵。

　　亞里斯多德曾說：「沒有心像，就不可能思考。」心像基本上有三種意涵：

- 第一種是屬於保留空間關係的心像。是一種類比表徵，大體上「看似」

其所要呈現的概念，是一種敘述性知識，說明某個概念的樣貌或物理上的特徵。

- 第二種是運作記憶（或稱工作記憶）的心像。心像在運作記憶中對表徵空間訊息，也就是對腦海中出現該訊息的視覺畫面特別有用，可突破運作記憶容量有限的限制。

- 第三種是抽象推理中的心像運作。許多藝術家、科學家都是經由抽象推理的心像解決了關鍵問題，例如愛因斯坦就想像著人類若能以接近光速前進，這世界會是什麼樣的狀況？是不是有可能做時間旅行？

心像是一種類比式的表徵，用來說明空間概念的訊息，保留了一般命題無法保留的知覺性架構，並運用在思考抽象概念。

古哈維（R. W. Kulhavy）和史維生（Ingrid Swenson）針對 128 位國小五、六年級學生所做的閱讀學習成效研究結果顯示，透過心像圖（Image）可以增強事後的回憶。台灣也有不少學位論文的研究指出，運用到圖像思考的心智圖對學習時的記憶力有幫助，因為圖像中的符號與象徵對我們的大腦而言是一種帶有情緒、意義與生活相關聯的符碼，對於提升資訊吸收有正面效果。

除了色彩之外，心智圖法與其他類似的圖解思考工具最大差異就是加入圖像。綜合本章圖像相關論點，心智圖法插圖使用的原則如下：

一、重要的地方才加插圖。心智圖已經是一種簡潔的資訊呈現方式，但為了強調更重要的概念，因此在特別想要吸引目光的重點地方才加上插圖，不是隨意到處加。

二、所加的插圖必須要能夠明確表達所代表的重點內容，或與之產生聯想。

圖（心）像依其意義的描述可分為自然的意義、傳統的意義與作品內在的意義。因此，在心智圖中重要資訊的地方加插圖可以參考以下原則：

◎自己的心智圖

圖像可以涵蓋自然的意義、傳統的意義，甚至自己詮釋意義的圖，在不會

產生混淆的情況下，符號、象徵與圖像可依需求自行綜合運用。

◎給他人看的心智圖

　　例如給他人閱讀、參考的書面資料心智圖，或教學、簡報時的投影片心智圖，為了避免產生誤解，使用要以符號與象徵為主，圖像以自然意義為主，傳統意義次之。除非資訊接收者能正確解讀，否則盡量避免特殊意義的圖像。

◎創意發想時的心智圖

　　不論在個人或團體腦力激盪，為了發揮想像力、激發創造力，避免陷入既有的舊思維框架中，盡可能以自然的意義、傳統的意義以及特殊文化意涵的圖像為主，再輔以符號、象徵。

9
色彩

科學研究結果顯示，色彩對我們身心靈的影響已是不爭的事實。色彩無所不在，無所不包，是生活中不可缺少的表現元素，讓我們可以辨識物體，也是人類表達情意的抽象方式。每個人對不同顏色會產生不同的情緒反應，例如暖色系的紅、黃、橘讓人感到熱情、興奮與刺激；冷色系的藍、天空藍、紫藍則會有舒緩與放鬆的感覺。雖然因為文化差異，對色彩的感受也會有若干特殊解讀，但是顏色的象徵意義是舉世通用的，是人類重要的象徵系統。在心智圖法中，顏色並非隨意使用，而是有其理論依據。

第 1 節 色彩如何產生？

1666 年，牛頓無意間觀察到從實驗室牆壁細縫穿過的白色光線照射到對面牆上形成美麗的紅、橙、黃、綠、藍、靛、紫七種顏色，因而發現了太陽的七色光譜。後來牛頓以三稜鏡重複這個實驗也得到同樣結果。牛頓指出物體的顏色並非物體本身產生的，而是物體吸收和反射光的結果。他的發現帶給我們重大啟示：日常使用的顏色具有不同的意義，對我們心理或生理會造成影響。

第 2 節 大腦如何辨別色彩？

色彩三要素

太陽光線中包含了紅、橙、黃、綠、藍、靛、紫七種單色光，每一種顏色都有自己的波長。色彩有三要素，分別是色相、明度及彩度。

1. 色相：指色彩的色調，是色彩最基本的特徵，也是色彩相互區別的最明顯特徵。

2. 明度：也稱發光度，是指眼睛感受到色彩的明暗程度，通常取決於物體的反射光量。

3. 彩度：又稱飽和度，是指表現色彩色調的強度，飽和度高的顏色比較鮮豔，飽和度低的則較黯淡，例如「鮮豔的紅」飽和度高，「暗沉的紅」飽和度低。

大腦如何看到顏色？

太陽光穿過三稜鏡會產生折射現象，使得光線中不同波長的顏色分離，也因為此特性，當光線照射在不同物體時，會反射出不同波長的光，於是我們的眼睛才能辨別各種顏色。不過大腦辨識顏色也不是單純由光的波長來決定，雖然它是主要因素，但是光的純度與強度也會影響我們對顏色的判斷。

我們的眼睛就像一台照相機，眼角膜和水晶體就像鏡頭，視網膜就好比是底片，光線經過眼角膜和水晶體抵達視網膜，視網膜上面有接受光的神經細胞，讓我們可以判別色彩。

視網膜上有「桿狀細胞」與「錐狀細胞」兩種感光細胞。桿狀細胞負責感覺光的明暗，錐狀細胞負責辨別不同顏色的光線，由於視網膜上面的錐狀細胞又有分別接收波長較短的藍色、波長中等的綠色與波長最長的紅色三種細胞，當光線進入眼睛，促發這三種錐狀細胞，大腦依據反應的比率組合，決定我們看到的光究竟是什麼顏色，這也形成了我們生活的花花世界。

然而在花花世界裡，為何我們看到的樹葉是綠色的呢？這是因為光照射在樹葉上，葉子完全反射光線中的綠色，吸收了其他顏色。因此，紅色的書、藍色領帶，嚴格來說是一本反射較多長波長紅色光的書，以及反射較多短波長藍色光的領帶。我們就是藉著物體對光線的反射、吸收而看到五彩繽紛的世界。

第 3 節 色彩的功用與效果

色彩的功用

　　動物世界裡不僅是人類，昆蟲、魚類、鳥類、靈長類均擁有辨別顏色的能力，色彩不僅僅是分辨雌雄的方法，也是求偶的工具。在弱肉強食的食物鏈中，顏色更是保護自己不被天敵吃掉的生存方法。

　　心理學家朗諾·格林（Ronald Green）指出，利用色彩傳達視覺上的訊息，可以提升 80% 的閱讀意願與參與動機。《色彩的影響》（*Color for Impact*）一書作者珍·懷特（Jan White）也認為，使用色彩可以提升 70% 的理解力與 60% 的回憶能力，並縮短 82% 的資訊搜尋時間。全錄和 3M 機構的研究也顯示，顏色可以提升個人的記憶力達 78%。

色彩的效果

　　自古以來，色彩的心理效果現象就被廣泛討論與研究。顏色對心理的影響感受不僅出現在個人的主觀體驗，客觀的科學研究也多有印證。看到色彩鮮豔的紅、橙、黃會有興奮、爽朗、積極的傾向，明度高、彩度高的顏色也會有這種傾向。深藍、藍綠、褐色、黑色則會使人感覺到沉靜、陰鬱，甚至消極，明度低、彩度低的顏色也會有這種感受。紫色、灰色、綠色與中明度的顏色給人的感受就比較中性、溫和。

　　日本心理學家大山正運用言語心理學與市場調查的語意微分法（簡稱為 SD 法），針對日本與美國的高中生、大學生進行跨民族、跨文化與跨性別的調查，得到下列共通的結果：

一、暖色系和冷色系

　　紅、橙、黃等暖色系通常伴隨著危險、喧譁、快樂、不安定的興奮情感。紫、靛、藍等冷色系則帶有安全、安靜、悲傷等沉穩的感情。

二、前進色和後退色

　　同一張紙上，長波長的紅、橙、黃會比短波長的藍、紫感覺更接近自己。

三、顯眼色和隱藏色

心理學上將有形狀、存在且顯眼，容易浮在前面的稱為「圖」，較不顯眼的背景是「地」。「圖」具有突出的性質，前進色當中的紅、橙、黃是顯眼色，後退色的藍色系是隱藏色。紅色常用來當危險信號，前進色也經常出現在刺激性的廣告中。

四、膨脹色和收縮色

色彩學中有分「膨脹色」和「收縮色」，認為暖色比冷色具有膨脹效果。

五、明色與暗色

顏色明暗度代表一種外表重量。一般來說，只是目測不碰物體的話，同樣形狀、大小的東西，明色感覺較輕，暗色感覺較重。除此之外，暗色給人沉重、深度、充實、硬梆梆、堅強、占有、緊張、安定的感覺。

色彩組合法則

不同的顏色會有不同的感受，它受到兩個條件的影響：（1）社會規範；（2）文化背景。社會規範是由我們所處的社會環境所規定，某種顏色應該代表的某種意義，例如我們在路上常見的交通號誌，紅色代表禁止通行，黃燈要小心通行，綠燈可以暢行無阻。文化背景是你的族群、社區共同擁有的生活方式、價值觀，例如結婚的時候，歐美國家的新娘子會穿著代表純潔的白色婚紗，但在東方，特別是傳統中華文化，新娘子會穿著代表喜氣洋洋的紅色禮服，這都是受文化背景的影響。

然而面對不同顏色組合使用的時候，該如何選擇呢？瑞士表現主義畫家約翰 • 伊登（Johannes Ittn）根據紅、黃、藍三原色相互調配所提出來的色相環，可以讓我們掌握基礎的理解與應用。

色相環當中相互對面的顏色稱之為互補色，例如綠色跟紅色，或者是深藍色跟橙色，互補色可以應用在製造衝突的場合或突顯重點

色相環

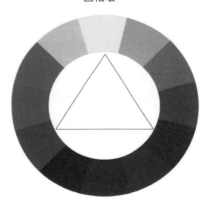

所在。色相環當中相鄰的兩個顏色稱之為相近色，例如蘋果綠跟黃色就是相近色，蘋果綠跟綠色也是相近色，相近色代表關聯性的資訊，為了強調彼此有相關聯，就可以使用相近色來表達展現出協調感。

此外，如果要使用三種以上顏色的場景，就可以在色相環中間放置一個三角形或是一個正方形，三個或四個角所指出的顏色，會給人有一種協調的、舒服的感覺，不會太過於衝突性，例如黃色、藍色與紅色。

第 4 節 色彩與感覺

不同的顏色會讓人產生不同的聯想，各具有象徵意義，但這些意義也會受到文化的影響。大山正指出，黑色對日本人而言是美麗的，美國人卻認為代表醜陋與邪惡。大部分的人會覺得白色代表潔淨，紅色代表熱情，藍色代表平靜，黃色代表快活，黑色代表悲哀。心理學家狄波諾（Edward de Bono）在《六頂思考帽》（*Six Thinking Hats*）一書中以白色代表客觀的事實與數據，紅色代表情緒的感覺，黑色是負面的因素，黃色是希望與正面的思考，綠色代表創意與新的想法，藍色代表思考過程的控制與組織。

大山正針對色彩與感覺做了兩個實驗後發現，色彩能做為各種語言的象徵。他的第一個實驗是列出十四個象徵不同感覺的詞句，請受測者從十六種顏色卡片中分別挑選出適當者。第二個實驗則是將十四個象徵詞句與十六種顏色分別透過 SD 語意微分法分開測試，得到的結果與第一個實驗相似（右表）。

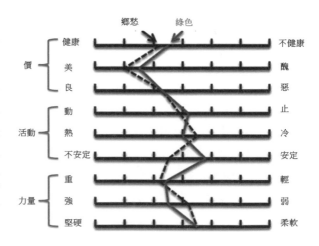

象徵語和色彩的 SD 法觀察比較，以鄉愁與綠色為例

象徵不同感覺的詞句	第一個實驗的顏色	第二個實驗的顏色	共通顏色
生氣	紅、橙、黑	紅、橙、藍綠	紅、橙
嫉妒	紅、紫、橙	紅、橙	紅
罪惡	黑、灰、藍紫	藍紫、黑、紅	黑、藍紫
永遠	白、綠帶藍、藍	綠、藍、灰	藍
幸福	粉紅、黃橙、橙	綠、黃綠、白	─
孤獨	藍、灰、黑	藍紫、黑、灰	灰、黑
平靜	藍、綠、綠帶藍	藍、綠、灰	藍、綠
鄉愁	藍綠、綠、黃橙、藍	綠、紫、灰	綠
家庭	黃橙、橙、粉紅	綠、藍、灰	─
愛情	紅、粉紅、橙	綠、黃綠、白	─
純潔	白、綠帶藍、紅	藍、綠、白	白
夢想	粉紅、綠帶藍、黃	黃綠、綠、白	─
不安	灰、紫、黑	藍紫	─
恐怖	黑、灰、紅	紅、藍紫、綠藍	─

大山正色彩與感覺的兩種實驗結果

　　色彩常用來促發特定情緒，傳遞非語言的訊息，甚至做疾病治療。所謂色彩溝通，就是藉由色彩傳遞信號或訊息，誘發人類的心理感情；色彩治療法是解讀人所選擇顏色的深層意涵，加上外部給予顏色的刺激，進而控制情緒的色彩技巧。

如果把顏色的聯想帶到意識層次，就可以有更豐富和貼切的選擇。色彩帶有感情，能促發活絡我們的大腦，對提升創造力與記憶力的幫助顯著。快速學習專家亨特（D. Trinidad Hunt）在《學習如何學習》（*Learning to Learn: maximizing your performance potential*）書中指出，學習過程中要盡量運用感官的刺激來觸發心靈與大腦的敏銳度，以提升資訊的吸收與應用。顏色能吸引目光、刺激大腦，運用更多伴隨著心情、情緒的色彩來為資訊分類，可提升學習成效。

色彩可說是最有力的符號，但並非所有顏色都有如此效果。除了紅、橙、黃、綠、藍、紫和它們若干的修正色之外，其他色彩並不具有震撼力，尤其以中間色做為符號色彩便會缺乏訴求力道。因此符號色彩都是由單一色相（紅、橙、黃、綠、藍、靛、紫），或無色彩的白、灰、黑與光澤色的金、銀，以及兩種單一色相顏色調和。我綜合整理了符號色彩所代表的感情訊息象徵，詳列如右頁表格。

第 5 節 在心智圖上運用色彩

色彩在自然界代表著不同類別的物體或傳達不同的訊息，因此在心智圖法的應用有下列兩種：

一、透過視覺顏色來區分不同類別的資訊：同一類資訊使用同一個顏色來畫線條，寫文字。同一類的資訊以同一個樹狀結構來呈現資訊內容的類別從屬關係或因果推演，因此基本上一個主幹線條與其後所有支幹線條，線條上以文字書寫的主要主題與分支主題都以同一個顏色來表示。但在文章筆記或電腦軟體製作簡報時，為避免彩色文字不易閱讀，這時可用黑色書寫文字，僅以線條顏色來區分類別。

二、透過顏色表達心中對該類別資訊的感受性：色彩可以提升閱讀、理解、記憶能力，因此個人使用的心智圖盡可能以自己的認知色彩為優先選擇，若是要給他人閱讀，則可參考右頁表中各個顏色的代表意涵。

顏色	訊息象徵
紅	喜悅、熱情、活動力、生命力、健康、積極、外向、強而有力、壓迫、性魅力、直覺、情緒、憤怒、危險、攻擊、戰爭、感情、愛情、博愛、刺激、能量、財務困難
橙	快樂、幸福、朝氣、親切、活潑、樂天、溫暖、健康、熱忱、高能量、正面思考、爆發、注意力、警告、雙向滿足、企圖心、奢華顯赫
黃	陽光、光線、輕巧、清澈、公平、正確、幽默、幸福、知識、注意、樂觀、希望、正面思考、提醒、溫暖、開心、刺激思考、啟蒙、視野
綠	平衡、協調、自然、和平、健康、治療、新鮮、春天、年輕、希望、快樂、生產力、前進、舒適、成長、繁榮、創意、新的想法
藍	清涼、冷靜、沉著、虛空、智慧、和平、無限、高貴、思考的控制管理、綜覽全局、男性的。
靛	聰明、智慧、冷靜、理性、創造、賢明、意志、信念、成熟、寧靜、放鬆、舒緩、信任
紫	高貴、斯文、尊嚴、洗鍊、果敢、忠心、權威、領導、權力、寶貴的、奢華、能量、心靈的、精神性、直覺、神秘、幻想、性感、改觀、不安、悲傷、孤單
粉紅	年輕、溫馨、關懷、女性的
棕	安全、完整、力量、支持、實際、務實
白	光芒、明朗、正義、潔淨、誠實、中立、無私、無邪、客觀事實、數據
灰	無趣、失望、陰森、孤寂冷漠、保守、探索、證據蒐集
黑	死亡、恐怖、邪惡、悲傷、尊貴、嚴肅、神秘、陰沉、負面、單調、獨立、完整
金銀	優雅、華麗、尊貴、地位、財富、勝利

符號色彩所代表的感情訊息象徵

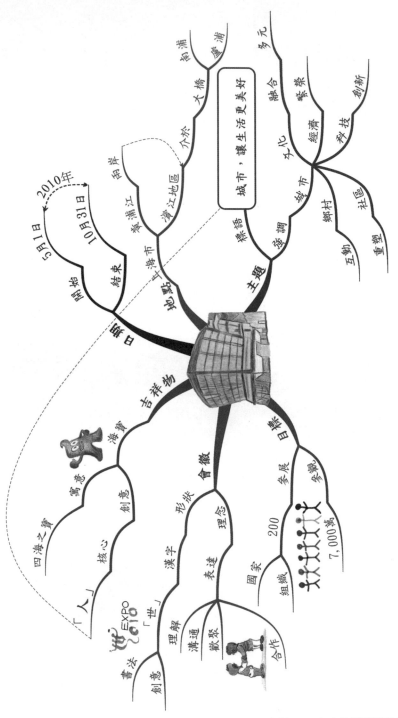

城市，讓生活更美好

多元

文化 融合

繁榮

經濟 科技 創新

城市 社區

鄉村

互動 重塑

主題 標語 強調

地點 勾浦

盧浦

大橋

介於

黃浦江 兩岸

濱江地區

上海市

5月1日 2010年

開始 結束 10月31日

日期

吉祥物 海寶 寓意

四海之寶

「人」 核心 創意

「世」EXPO 2010

目標 參展 參觀

200 國家

組織 7,000萬 第

會徽 形狀 漢字 表達 理念

書法 創意

理解 溝通 歡聚 合作

介紹 2010 年上海世界博覽會的心智圖

左頁是一張介紹 2010 年上海世界博覽會的心智圖。這是要給一般大眾閱讀或公眾簡報的場合使用的心智圖，顏色的選擇要避免太個人化，因此以 131 頁表中符號色彩代表的感情訊息象徵為參考依據。

1.「日期」選擇棕色，代表完整、務實的概念。

2.「地點」選擇綠色，大自然的大地是綠色的，表達在一片綠意盎然的黃浦江兩岸舉辦世博會。

3.「主題」選擇紅色，主題是重點所在，帶有熱情、活動力、生命力、積極的感覺。

4.「目標」選擇橙色，帶有企圖心、滿足、朝氣的意涵。

5.「會徽」選擇粉紅色，因為要表達的理念是理解、溝通、歡聚與合作，這與粉紅的溫馨、關懷契合。

6.「吉祥物」選擇水藍色，海寶的寓意為四海之寶，本身的設計就是海洋的水藍色。

10
心智圖法

「心智圖是自己心中的圖，只要按自己的意思去畫就好，不要在乎別人定下的規則」、「心智圖實用最重要，不要去管一大堆理論」，經常看到類似上述這些似是而非的說法，這也難怪有些人會覺得心智圖無法發揮預期的成效，或是看到別人用得很順手，可是自己要用就卡住了。

合乎科學的方法一定要兼具效度與信度，方法不但要有效，而且要在每一個人身上都同樣有效才行。因此有必要瞭解心智圖法的定義與規則。接下來就將一一說明，並進一步解說從操作定義所衍生出的心智圖階層結構與內容屬性的應用原則，以供學習者與相關研究者有所遵循。

第 1 節 四大核心與操作定義

什麼是心智圖法？心智圖法是透過思緒綻放的水平思考及思緒飛揚的垂直思考，有效地將概念想法系統化整合的思考工具。心智圖每個線條上只寫一個關鍵詞，可以幫助開啟創意思考的活口；以線條顏色表達感覺、感受，在重要地方加上彩色插圖來強調及突顯重點，可以強化對內容的記憶。本節將更明確說明心智圖法的概念性定義與操作性定義。

概念性定義

心智圖法是一種「採用組織結構圖進行視覺化的放射性思考模式」。英國

博贊中心前任執行長諾斯（Vanda North）稱之為「大腦地圖」（MAP of your MIND），我則進一步以「有效提升大腦思考與學習能力的方法」來為心智圖法做出概念性定義。

操作性定義

心智圖法不同功能的操作定義如下表：

功能	定義
資訊系統化整合	由上到下：根據主題展開並列的概念或同一層級的聯想（水平思考、擴散思考、廣度思考、分類分析），以及延伸遞進的概念或往下的聯想（垂直思考、直線思考、深度思考、演繹思考）。 由下到上：將具體、細項事物，抽取共同的特徵屬性，進行歸納，形成抽象的整體概念。
開啟思考的活口	在每一個支幹線條上填寫一個關鍵詞（名詞、動詞為主，形容詞、副詞為輔），把想法分解成若干最小單位，每一個支幹線條上的關鍵詞都成為另一個思考的起點，讓想法延伸出更多廣度與深度。
區分不同主題概念	主題的主幹線條及延伸想法的支幹線條以同一個顏色來表達，不同的主題則使用不同顏色來區分。
表達主要概念	心智圖第一階的主要概念，字體略大於其他層級文字，線條則由粗而細，以便於在視覺上突顯這張心智圖的幾個主要概念。
突顯重點所在	針對心智圖上的重要資訊，可以在文字旁邊或上方畫上符合意涵的圖像或符號，以視覺效果來突顯重點所在，強化印象。

心智圖法操作上的核心要素可分為繪圖與思維兩個層面。繪圖所使用的元素包括符號（文字、數字、通用標誌）、線條、顏色與圖像；思維層面的核心要素分別是如何有效提取關鍵詞（Key Word）、放射思考（Radiant Thinking）的圖解結構、色彩（Color）與圖像（Picture/Image）的運用方式。接著進一步說明思維層面的四大操作定義：

一、關鍵詞

心智圖法關鍵詞的運用原則是：

（一）詞性選擇以名詞為主，動詞次之，加上必要的形容詞與副詞。

（二）每一線條上的語詞數量盡量以「一個」為原則，除非是不可分割的概念，例如章節標題、專有名詞、標語、公式等，才在一個線條上書寫兩個以上的語詞。

二、放射思考的圖解結構

　　從直觀的角度，心智圖是由「樹狀結構」與「網狀脈絡」所構成。從思維的層面，樹狀結構與網狀脈絡在不同的應用場合，會有不同的內容涵義。樹狀結構基本上有下列四類：

（一）分類的層次：最上位階代表最大類的概念，次位階是中類，以此類推，最後一階是具體事物名稱。

（二）因果的關係：以樹狀結構來展現原因與結果的關係。例如：應用在問題分析時，最上位階代表問題本質或表徵，往下各個階層則是造成該問題的原因或衍生的廣度，以及深度的問題或影響；尋找問題解決方法時，最上階層是造成問題的原因或因素，下一階層是各種可能的解決方案，再下一階層是該方案的各種具體做法等。在因果關係的結構中，也會包含分類的層次關係。

（三）事物的描述：針對特定事物的性質、狀態、數量……等進行描述說明。例如在採購清單中針對「雞腿」進行描述說明「切塊」、「醃製」、「6隻」等。

（四）事物的聯想：希臘哲學家亞里斯多德將聯想分為對比（想到男人就想到女人，想到白天就想到夜晚）、接近（想到樹木就想到花草，想到高山就想到河流）與相似（想到籃球就想到地球，想到竹筷就想到竹竿）三種。從創意發想的觀點，可分為根據主題自由發揮的自由聯想、特定方向思考的限制聯想（或稱強制聯想），以及採用與主題本質相似事物為提示而進行發想的類比聯想。因此，事物聯想的心智圖樹狀結構中，最上階層代表原始或抽象的主題，往下一個層級的各個階層，是經由上述各種聯想所展開的思維脈絡。

　　網狀脈絡在思維上的應用，是指出不同樹狀結構（類別、主題）之間關鍵

詞的相關性（Correlation），包括因果關係、共變關係、相依關係，或出現重複的事物、概念等，以單箭頭（單一方向的關係）或雙箭頭（相互關係、重複）的點線（間接關係、弱關係）、虛線（一般關係）或實線（直接關係、強關係）來表示，亦可在線條上補充文字說明。

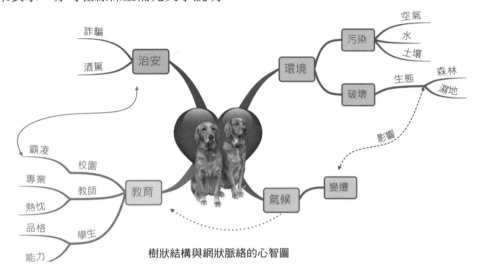

樹狀結構與網狀脈絡的心智圖

三、色彩

（一）在知識內容上，用顏色區分不同主題或類別。

（二）在情意展現上，用顏色表達我們心中對該主題或類別的感受性。

四、圖像

（一）在重要的資訊旁邊加上插圖，以突顯關鍵重點。

（二）圖像必須要能夠代表或讓人聯想到關鍵詞所要表達的意義內涵，這樣不僅有助於創意的激發，更能強化對內容的記憶效果。

第 2 節 使用規則

博贊在 1974 年《心智魔法師：大腦使用手冊》一書中提出心智圖法的使用規則，之後受到廣泛的應用與測試，並一次次地精益求精與修正，才獲致如

今的結果。針對心智圖法應用於教學場域的實證研究也顯示，繪製心智圖的技巧與學科的學習成效呈正相關，因此，按照規則正確運用心智圖法很重要，絕對不能因為心智圖是呈現自己心智模式的一張圖，就不遵守必要的規則。正確的觀念是，在一定的規則、原則之下，依照不同應用的需求做出必要調整。

在本節中將統整博贊《心智圖聖經》、葛柏《7 Brains：怎樣擁有達文西的七種天才》（*How to Think Live Leonardo da Vinci*）書中的觀點，以及我多年使用與研究的心得，說明心智圖法的使用規則。

心智圖法規則

一、紙張

1. 顏色以純白為主：不同顏色的紙會給人不同的感受，或帶來不適當的暗示。有線條的紙張會讓人不自覺地以條列方式做筆記。

2. 尺寸大小以 A4 或 A3 為首選：除了方便收納之外，最主要是因為哈佛大學米勒教授提出神奇的 7 ± 2 原則，在展開廣度與深度的內容時，A4 或 A3 紙張比較不會塞進去太多資訊，尤其是應用於需要記憶的讀書筆記。但是工作計畫、團體討論則不在此限。

3. 方向以橫放為原則：心智圖是從紙張中央向四周放射書寫，橫放可以多容納幾階的資訊，減少線條碰到紙張邊緣需要轉彎的機會。

二、關鍵詞

1. 詞性：以名詞為主，動詞次之，輔以必要的形容詞、副詞或介詞。精簡關鍵詞有個判斷原則，刪除它不影響內容理解，就是可以省略；刪除它會對內容產生誤解，就必須保留。

2. 文字的顏色：手繪時，文字要與線條同色；用電腦軟體繪製時，為避免螢幕上不容易閱讀彩色字，以黑色為原則。

3. 字型大小：越上位階的字型越大並加粗，在視覺上突顯上位階的議題、概念或類別。

4. 數目：心智圖法植基於語意學中語意的派生，因此每一個線條上的關鍵詞以一個語詞為原則，特別在創意發想、工作計畫、問題分析時更要遵

守。只有在整理文章筆記時，針對不可分割的概念，例如章節名稱、專有名詞、特定概念等，才可以在一個線條上書寫兩個以上的語詞。而對於知識內容的重點整理，仍應盡量掌握一個語詞的原則，讓資料統整的過程更有彈性、自由度，也能避免語意上的歧異造成誤解，使整體結構更加縝密。

三、結構

1. 樣式：心智圖的結構是從中心開始，以放射狀向四周延展。

2. 內容的階層結構：以思緒綻放的水平思考、廣度思考，以及思緒飛揚的垂直思考、深度思考，建構出心智圖的樹狀結構與網狀脈絡。

3. 內容屬性：不論是水平還是垂直思考，關鍵詞彼此之間的關係都包括邏輯聯想與自由聯想兩種模式。工作計畫、問題分析、事實描述偏向使用邏輯聯想；創意發想或創意寫作則偏向自由聯想。

四、圖像

1. 位置：在特別重要或關鍵概念的地方加上圖像，以突顯重點所在。隨便到處加插圖反而會失去焦點。

2. 象徵：在重點地方要加的圖像，必須能代表或聯想到重點內容的意涵，這不僅有助於激發創意，更能強化對內容的記憶效果。

3. 顏色：盡可能使用到三種以上的顏色繪圖，或使用與線條、文字不同的顏色，以吸引目光。

五、線條

1. 樣式：線條樣式要模仿大自然的結構，以有弧度的曲線來繪製，讓心智圖看起來美美的。

2. 顏色：線條顏色除了能區分不同主題、類別之外，最主要是使用能表達自己感受的色彩，來激發對主題的創意或記憶內容。

3. 連接：為了方便閱讀，線條必須連接在一起，以提升心智圖的整體感。

4. 粗細：為了在視覺上容易辨別心智圖中包含哪幾大類別或幾大因素，與中心主題圖像連接的主幹線條要用由粗而細、有弧度的錐形，下一階之後的線條則用更細的錐形，或直接以細線來呈現。

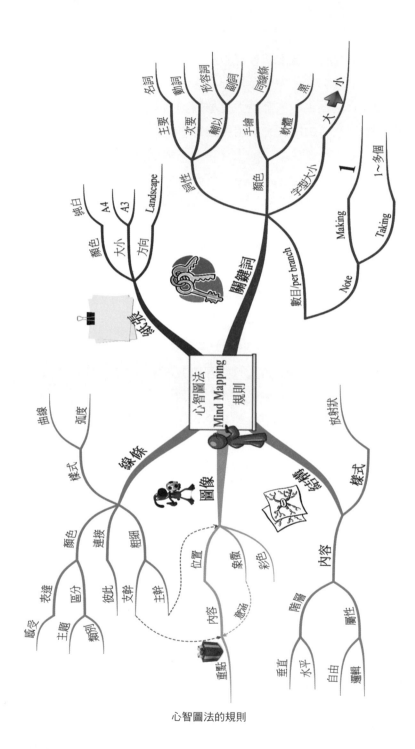

心智圖法的規則

從多年教學經驗中，我發現初學者或長期依賴電腦軟體操作者，在手繪心智圖時會不自覺地出現下列缺失：

- 在需要記憶的情況，心智圖的中心主題只書寫文字，或主題圖只有單一顏色，會限制想像的空間，不利於記憶。
- 中心主題圖像大小不適當，太大，占過多版面；太小，縮成一小團，沒有足夠周邊畫主幹線條，讓想法順利展開。
- 線條僵硬，不夠自然生動。
- 關鍵詞寫到線條後面或下面，不易閱讀。
- 線條長度太長，以致於浪費空間。
- 線條斜度大於 45°，以致於關鍵詞寫到線條旁邊。
- 插圖未能以彩色呈現，甚至與文字顏色相同，無法突顯重點。
- 支幹線條上關鍵詞的字數太多，限制了思考的靈活度。
- 線條彼此之間沒有正確連接在一起，喪失美感並影響閱讀。
- 資訊內容在分類與階層化時順序邏輯有誤，影響創意產生與記憶的效果。

這裡說明的規則是以手繪為前提。若是操作軟體，其原則不變，有些地方只要軟體設定好，我們就不用操心。例如中心主題、紙張的大小方向、線條要由粗而細且彼此連接、關鍵詞書寫在線上等。但有些是部分電腦軟體無法克服的，例如：線條不要太僵硬，發展出自己的風格等。本書使用軟體繪製心智圖範例時，線條樣式看起來比較生動活潑的是採用 iMindMap 製作，它有適合各種不同作業系統的版本。

想要有效發揮心智圖法的功能，必須遵守使用規則，等技巧逐漸純熟後，在可以達到相同或更好的效果下，鼓勵大家發展出獨樹一格的心智圖模式。

第 3 節 放射性思考

創新是永遠有需求的管理話題，聯想則是創新的關鍵能力之一。創新大師克里斯汀生（Clayton Christensen）在《創新者的 DNA》（*The Innovator's DNA*）

一書中指出，創新者都有聯想、疑問、觀察、社交與實驗五種習慣，其中聯想力是串聯其他四者的關鍵能力。聯想力強的人，可以深入觀察細節，也可高俯遠觀細節如何融入整體，讓我們的思維不僅見林也見樹。

大自然結構：樹枝

　　心智圖法是一種從中心主題概念 360 度向四周擴散思考的視覺化工具，博贊稱之為放射性思考，其結構就像大自然界的樹。一張展開的心智圖，就好比我們從高空鳥瞰一棵大樹，中間的樹幹就是心智圖的中心主題，從樹幹會長出許多由粗而細的大樹枝，這是從中心主題展開的第一階概念，稱之為主幹；從每一個大樹枝又長出許多中樹枝、小樹枝，也就是主幹之後會延伸出的支幹。

　　心智圖法放射性思考的階層結構包括了水平思考與垂直思考，在我第一本出版的書籍中，稱之為思緒綻放與思緒飛揚，我們也可稱之為廣度思考與深度思考；在階層結構中，水平思考與垂直思考的內容屬性又可區分為邏輯聯想與自由聯想。心智圖法的階層結構與內容屬性就像堆積木，讓我們聯想出來的結果不僅有創意且合乎邏輯。

階層結構

一、思緒綻放（Brain Bloom）

　　在兒童班的課程中，我們用「光芒般的聯想」來讓小朋友更容易瞭解這個

詞的意思，在成人班則進一步說明它雷同於水平思考或擴散思考，好比電路原理中的「並聯」，功能在於擴充思考的廣度，增進創造力中的流暢力、變通力、獨創力與精進力。

下圖是一個思緒綻放與思緒飛揚的心智圖範例。我們先說明思緒綻放，中心主題是「生日」，圍繞在四周的六個第一階想法都是由「生日」所產生的思緒綻放聯想；第一階「禮物」所延伸出第二階的三個想法，是以「禮物」為主題所產生的思緒綻放聯想；從「遊戲機」延伸出第三階的三個想法，是以「遊戲機」為主題所產生的思緒綻放聯想。

二、思緒飛揚（Brain Flow）

在兒童班課程中，我們用「接龍式的聯想」讓小朋友更容易瞭解這個詞的意思，在成人班則進一步說明它雷同於垂直思考或直線式思考，好比電路原理中的「串聯」，功能在於增進思考的深度，強化問題分析、推演能力與記憶力。

下圖中同樣可以產生思緒飛揚的聯想。例如從中心主題的「生日」會聯想到「禮物」，「禮物」會想到「遊戲機」，「遊戲機」會想到「XBox」。「生日—禮物—遊戲機—XBox」就產生一個思緒飛揚路徑。

心智圖法的階層結構就是如此交織而成。我們可以從中心主題或任意一個支幹線條來做思緒綻放或飛揚的聯想，卻又不會失去階層結構的邏輯性。

思緒綻放與思緒飛揚的心智圖

內容屬性

　　心智圖階層結構中，不論是水平思考或垂直思考的聯想，文字內容屬性又可區分為「邏輯聯想」與「自由聯想」。

一、邏輯聯想

　　邏輯聯想指的是在聯想過程中有一個明確的中心主題，不論是水平思考或垂直思考的分類關係或因果關係的聯想，都要緊扣中心主題。例如下面左邊這張圖很清楚可以看出是在規劃「露營」活動的邏輯聯想。邏輯聯想適用於工作計畫、問題分析。

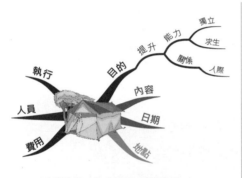

以「露營」為主題的邏輯聯想

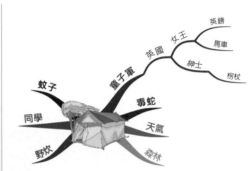

以「露營」為主題的自由聯想

二、自由聯想

　　自由聯想是思維活化作用散布的歷程，而活化作用的散布是構成許多思考歷程的基礎運作。自由聯想在心智圖法中指的是在聯想過程中沒有特定目的，而且每一個新想法都很自由、直覺、隨性地根據上一階概念激發產生出聯想。上面右邊這張圖是以「露營」為中心主題，但是採用的內容結構是自由聯想。可以看出這張心智圖並不是在規劃露營活動，純粹是從主題概念開始自由發想。自由聯想適用於創意發想，尤其冀望突破現況的枷鎖、尋找開創性想法時更適用。

三維結構概念

　　心智圖的水平思考與垂直思考模式，讓我們以二維空間展開廣度與深度的

結構。然而面對複雜狀況，也有必要發展出立體的三維結構。心智圖如何在一張平面紙張上，將想法以立體結構展現出來呢？這時我們可以運用心智圖法操作定義中「顏色」功能，在知識內容上，用顏色區分不同主題或類別。

　　平面心智圖已經在不同樹狀結構的線條與文字上運用顏色來區分類別（如下方上圖）。接著以代表第三維分類的各種顏色「標示」在平面心智圖各個樹狀結構的文字上（如下圖）。

　　上面這張圖是以二維平面的方式列出員工關心的事項。下面那張立體心智圖則是將員工關心的事項以不同顏色標示出負責處理的部門，紅色是業務部，綠色是人資部，黃色是客服部，灰色是財務部，淡藍色是福委會。

平面的心智圖

立體的心智圖

第 4 節 心智圖法教學

　　心智圖法教學已逐漸普及到各級學校和培訓機構。此教學包含了兩個層面，一是指導學生學習使用心智圖法，二是教學或學習時採用心智圖為工具。本節僅針對學習心智圖法做說明，至於如何運用心智圖法於教學和學習場域，將在「實務應用」中進一步說明。

心智圖法教學的理論背景

　　由於心智圖法是在建立思考與學習模式，成效並非一蹴可幾，學習歷程必須有計畫、有步驟地進行，讓學生由淺入深逐步去體驗、觀察、反思，以內化知識技能的形成。心智圖法的教學植基於認知主義的認知發展、智力、學習與記憶、學習如何學習，實踐於建構主義的經驗學習、自發性學習、觀點轉化與反省性實踐。

　　以下將探討建構理論中的經驗學習與鷹架教學，協助有志從事教學者掌握教學重點，促進學習的成效。

一、經驗學習

　　美國教育學者林德曼（Eduard C. Linderman）認為，教育的目的在於發現經驗，是一種探究心靈，尋求形成行為的概念緣由。經驗是一種使教育與行為相連結的學習技巧。針對經驗學習，邦德等人（David Boud, Ruth Cohen & David Walker）在《運用經驗學習》（*Using Experience for Learning*）一書中提出五項主張：（1）經驗是激發學習的基礎；（2）由學習者主動建構自己的經驗；（3）學習是一種整體過程；（4）學習是一種社會及文化的經驗建構；（5）學習會受到當時社會與情緒脈絡影響。

　　美國體驗式學習專家柯柏（David Kolb）綜合了美國實用主義教育學者杜威（John Dewey）的觀點、瑞士心理學家榮格（Carl G. Jung）、社會心理學之父勒溫（Kurt Lewin），以及瑞士兒童心理學家皮亞傑（Jean Piaget）的學習與認知發展模式，提出了著名的經驗學習循環模式。柯柏認為，經驗學

習必須具備四種能力：（1）具體經驗：具有開放的意願，願意把自己置身新經驗中；（2）反思的觀察：具有觀察和反思的技巧，以便從不同觀點檢視新經驗；（3）抽象概念：分析的能力，也就是透過觀察創造出統整的概念；（4）行動實驗：做決定即解決問題的能力，以便在實務中應用新觀念。

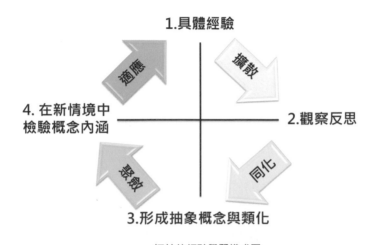

柯柏的經驗學習模式圖

二、鷹架教學

　　鷹架教學指學生在學習一項新的知識或技能時，透過足夠的支援協助來提升學習能力的教學方式。鷹架一詞是由伍德（David Wood）、布魯納（Jerome S. Bruner）以及羅斯（Gail Ross）等三人於 1976 年提出，基本概念源自於蘇俄心理學家維果斯基（Lev Vygotsky）的近側發展區理論（Zone of Proximal Development, ZPD，又稱可能發展區學習理論）。

　　該理論主張學習過程由教師暫時支持（鷹架）學生發展學習能力，暫時支持可能是教學策略或教學工具，隨著學習者能力提升，便逐漸將學習責任轉移至學生身上，最後讓學生能主導學習，並經由學習建構出屬於自己的知識。在實際教學應用上，伍德等人提出鷹架教學需要具備六個具體機制，分別是：

1. 引起學習動機與興趣。

2. 分析學習內容，給予明顯且明確的引導，減輕學習負擔，避免學習困惑。

3. 針對學習目標不斷給予引導。

4. 採取不同的方式聚焦於學習事物的關鍵特徵。

5. 協助學生解決學習過程中面臨的挫折，並培養獨立解決問題的能力。

6. 以提供範例的模組化教學方式，一步步地解決問題，達到學習的目的。

　　整合柯柏的經驗學習與伍德等人的鷹架教學，心智圖法的教學方法是讓學員在教師詳細的指導與帶領下，從繪製簡單的水平思考與垂直思考心智圖開始，逐步增加內容的廣度與深度，並且應用到色彩和圖像。每完成一張心智圖可與同儕分享，檢討自己與他人的優缺點，以建立正確繪製、使用心智圖的技巧。

教學理念

　　為使教學者更能掌握教學品質，達成教學目標，在此擬從教學理念的觀點進一步闡述教師與學習者、教學內容以及學生與學習內容的關係。

一、教師與學習者的關係：美國資深教育學家普拉特（Daniel D. Pratt）博士根據學習者需要教師給予指導與支持的多寡，提出四種教學情境的關係。心智圖法的學習者來自四面八方，年齡層面、職業與專業背景也會有差異，再加上可能是初次接觸心智圖法，不是很清楚正確的使用方法，因此教師要扮演權威的主題專家角色，但仍然得關注個別學習者的特殊心理需求。在普拉特模式中落在高指導與高支持的象限，亦即學習者需要教師充分指導與支持。

二、教師與教學內容的關係：為達到有效教學，教師本身除了熟悉教學內容的知識與技能外，更必須是內容的實踐者。教師需把心智圖法落實到自己的生活、工作中，並從中獲得益處。因為要感動別人，必須先感動自己；要影響別人，先影響自己。我自己就是把心智圖法充分應用到工作與學習領域，讓事業經營在穩健中發展，更讓終身學習成為我人生的一大享樂。

三、學生與學習內容的關係：從學習理論來看，學習是一種過程（不是最終產物），著重在學習時的實際狀況。倡導有意義學習理論的美國教育心理學家奧蘇柏爾（David Paul Ausubel）指出，新學習的知識若能在

心智圖教學步驟 1

心智圖教學步驟 2

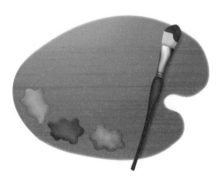

心智圖教學步驟 3

個人的認知結構與既有概念產生連結，學習才有意義。2000 年諾貝爾生醫獎得主斯奎爾與坎德爾在《透視記憶》（*Memory: From Mind to Molecules*）中也表示，影響學習記憶的因素包括了重要性、與現有知識掛勾並組織在一起，以及重複的次數。

至於什麼樣的教學內容能吸引學生投入學習？我認為除了與生活經驗連結之外，還要注意到：（1）避免超出學習者的學習能力範圍；（2）所學內容能夠即學即用，因此提出了 AIDA 原則：

- A（Attention, Attractive）：教材內容與文案編必須能吸引學習者的注意力。
- I（Interest）：學習內容要生動活潑有趣，避免生硬枯燥。
- D（Desire）：學習內容能引發學習者的學習渴望，持續地學習下去。
- A（Action）：教材內容能提供進一步的學習資訊，激發學習者將所學付諸行動。

心智圖法課程的內容規劃設計要盡量以貼切學生的實際生活為原則，案例說明也必須根據在場學生的背景、需求，挑選合適的素材。

教學目標

心智圖法教學方案的設計必須考量並整合大腦認知與記憶的原理、圖解思考工具的使用原則，以及心智圖法的操作定義。在此前提下，教學方案的目標必須包含最基本的兩項：

1. 熟悉並正確地繪製心智圖，不論是手繪或使用電腦軟體。
2. 能應用到實務領域，不要空談理論或只是教畫心智圖，不懂得應用。

教學設計

經驗學習是心智圖法有效的學習模式，因此在教學上除了採用傳統的講解之外，盡量以互動演練以及隨時搭配與學習內容有關的案例為主。實作演練也要由淺入深，以搭鷹架的方式讓學生逐步熟悉心智圖法操作。

　　然而針對不同教學主題、對象、時間長短，在教學設計上也會有差異。例如我們要指導學生「認識心智圖法的水平思考」這個單元，說明幫助學生搭鷹架的心智圖法學習步驟如下：

（一）先以一個完整的心智圖讓學生瞭解正確心智圖的模樣。解說繪製中心主題必須是彩色圖像，大小寬高約 5 公分，要與題目產生關聯；第一階的主幹線條要由粗而細，顏色選擇與文字內容要能產生聯想；文字要寫在線條上，顏色與線條顏色一致（149 頁上圖）。

（二）在畫好中心主題圖像與淺灰色主幹線條圖的心智圖上，讓學員自己選擇合適的顏色，沿著淺灰色線條由內往外畫出由粗而細的線條，並在線條上寫出想法（149 頁中圖）。

（三）只有中心主題，讓學生自己練習畫線條、寫文字（149 頁下圖）。

（四）最後，只給題目，讓學生自己根據題目畫出合適的中心主題圖像，選擇合適的顏色畫主幹線條，寫出想法。完成之後請學生相互分享，並相互指出優點與可以改善之處。老師再根據學生的成果與分享內容，優則嘉勉，並給予改進意見。

第 5 節 心智圖法評量

　　在教育體系裡，評量是為了增加學生學習信心、強化學習動力、肯定學習成就。

　　新思維學習（New Dimensions of Learning）機構創辦人拉齊爾（David G. Lazear）在《多元智能取向的評量》（*Multiple Intelligence Approaches to Assessment*）中指出，要描繪學生的學習完整圖像，必須採用多元的評量方式；建構評量標準時，也必須對學生在不同發展層次和面對不同學科領域，需要精熟的內容與歷程建立共識，一旦有了共識，就把評量融入課程中。拉齊爾進一步建議，一個真實的評量應該是「基於心智發展為基礎的評量」，意即評量應該把大腦和心智的相關研究結果應用到評量程序中。

　　有關心智圖法評量，最早是博贊在《心智圖聖經》中引用澳洲科廷科技大學（Curtin University of Technology）教育學院哈肯（Leith Hogan）博士的評量表：

A）心智圖內容：		
	廣度（涵蓋的範圍）	5
	深度（延伸的細節）	5
B）心智圖中有自己的想法		4
C）心智圖法技巧的運用：		
	色彩	2
	符號	2
	箭頭線條	2
	總分	20

哈肯提出的心智圖法評量架構

　　從哈肯的評量表中可以發現，A 項與 B 項屬於思考方式層面，C 項屬於評量心智圖繪圖技巧。從分數比例分配上也可看出，哈肯對於心智圖法的評量比較重視思考方式。

台灣的心智圖法評量

　　台灣第一個心智圖法評量表出現在陳盈達的碩士論文中，評量基準包括主題焦點的呈現、整體結構的呈現、線條的運用、顏色特性的運用與聯想技巧的運用五大類，其中再含括二十小項，由評量者以五點量表方式評分（右表）。

　　前面四大類屬於評量繪製心智圖的技巧，第五大類聯想技巧的運用中「圖像的運用技巧」也屬於技巧評量，其他四小項（17 ～ 20）則屬評量思考的層面。陳盈達的評量表是根據心智圖法相關文獻中對規則的描述匯整出來，再經由兩位專家審查以建立信效度。相對於哈肯著重於思考層面，陳盈達的評量表比較著重繪製技巧。爾後台灣心智圖法論文不乏引用或修改自陳盈達的評量表，可窺見台灣心智圖法的應用發展偏向把心智圖法做為筆記工具，著重如何正確繪製而忽略心智的思考模式。

評量基準	評量規準	5	4	3	2	1
❶ 主題焦點的呈現	1 能清楚表達出一個中心主題	☐	☐	☐	☐	☐
	2 能善用圖文並茂的規則	☐	☐	☐	☐	☐
	3 主題使用三種顏色以上	☐	☐	☐	☐	☐
	4 主題等比例運用在紙張正中間	☐	☐	☐	☐	☐
❷ 整體結構的呈現	5 紙張的運用恰當	☐	☐	☐	☐	☐
	6 層次分析清楚，標題順序標項明確	☐	☐	☐	☐	☐
	7 善用組織圖與分類法	☐	☐	☐	☐	☐
	8 以正楷書寫，每一支幹只用一個關鍵字	☐	☐	☐	☐	☐
❸ 線條的運用	9 線條、支幹的長度與搭配的文字、圖像等長	☐	☐	☐	☐	☐
	10 線條粗細比例使用恰當	☐	☐	☐	☐	☐
	11 關鍵字與圖皆置於線條上	☐	☐	☐	☐	☐
	12 線條自然流暢	☐	☐	☐	☐	☐
❹ 顏色特性的運用	13 分支使用三種顏色以上	☐	☐	☐	☐	☐
	14 運用顏色突顯重點的技巧	☐	☐	☐	☐	☐
	15 運用顏色表現個人風格	☐	☐	☐	☐	☐
❺ 聯想技巧的運用	16 圖像的運用技巧	☐	☐	☐	☐	☐
	17 思路自由而不混亂	☐	☐	☐	☐	☐
	18 關鍵字的選用是否恰當	☐	☐	☐	☐	☐
	19 善用關聯性的技巧	☐	☐	☐	☐	☐
	20 創造力的展現	☐	☐	☐	☐	☐
	總分合計					

陳盈達的心智圖法評量架構

		心智圖繪製技巧評量	評分 非常差 ←→ 非常好										本題不適用
			1	2	3	4	5	6	7	8	9	10	
繪圖	圖像	【01】圖像能用彩色（三色以上）											
		【02】圖像能夠貼切要表達的想法並能觸發五官的感受											
		【03】A4 紙張的中心圖像寬高大約 5 公分，其他尺寸紙張按照比例縮放											
	空間	【04】整張心智圖能夠保留適當的空間，避免擁擠，均衡運用整張紙											
	文字	【05】中文字清晰整潔端正，英文字以印刷體書寫											
		【06】文字寫在線條上方											
		【07】文字書寫方向由左到右											
	色彩	【08】色彩豐富，有助於分類管理											
	線條	【09】與中心主題圖像相連的主幹由粗到細											
		【10】線條彼此間連接在一起											
		【11】線條不要太僵硬，層次分明、有生命力											
		【12】線條長度大約等於其上方文字或圖像的長度											
	紙張	【13】水平方向橫放											
構思	圖像	【14】中心主題圖像在紙張中央，有利於放射思考											
		【15】圖像畫在重要資訊的地方標示重點，吸引注意力											
	色彩	【16】主幹與其後所有支幹使用同一種顏色分類視覺，表達感受，但為顯示特殊資訊之關聯性不在此限											
	邏輯分類階層順序	【17】分類結構層次分明，同一位階同一屬性，從屬關係清晰明確											
		【18】掌握水平思考與垂直思考原則											
		【19】能夠正確區辨，並運用邏輯聯想與自由聯想											
	資訊關聯性	【20】使用連結線、圖像或顏色來指出不同位置資訊的關連											
	文字	【21】線條上的關鍵詞只寫一個語詞，筆記以簡潔為原則											
		【22】關鍵詞的選擇能夠切合主題意涵需求											
	風格	【23】整張心智圖看起來很活潑、有趣、好玩											
		【24】繪製方式具有個人獨特的美感											
各欄分數加總：													
總　分：													
平　均：			總分（　　　）÷（24 - 不適用題數）＝										

　　基於上述原因，我在 2007 年提出一份較完整的心智圖法技巧評量表（左頁表單）。近年來根據自己實際應用心智圖法的經驗，以及批改審閱無數的心智圖作業後略作修改。此一評量表雖較完整，但仍有改善進步的空間，尤其針對不同主題、不同類型文章，不同性別、年齡、文化背景等，在評量「構思」類目下也應有所區分，才能讓評量結果更完善。往後有機會將進一步修正補充。

11
論文研究與研究建議

　　推動心智圖法實務必須透過理論的建立與經驗研究的探索。一個領域的研究發展，甚至未來的走向、論文的主題、研究方法、研究發現都能提供後續研究及實務發展所需要的資料，是建立該領域知識體的依據。換句話說，撰寫論文與研究報告，往往能引發新思潮，啟動新意念與新觀點，是學術研究者以及實務工作人員訓練思維、表達思想的方法，也是呈現成果的工具。

　　為了讓心智圖法的教學與應用，能夠更加擴充廣度與深度，並具備科學的依據，自 2005 年起我即著手進行相關研究，並發表了幾篇論文。在本章當中將從我在實踐大學企業創新發展研究所的碩士論文《心智圖法創造思考訓練方案對激發企業人士創造力成效之研究》、台灣師範大學社會教育研究所的碩士論文《台灣心智圖法學位論文研究之分析》與博士論文《心智圖法導入高科技產業做為職場學習策略之個案研究》，略述「研究結果與發現」及「對未來與心智圖法相關的研究提出建議」。

第 1 節 學位論文研究之結果與發現

台灣心智圖法學位論文的研究趨向

一、 以正規教育的學校為主要研究場域，研究對象主要是一般學生，身心障礙學生次之，社會人士則相對較少。上述研究場域及對象未能因應高齡社會及終身學習的需求。

二、研究領域以語文為主，自然與科技次之，第三是社會科；研究主題是以提升學生的不同能力為主，學業成就次之，第三是教師的教學，第四是學習的動機與態度。這些研究都未探討性別、年齡、文化等因素的影響。

三、引用的理論以心智圖法繪製原則為主，圖解思考次之，第三是大腦領域。缺乏知識體理論建構的 know why 及 know how 知識。

四、論文研究以正向成果居多，但仍有 13% 的論文有負向的發現，其中 12% 與如何繪製心智圖有關。

正向的結果

根據我的論文研究，發現有以下幾點正向的結果：

一、心智圖法教學方案對創造力的影響

（一）對語文創造力當中的流暢力、變通力與獨創力有較佳的成效。

（二）對圖形創造力當中的精進力有較佳的成效。

（三）在課後感受性與效益方面，普遍持肯定態度。覺得心智圖法很有趣、對工作有幫助，提升思考的能力與想像力，看事情可以從不同的角度切入，對問題的分析更有廣度，分類與階層化讓事情化繁為簡，心智圖的結構幫助創意富有邏輯性。

二、對職場學習的影響

（一）心智圖法可以有效做為知識管理與師徒制學習的策略，同時也是團隊溝通的平台。

（二）企業導入心智圖法做為職場學習策略之後，對於個人以及團隊所產出的成效如下：

  1. 個人：以心智圖法來呈現知識，能幫助個人提升理解程度與記憶 效果，有效地將集體的顯性知識，結合自己既有的知識，形成語意的記憶，並內化成個人的程序性記憶，日積月累，可培養出職場所需的能力，對績效的提升有所幫助。同時，從心智圖的整體結構中，不論資深專家或新手都能養成見林也見樹，兼顧宏觀與微觀的整體性思維模式，進而意識到自己思考的限制所在。

2. 團隊：當團隊中的每個人都能形成整體性的思維模式，並意識到自己思考的限制，願意修正、調整既有的認知框架，將可促使團隊綜效學習的發生，有助於學習型團隊的建立，促使組織的革新，重建出團體新的認知框架。同時，以問題導向的心智圖知識庫（組織記憶），可依循問題的情境脈絡去搜尋與更新，達到有效擷取與內容創新的知識管理之目的。

職場學習導入心智圖法的成功方程式

由於心智圖法緣起於歐美，華人世界接觸、認識心智圖法也是近十幾年來的事情，因而本土企業的員工對於心智圖法的了解較為陌生，應用技巧上也缺乏一套標準可供依循。然而工欲善其事，必先利其器，心智圖法要做為職場學習的策略，安排企業員工學習心智圖法，不僅有其必要性、重要性，更有著優先性。

根據我的觀察研究，企業之所以能夠成功導入心智圖法，其方式是：

一、企業先發掘或栽培若干位心智圖法愛好者或專家，日常工作中，由他們示範心智圖法在實務上的應用，讓新手感受到心智圖法的功效，以及累積初步的個人經驗，願意邁向心智圖法的實踐社群。

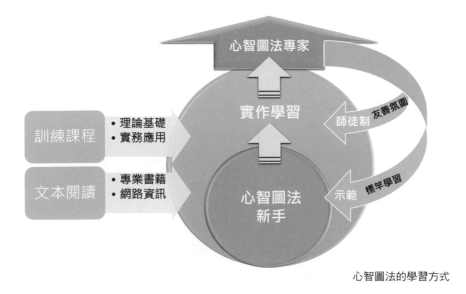

心智圖法的學習方式

二、接著在團隊組織中營造友善的學習氣氛，將學習融入到工作之中，由專家採師徒制方式帶領新手應用心智圖法，從實作中學習心智圖法的操作技巧，讓新手在模仿與創新中持續累積個人經驗。在此階段同時輔以專業書籍或網路資訊的文本閱讀，以獲得更多心智圖法的相關知識，必要時也可舉辦訓練課程，邀請專業講師前來授課，強化理論基礎與實務應用技巧，以培養新手也能夠成為心智圖法的專家，帶動更多的同事學習及使用心智圖法，提升個人的工作績效與企業組織在市場上的競爭力。

給導入心智圖法企業組織與員工的建議

工欲善其事，必先利其器，若要採用心智圖法做為學習策略，相關配套措施自有其重要性與必要性。以下針對企業及員工提出下列三項建議：

◎心智圖應用範本的製作與傳承

為使企業內部心智圖法資深專家的默會知識，特別是過去工作經驗所累積在腦海中的心智圖應用範本，能轉化為組織中的共同記憶，實應依據不同的應用情境，請資深專家以心智圖軟體製作出各種類型的應用範本，儲存在組織的資料庫當中，並指導團隊成員熟悉範本的使用時機與應用技巧。

◎建置友善的心智圖法資源網站

企業宜在內部的網路資料庫系統之中，建置友善的心智圖法相關資源網站，內容除了應用心智圖法的知識與技巧之外，更應包括常見的問題與解決方法，讓員工可以自主運用這個網站的資源，習得心智圖法在職場上的各種應用策略。

◎提供企業員工瞭解其學習型態之相關諮詢服務

由於心智圖法已逐漸導入到各個跨國企業之中，對提升員工的創造力、組織力、溝通力、知識吸收與轉化等有其功能性。但國內的本土企業相對了解較少，且經常將靜態的心智圖誤以為就是動態思考歷程的心智圖法，針對不同學習型態或認知風格的企業員工如何提供不同學習取徑的研究也較為缺乏。據此企業人資部門可提供企業員工了解自己的學習型態或認知風格的相關諮詢，並嘗試協助企業員工拓展其學習型態，或尋求相關的配套學習策略。

心智圖法有待改善之處

一、舉辦心智圖法培訓課程的建議

（一）課前必須了解學員對課程的需求。

（二）講義教材有必要針對課程主題與學員需求做出適當的編排調整與內容增減。

（三）教學時能將心智圖法與創意思考、邏輯思考、工作規劃、時間管理、人際溝通、建立自信等主題建立更多的連結，以滿足學員需求。

（四）要針對學員的問題提出解答，並主動幫助學員。

（五）課程時間掌控要精準。

（六）提供學員合適的課後行動計畫。

二、機構之間合作的建議

（一）產官學跨界合作開辦心智圖法在職場應用之相關課程。

（二）與企業合作開發心智圖應用範本。

（三）提供企業導入心智圖法之相關諮詢或個案顧問服務。

（四）發展更實用的手機版心智圖軟體。

第 2 節 對心智圖法後續研究者之建議

　　根據我博碩士三篇論文研究的發現，對於後續擬進行類似相關研究的研究者建議如下：

對實驗研究的建議

◎企業人士為對象的實驗課程時間

　　可以針對特定的企業採取內部員工培訓方式，在訓練部門的配合之下，安排在週一到週五或該公司經常舉辦員工培訓的時間來進行教學實驗研究，以降低外在因素的干擾。

◎實驗研究的設計

　　研究者可以從職業別、部門別、職位階級、工作年資，甚至將性別、年齡、

學歷等因素納入實驗設計當中，以了解心智圖法訓練方案在各個層面的成效是否有所差異或產生交互作用，提升在實務應用上的價值性。同時除了考量當下的學習感受之外，也應擴及到知識技能的習得、個人行為的改變，以及對工作績效的影響等。

◎評量工具

後續研究者可與專家討論設計一套常模是以企業人士為對象，並考量到產業別、部門別、職務階級、工作年資等因素，彈性適合企業人士不同身分背景、短時間的訓練方案，以及可檢視學員學習後與學習前差異的評量工具。

◎訓練方案

現階段心智圖法結合創造思考策略所發展出來的訓練方案較為成熟，後續研究者可以嘗試把心智圖法結合職場工作中的各種情境，例如問題分析與解決、專案計畫與管理、人際關係與溝通、團隊建立與共識、諮商輔導與建議、學習筆記與記憶等等，在科學驗證基礎之下，發展出更有信度與效度，實務應用上更有廣度與深度的心智圖法訓練方案。

對心智圖法研究議題的建議

心智圖法大多被當成工具使用，偏向 know what 的知識，未來應強化實務應用的經驗反思，去建構 know why 的知識，以及應用在不同領域、性別、年齡層、文化等相關性的 know how 知識。例如在訊息處理、多元智慧、學習風格、知識管理、性別差異、幼兒啟蒙、活躍老化與文化教育等議題。

對心智圖法研究對象與場域、領域的建議

心智圖法在實務應用層面已經蓬勃發展，以探討心智圖法成效的準實驗研究與研擬編制教學方案的行動研究為主要研究方法。然而，這些研究選擇的對象都是小區域、小班級，因此建議未來的研究對象：

（一）可朝規模較大的跨區域、大群體為對象。

（二）針對不同行業與不同的工作職能進行分析比較。

（三）針對不同學習型態或認知風格的學習者進行分析比較。

在研究場域方面，目前是以正規教育的中小學為主要研究場域，少數為非正規教育的社教機構。在重視終身學習的社會氛圍中，未來研究對象的年齡可逐漸以成人、高齡者為主；身分則可選擇職場人士、社區民眾或退休族群；研究場域應朝向終身學習社會的職場、社教機構為主。

在研究領域方面，目前台灣心智圖法的研究領域大多是融入到學校教育的各個學科。但成人學習屬於非學科取向，是以生命任務、解決生活問題及經驗為取徑。隨著高齡社會來臨，未來研究的領域應拓展並關注成人與高齡者的學習，研究主題亦可朝向與心智發展相關的訊息處理、多元智能、學習風格、活躍老化、幼兒啟蒙，與社會文化有關的性別差異、文化教育、生活美學，或是與職場有關的工作應用、知識管理、研發創作等多元議題。

對心智圖法研究方法的建議

目前大多以量化的準實驗研究為主，質性研究的篇幅不多。若是未來研究主題擬朝向性別、文化、教學方案等與主觀意識相關議題，則需要質性的研究方法來蒐集資料。因此，建議往後研究者可採用質性的研究方法，探討研究對象對心智圖法應用在不同領域、議題的感受、意見，以及蒐集專家對心智圖法的看法與建議。

對評量心智圖法的建議

現階段是以評量繪製心智圖技巧為主，思考歷程與結構模式為輔，也沒有考量到不同身分、年齡、性別、領域主題等因素。因此，未來發展的評量指標應提高思考模式的比例；心智圖法評量表一方面可以拓展評量指標與使用心智圖者的身分、年齡、性別、領域主題之關聯性，並檢驗其信效度，另一方面應朝向協助學習者拓展其心智能力邁進。

PART THREE
實務應用

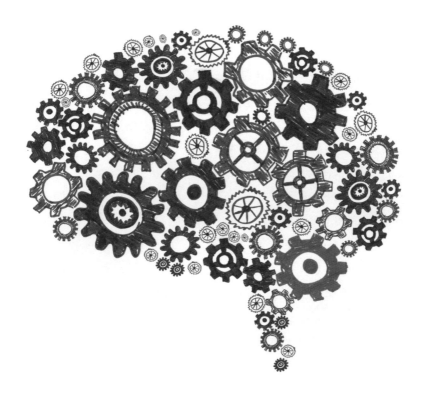

　　心智圖的概念定義是「心智地圖」（Map of Your Mind），意即為大腦吸收資訊與提取資訊的平台，是一種有效學習與思考的工具。在實務應用篇將分「學習力」、「企劃力」與「執行力」三大部分來解說：第 12 章到第 16 章是學習力單元，第 17 章談企劃力，第 18 章到第 20 章將探討如何使用心智圖法提升執行力。

12
閱讀理解與筆記摘要法

　　你是否有這樣的慘痛經驗？花了很多時間閱讀書籍、聽演講，但是過沒多久就全部忘光光！實踐大學李慶芳教授建議學生每次閱讀一篇文章之後以「三個關鍵詞」和「一句話」來總結全文的概念。李教授指出，時常練習關鍵詞法能夠培養敏銳度，使關鍵詞的掌握更精準；用一句話來總結文章將令你產生新的體會與反省，開拓看事物的視野；最後再將這些關鍵詞鋪陳在一張心智圖上。如此一來，內容不僅變成一種「影像」深植在腦袋中，也可以迅速以五分鐘方式看圖說故事，協助記憶與複習。此外，當我們檢視心智圖與關鍵詞時，還可以推敲其中的邏輯關係是否正確。

　　富商李嘉誠先生曾說：「有效的學習，先記錄，再記憶。」全日本最受歡迎的小學老師親野智可等強調，「做筆記」是一切學習的基礎，筆記可以引發孩子的好奇心，讓孩子愛上學習。台大呂宗昕教授也指出，讀書的時候應做個人筆記，隨時記錄自己閱讀過的重點，留下自己的讀後心得，這是累積個人知識、整理思考脈絡的最佳方法。

　　筆記的內容有兩種，一種是在上課或閱讀的時候直接抄錄老師講述或文章中的重點，另一種是課後或閱讀後，將重點理解、消化吸收而重新整理的筆記；筆記有記錄、思考與練習三項功能。電磁學之父法拉第習慣將讀過的書經大腦消化吸收，再以自己的表達方式記錄在筆記中。這種筆記方法可以讓我們充分融會貫通書本內容，也能迅速掌握書中的重點精華。

　　因此，筆記不是「工整」就好，還要「有系統的書寫」。基本上「筆記書寫」就是一種腦力活動結果，但若只是單純「抄」筆記，很難刺激大腦思考與學習。

所以必須一面思考一面書寫，才能夠鍛鍊思考力；筆記有了系統性，「複習」也更加容易。一旦用對了方法，不管是紙本手寫還是電腦輸入，做筆記不僅能刺激大腦，還能讓大腦保持靈活年輕，讓創意源源不絕，建立良好的人際關係，提升工作效率。

為了整理出有幫助的學習筆記，培養閱讀能力是一項先決條件。而對文章結構的認知，也會影響我們的閱讀能力。閱讀能力好的人，會利用文章結構理解，找出文章中的主要論點，並能夠從巨觀結構中歸納整理文章裡的細節，摘錄重要的關鍵詞；透過表示文章類型基模的「上層結構」來幫助記憶與回憶文章內容。

本書已詳述心智圖法的 CHM 分類與階層法，能透過邏輯、系統化的分層結構來幫助學生摘要、擷取知識，增進對文章內容的理解，以提升分析、批判、統整的能力，進而記憶內容重點。然而許多初學心智圖法的學生，往往不知如何決定第一階主幹上的大分類，以及主幹之後支幹的次分類，尤其面對國語文不同文體時，如果都採用同一種分類方式，恐怕會失去意義。因此將在本書第 13 章第 2 節中進一步闡述國語文寫作的方法。本章先說明運用心智圖法整理筆記時，閱讀理解與知識萃取的原則與筆記技巧。

第 1 節 閱讀與萃取知識

美國教育心理學家格拉澤（Robert Glaser）指出，閱讀歷程有三個階段，分別是「解碼」、「理解」與「控制」；蓋聶等人在《學校學習的認知心理學》一書中指出，從訊息處理的觀點，可將閱讀理解的歷程分為「解碼」、「文義理解」、「推論理解」及「理解監控」四部分。為了增進閱讀理解的能力，增加字彙知識和提升語句的整合能力是關鍵要素，而閱讀理解的歷程則包括：（1）提取訊息；（2）推論分析；（3）比較評估；（4）詮釋整合。

美國佛羅里達州立大學教育心理學教授德里斯科爾（Marcy P. Driscoll）在《*Psychology of Learning for Instruction*》一書中指出，訊息的處理並不

是單一方向、線性的，而是有以下兩種模式：

1. 閱讀時透過先備知識，或皮亞傑所稱之「基模」為基礎，來建構意義的「由上而下」模式。

2. 以資料本身為基礎，從判斷語詞的意義，用文法概念瞭解句子，最後從句子之間的關係來達到閱讀理解的「由下而上」模式。

若從閱讀的模式來解釋，美國科羅拉多大學心理學教授柯印茲（Walter Kintsch）提出由下而上為基礎的建構整合模式，主要是透過文章的文字、內容與架構來理解；基模理論則是強調由上而下模式，依據讀者自己的既有認知架構來理解文章的意義；賈斯特與卡本特（Just & Carpenter）的閱讀模式是以雙向互動模式為基礎，閱讀時從看到文字到完成句子的過程中，會激發各種與文字相關的表徵，並從長期記憶中搜尋相關的造字規則、聲韻、文章結構、知識領域系統，是一種由上而下、由下而上不停交互運作的過程。

萃取知識就是要從現有的文章、資料、資訊，甚至知識庫中，將語言文字重新整合，萃取出對我們有意義、有價值的東西去學習、思考，進而創造出新知識。知識萃取是「資料採礦」的一環，必須經過縝密的邏輯思考過程，一般常用的方法有：分類分析、群集分析、關聯分析。

本節將說明心智圖法在萃取知識時，「關鍵詞的詞性、字數與結構的排列組合」以及「決定文章重點的原則」。

關鍵詞的詞性、字數與結構的排列組合

從語意學的探討中我們已經得知，從語意知識的角度來看心智圖法的關鍵詞（語詞）運用原則是：

一、詞性選擇以「名詞」與「動詞」為主，「形容詞」、「副詞」等為輔。因為名詞、動詞不僅是構成意思表達的基本元素，更是強烈視覺化的語詞，能強化我們對內容的理解與記憶。

二、每一線條上，語詞的數量盡量以「一個」關鍵詞（語詞）為原則，必要時在同一個線條上才使用兩個以上的關鍵詞。這種「一個線條」寫「一個關

鍵詞」的優點，能幫助我們產生更多思考活口，並且更有系統地整理資料。

寫作構思時，下面左邊的心智圖優於右邊的心智圖，因為以「一個」關鍵詞為原則時，每一個關鍵詞都會成為一個新的思考起點。例如：從「蛋糕」可以聯想出更多種口味。

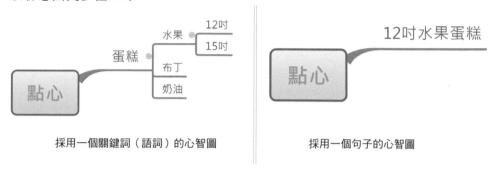

採用一個關鍵詞（語詞）的心智圖　　　　　採用一個句子的心智圖

整理筆記時，有一段內容是「台灣中部的阿里山盛產茶葉，北部的木柵也生產茶葉」。下方兩張心智圖，上圖也是優於下圖。

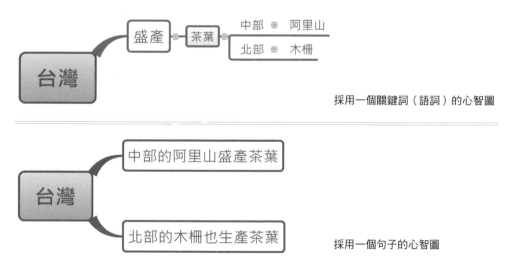

採用一個關鍵詞（語詞）的心智圖

採用一個句子的心智圖

未來若是文章中還繼續提到中部、北部有哪些地方出產茶葉，或是台灣除了盛產茶葉之外，還有其他哪些農產品，這些資料很容易結構、系統地整理到心智圖筆記中。

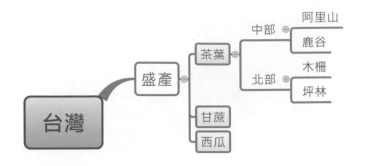

採用一個關鍵詞（語詞）的心智圖

　　從語法知識的角度，心智圖法展開的樹狀結構組織圖必須考量：

一、從「概括準確性」與「描繪準確性」來建構合乎語法的語詞排列，並注意
　　到不同句法結構排列是否會造成：

　　（一）不同的語詞意義。

　　（二）一詞多義所造成的歧義。

二、句子轉換的派生過程，詞性的變換。

三、內涵與外延時的邏輯順序與分類階層組織結構。

決定文章重點的原則

　　學生讀書時最常碰到的一個困擾就是不知道該如何「畫重點」，也就是萃
取出有價值的知識：選擇「關鍵詞」（或稱關鍵字）。常見的情況不是亂畫，
就是乾脆整個句子或甚至整段文章都畫，結果是無法真正理解文章的意涵，對
往後複習也毫無幫助。

　　該如何正確選擇並畫出合適的關鍵詞呢？邏輯思考首部曲的 5W1H 原則
很容易上手，本書所提出的 KMST 知識地圖學習法 2.0 中曾經提到幾個原則，
可以做為「畫重點」的參考依據：

　　（一）作者提示的學習綱要。

　　（二）老師指定的學習主題或方向。

　　（三）考古題、測驗卷的題目內容。

（四）自己關心的議題或想學習的內容。

　　台灣師範大學教育心理與輔導研究所魏靜雯的論文研究指出，學生能否正確掌握重要關鍵詞的評量公式如下：（分數越高表示能力越好）

$$分數 = \frac{列出重要關鍵詞總數}{文章中重要關鍵詞總數} - \frac{列出非關鍵詞總數}{文章中非關鍵詞總數}$$

　　接下來的問題就是如何從文章結構中擷取重要的關鍵詞。所謂文章結構是指文章內容中概念之間的邏輯、從屬關係。文章結構對閱讀理解具有重要功能，可以幫助學習者理解。

　　庫克與梅耶（L. K. Cook & R. E. Mayer）的文章結構分類方式較被廣泛應用，以下是庫克與梅耶的五種分類，以及各類文章結構中擷取文章重點時，哪些字詞提示了重要訊息所在：

一、描述或列舉：文章內容是在說明、描述與主題相關的訊息與屬性，所以關鍵詞就是與主題相關的屬性資訊，例如人、事、時、地、物或5W1H便是內容重點。文章中提示重點訊息的用詞有：「例如」、「意即」、「特色是」、「也就是說」。

二、序列：文章內容是依次序或時間所列出的訊息呈現，關鍵詞是順序性的訊息或與歷史日期相關的訊息。文章中提示重點訊息的用詞有：「首先」、「經過」、「之後」、「最後」、「之前」。

三、因果：文章內容主要在說明原因或因果，關鍵詞就是描述原因與結果。文章中提示重點訊息的用詞有：「因此」、「因為」、「之所以」、「為了」、「如果那麼」、「導致」。

四、解決問題：文章內容主要在說明造成問題的原因與解決的方式。關鍵詞包括問題、原因與解決方式。文章中提示重點訊息的用詞有：「問題」、「因為」、「由於」、「解決方式」。

五、比較：文章內容主要在描述差異與做出比較，關鍵詞則是比較或相對的相關概念。文章中提示重點訊息的用詞有：「相對於」、「然而」、「不像」、「相似於」。

　　根據文章結構中的重點提示訊息能夠幫助學習者找到文章重點，以提升筆記摘要的能力。然而面對排山倒海湧現的爆炸資訊，要如何有效的進一步萃取知識？

　　有「職場圖解王」稱號的久恆啟一在《這樣圖解就對了！》中指出，以圖解方式將所見所聞、所思所想組織起來，讓圖解成為萃取知識的現代鍊金術。接下來將以心智圖這項圖解思考工具，說明萃取知識時的筆記方法。

第 2 節 短文的筆記技巧

　　不論內容多寡，整理成心智圖筆記時都會面臨同樣的問題：如何根據文章結構做有效分類。再次強調，在整理心智圖筆記之前，必須先熟悉心智圖法的分類與階層法（CHM）。

　　本節中以常用的邏輯思考首部曲，亦即描述或列舉的「5W1H」、時間序列的「開始（原因）、經過、結果」分類原則，以及根據內容自行分類命名等來說明案例。

以 5W1H 分類

一、畫重點

　　1. 首先快速閱讀一下文章。（右頁 - 上）

　　2. 接著用 5W1H 思考，以螢光筆標示出主要分類的關鍵詞。（右頁 - 下）

　　下列案例中以各種不同螢光筆的顏色標示，是為了方便表示畫重點時的邏輯順序，平常畫重點時不需如此，除非你也刻意要使用顏色來表示不同的邏輯階層。

認識石門水庫

　　石門水庫興建的地點位於大漢溪中游，地處桃園縣大溪鎮南部，主要建造緣由是因為大漢溪上游陡峻，無法涵蓄水源，延及下游各地區常遭水旱之苦。於是政府自 1956 年動工興建石門水庫，並於 1964 年完工，歷時八載，投入人力超過七千人，建設經費約達新台幣三十二億元。石門水庫的規模總長度為十六‧五公里，面積八平方公里，有效蓄水量約兩億七百萬立方公尺，為一多目標水利工程。完工後的功能包括了灌溉、發電、給水、防洪、觀光等。自營運以來，最主要的貢獻在於改良農業生產與防止水旱災，同時也帶動了工業發展。

認識石門水庫

　　石門水庫興建的地點位於大漢溪中游，地處桃園縣大溪鎮南部，主要建造緣由是因為大漢溪上游陡峻，無法涵蓄水源，延及下游各地區常遭水旱之苦；於是政府自 1956 年動工興建石門水庫，並於 1964 年完工，歷時八載，投入人力超過七千人，建設經費約達新台幣三十二億元。石門水庫的規模總長度為十六‧五公里，面積八平方公里，有效蓄水量約兩億七百萬立方公尺，為一多目標水利工程。完工後的功能包括了灌溉、發電、給水、防洪、觀光等。自營運以來，最主要的貢獻在於改良農業生產與防止水旱災，同時也帶動了工業發展。

　　3. 然後逐一在每個主要分類的段落內容中，依照邏輯結構標示出中類、小類的重點關鍵詞。在這個範例中，「興建」的下一階類別有「地點」、「緣由」、「人力」、「經費」，另外還有一類是「日期」，但文章中並無「日期」這個

關鍵詞，可是從「1956年」、「1964年」可以得知有「日期」類資訊。因此畫重點時暫時畫「1956」、「1964」，但心中要默唸「日期」或在文章旁邊寫出「日期」，以便在整理成心智圖筆記時更符合邏輯結構性。

認識石門水庫　　　　　　　　　　　　日期

　　石門水庫興建的地點位於大漢溪中游，地處桃園縣大溪鎮南部，其主要建造緣由是因為大漢溪上游陡峻，無法涵蓄水源，延及下游各地區常遭水旱之苦；於是政府自 1956 年動工興建石門水庫，並於 1964 年完工，歷時八載，投入的人力超過七千人，建設經費約達新台幣三十二億元。石門水庫的規模總長度為十六‧五公里，面積八平方公里，有效蓄水量約兩億七百萬立方公尺，為一多目標水利工程。完工後的功能包括了灌溉、發電、給水、防洪、觀光等。自營運以來，最主要的貢獻在於改良農業生產與防止水旱災，同時也帶動了工業發展。

認識石門水庫

　　石門水庫興建的地點位於大漢溪中游，地處桃園縣大溪鎮南部，其主要建造緣由是因為大漢溪上游陡峻，無法涵蓄水源，延及下游各地區常遭水旱之苦；於是政府自 1956 年動工興建石門水庫，並於 1964 年完工，歷時八載，投入的人力超過七千人，建設經費約達新台幣三十二億元。石門水庫的規模總長度為十六‧五公里，面積八平方公里，有效蓄水量約兩億七百萬立方公尺，為一多目標水利工程。完工後的功能包括了灌溉、發電、給水、防洪、觀光等。自營運以來，最主要的貢獻在於改良農業生產與防止水旱災，同時也帶動了工業發展。

認識石門水庫

　　石門水庫興建的地點位於大漢溪中游，地處桃園縣大溪鎮南部，其主要建造緣由是因為大漢溪上游陡峻，無法涵蓄水源，延及下游各地區常遭水旱之苦；於是政府自1956年動工興建石門水庫，並於1964年完工，歷時八載，投入的人力超過七千人，建設經費約達新台幣三十二億元。石門水庫的規模總長度為十六‧五公里，面積八平方公里，有效蓄水量約兩億七百萬立方公尺，為一多目標水利工程。完工後的功能包括了灌溉、發電、給水、防洪、觀光等。自營運以來，最主要的貢獻在於改良農業生產與防止水旱災，同時也帶動了工業發展。

二、繪製心智圖筆記

　　不論是電腦軟體製作或手繪，首先都是選擇一個代表文章題目，且能留下強烈印象的「中心主題」彩色圖。手繪的話，可以參考課文插圖，或上網找與主題相關的圖片模仿，畫在 A4 白紙的中央。這篇文章的標題是「石門水庫」，於是我們選擇右邊這個圖像做為中心主題。

文章筆記心智圖的中心主題

加入文章中類別項目的心智圖

　　在發展樹狀結構的過程中，只要同一階是「類別」的概念就要先全部列出。因此我們先畫出所有的主幹，每個線條顏色必須對你而言能代表該類別。手繪時，線條要與中心圖像連接在一起，並且由粗而細，從中心往外畫出去，顏色盡量避免太淡的色調，然後在線條上以相同顏色寫出第一階的主題或

類別名稱。使用電腦軟體製作時，為了簡報投影的效果起見，要避免使用彩色文字以防不容易閱讀，因此文字一律用黑色，僅以線條色彩來代表資訊的意義或個人感受。

　　然後陸續逐步完成各個主幹之後的支幹。這時支幹的線條只要畫成一般粗細即可，往上的方向畫凸形，往下則畫凹形，文字一律寫在線條上。如果不同資訊之間有相關的話，要加上單箭頭或雙箭頭的關聯線條。

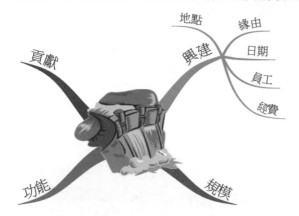

加入文章當中大類之後的中類名稱

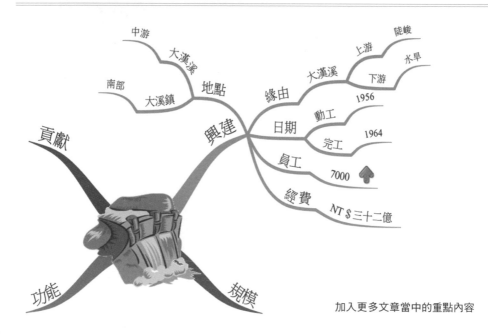

加入更多文章當中的重點內容

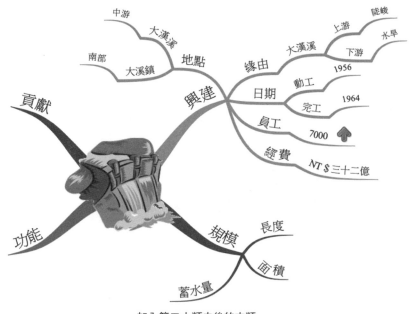

加入第二大類之後的中類

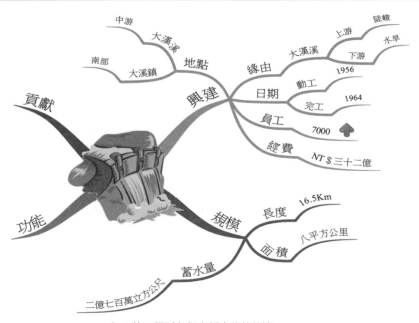

加入第二類別各個中類之後的敘述

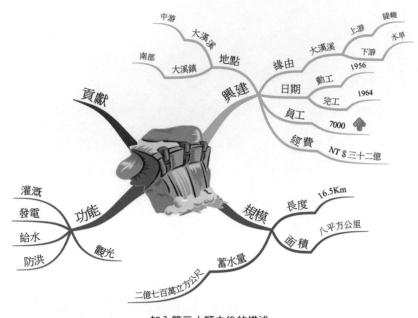

加入第三大類之後的描述

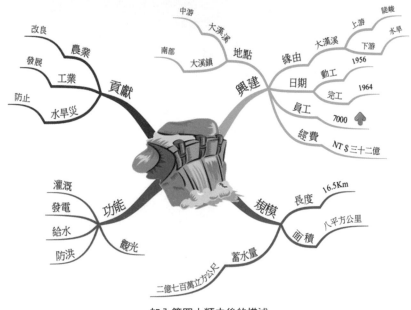

加入第四大類之後的描述

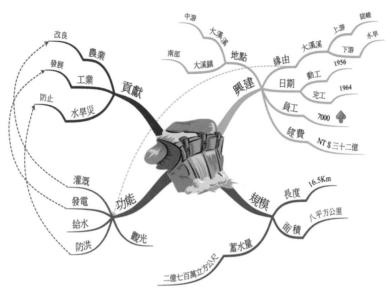

以連結線指出不同資訊之間的關係

　　最後，在特別重要的地方加上能對內容產生聯想的彩色插圖，以增強視覺上的注意力與內容的記憶效果。

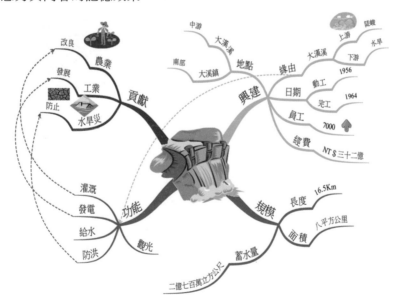

　　在重要的地方加入插圖，在視覺上指出、提醒重點所在，在意義上強化對內容的聯想、記憶。

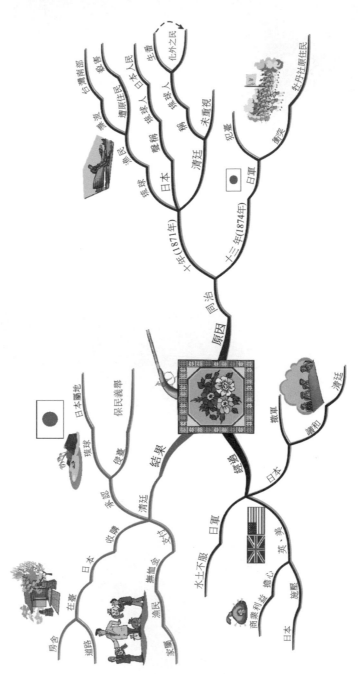

以「開始（原因）、經過、結果」來做文章分類的心智圖筆記

以「開始（原因）、經過、結果」分類

以心智圖整理文章的重點時，第一階分類可以是「5W1H」，然後第二階是「開始、經過、結果」；也可以第一階分類是「開始、經過、結果」，第二階是「5W1H」。該如何選擇呢？

閱讀書籍除了獲取知識，還包括心情感受與啟發啟示等。如果重視知識分類，以「5W1H」為第一階可以清楚掌握邏輯關係；若強調時間的流動，則以「開始、經過、結果」做第一階分類，可以清楚看到脈絡發展。例如記述文主要以敘述為表達方式，包含四大要素：人物、事件（起因、經過、結果）、時間、地點，透過生動活潑、描述形象的語言傳達給讀者。為了體會作者要傳達的感受，以動態歷程為主要分類方式較佳，用牡丹社事件筆記為例（左圖）：

牡丹社事件

1871 年（清同治十年）清廷藩屬琉球的漁民遇海難，漂流到臺灣南部，遭原住民殺害。日本藉機擴大事端，聲稱琉球人為日本人民，與清廷進行交涉，清卻稱生番是「化外之民」，未予以重視。1874 年（同治十三年）日本派兵犯臺，與牡丹社原住民發生衝突。

由於日軍水土不服，病死者眾多，士氣低落，英、美等國又擔心日本侵臺之舉會影響其商業利益，因此向日本政府施壓，日本乃決定撤兵，並與清廷議和。

清廷被迫支付撫恤金給受難漁民家屬，收購日本在臺所興建的道路、房舍等，並承認其侵臺行動為「保民義舉」，間接承認了琉球是日本屬地。

根據文章內容以及自己的需求分類

2012 年 3 月，我發現自己皮膚經常出現蕁麻疹，因此前往就醫，醫生建議需從減少腸胃道壞菌著手，以增強自身的免疫能力。門診時醫生給我一張飲食注意事項，還講了一大堆什麼不能吃、什麼可以吃，聽完後腦袋一空白，看

了他給的書面資料也是懵懵懂懂，各位讀者也不妨看看自己能理解多少。

減少腸胃道壞菌的飲食

原則為避免含糖（包括天然糖）與含麥類的食物！包括飲料、甜點、果汁、水果（不甜的水果如番茄除外）、糖漬零嘴、蜂蜜、巧克力、麵粉製品（麵包、吐司、漢堡、蛋糕、蛋餅、鬆餅、糕餅、饅頭、包子、餅乾、PIZZA、麵皮、麵條等）、勾芡、太白粉炸物、麥片（五穀米也含麥片）、燕麥片、糯米製品等皆應避免；精製澱粉包括白米飯、米粉、冬粉、粿仔，以及高澱粉的玉米、綠豆、紅豆皆應少吃；黃豆製品如豆漿、豆腐應避免，但黃豆發酵的醬油、納豆、味噌則可；牛奶可（但必須非常新鮮），量不要多（若是症狀嚴重的患者，喝牛奶可能會加重脹氣或腹瀉，應暫時避免）；避免安素、補體素或其他含高量碳水化合物的人造補品。

可食用的食物包括大量非澱粉類的蔬菜、新鮮蔬菜汁、海帶、魚（避免含汞量高的大型海魚如鮪魚、鯊魚、大青魚、旗魚等）、肉（雞、鴨、豬、牛、羊等，肥肉可）、海鮮（避免含汞量高的龍蝦、魚翅）、蛋、堅果、新鮮全脂牛奶、起司、健康油脂等等。非精製的澱粉如糙米，以及根莖類的蔬菜（如馬鈴薯、番薯、南瓜、山藥等）可少量吃，但不可多吃。咖啡或茶可以喝，但不可加糖，若加入熱牛奶（拿鐵）要很快喝完，否則會出現脹氣，甚至會有急性腹瀉（在飲食控制初期症狀嚴重者不建議加牛奶）。

若非吃飯不可，每天不可超過糙米 1/3 碗，切記澱粉或糖比例越高，餐後越快出現強烈飢餓感，這是因為身體對澱粉或糖的成癮戒斷導致，睡前絕不可吃澱粉類食物，否則有可能半夜餓醒。餓的時候千萬不可再吃澱粉或含糖食物。

這樣的飲食必須維持至少一個月，才能開始嘗試少量增加食物內容，但含精製糖或精製碳水化合物的食物仍應繼續完全避免。

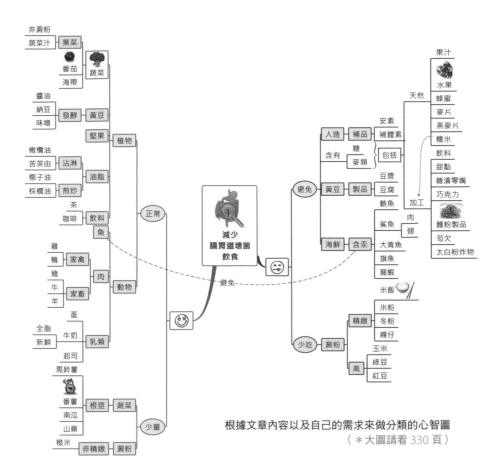

根據文章內容以及自己的需求來做分類的心智圖
（＊大圖請看 330 頁）

　　為了遵照醫生的建議控制飲食，我把內容重點整理成心智圖，以方便三餐參考之用。首先根據「危險」跟「安全」分成兩大類，以「╳」與「　」兩個符號代表，這樣就很清楚心智圖右邊的都不能吃，並以紅色線條代表「危險」；左邊的都可以吃，以綠色線條代表「安全」（類似交通號誌的紅綠燈）。

　　接著是第二階，在「危險」這個大類別下分成「避免」和「少吃」兩個中類；「安全」則分成「正常」與「少量」。然後把文章五個段落中，分別屬於「危險─避免」、「危險─少吃」、「安全─正常」與「安全─少量」的重要內容，以關鍵詞根據其邏輯結構整理成樹狀結構的心智圖。

　　最後，在特別在意或重要資訊的地方加上與內容相關的插圖，例如：「水果」、「麵粉製品」、「米飯」、「蔬菜」、「番茄」與「番薯」。

在這張樹狀結構的心智圖上，另外有三個重要技巧：

一、以線條樣式來表示多個關鍵詞的整體性：心智圖是以一個語詞寫在一個線條上為原則，例如：「人造」、「補品」，但這兩個語詞必須同時一起閱讀。因此在線條樣式上以圓角方形來突顯其整體性，其他如「黃豆」、「製品」；「海鮮」、「含汞」；「精緻」、「澱粉」；「高」、「澱粉」等都是一樣的做法。

二、增加分類的階層讓資訊更有結構：以文章第一段為例，「避免含糖（包括天然糖）與含麥類的食物！包括飲料、甜點……燕麥片、糯米製品等皆應避免」。文章列出了十幾項避免食用的食物，為了更容易辨別，我將這些食物分成「天然」與「加工」兩類，雖然文章中沒有出現這兩個關鍵詞，但多了這一階層能讓資訊更有分類階層化的概念，更有助於理解內容。

三、以關連線指出不同類別之間的相關資訊：文章提到可以吃魚，但要避免含汞量高的魚。因此在心智圖中「安全─正常─動物─魚」的地方，從「魚」拉一條關連線到「危險─避免─海鮮」之後「含汞」的地方，並在線條上註明「避免」。

第 3 節 長篇文章或一本書的筆記技巧

整理長篇文章或一整本書的心智圖筆記，務必要運用到 KMST 知識地圖學習法 2.0 的原則與步驟，以及透過速讀快速瀏覽掌握整本書概貌，訂定學習目的，確認所需的內容多寡與重點所在。接下來整理成心智圖筆記的方式有兩種：（1）從書本的整體結構大方向著手，也就是先有個大架構的「心智總圖」，然後逐漸衍生出各個章、節，有層次細分下去的「迷你心智圖」，我們稱之為「由上而下」模式；（2）根據自己學習上的需要，先在書中各章節的字裡行間以一個小主題、小概念整理成一張迷你心智圖，然後依照迷你心智圖的主題內容逐漸歸納成統整式的心智總圖。右頁圖是為《創意是這樣畫出來的》這本書封面所繪製的內容架構心智圖。

整本書籍架構心智圖

由上而下模式

由上而下的 Top Down 模式是先整理大類，然後中類，接著小類到細節的筆記方法。

如果用心智圖軟體來整理，可以讓我們不假思索依照書本內容結構快速展開，心智圖中內容的邏輯順序若有需要調整，也非常容易且方便。接下來就以葉至誠老師所著《教育社會學》這本書的心智圖範例（184-185 頁）做說明。

中心主題就是書名《教育社會學》加上作者姓名，以區辨相同書名可能會有不同作者；先從整本書的大方向開始，包括「作者」簡歷、從序文中掌握的兩大重點「社會學的定義」與閱讀這本書的「重要性」，以及各個章節的「探討內容」。由於第四類各章節「探討內容」重點資料較多，因此以另外一張心智圖來呈現，並從「教育社會學探討內容」這個主幹超連結下一階層「以書中十四個章名為主幹」的心智圖，這也是用軟體整理心智圖學習筆記的優點。

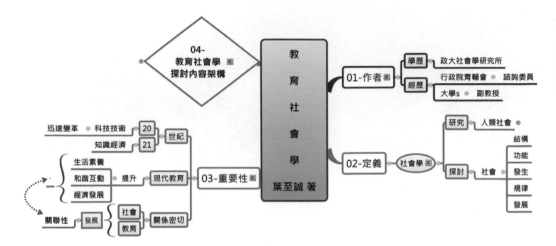

整本書的大方向

接下來這一張心智圖是從上一張衍生下來，主要是以書中十四個章節名稱為主幹，除了在每一個主幹上標示出該章節位於書中第幾頁之外，同樣再超連結到每一章詳細重點，或符合自己需求的心智圖筆記。

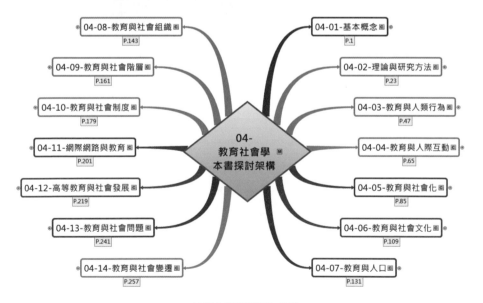

以書中章節名稱為主幹

　　下列兩張心智圖就是分別從第 1 章與第 2 章衍生下來，往後如果發現有不清楚的地方，需要能方便翻書查詢，所以在心智圖的主幹上標示頁碼。

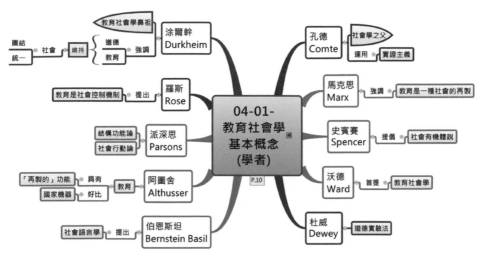

以第 1 章為主題的心智圖

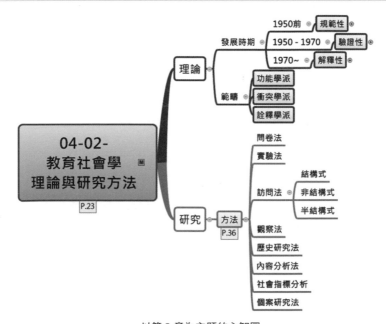

以第 2 章為主題的心智圖

由下而上模式

先在書中各章節的字裡行間，以一個小主題、小概念整理成一張迷你心智圖，然後依照迷你心智圖的主題內容，逐漸歸納成統整式的心智總圖。這種模式特別適合下列場合應用：

1. 文章段落架構的邏輯分類很清楚、很完整，不需要特別傷腦筋去思考心智圖筆記的主幹，只要整理自己需要的重點即可，每一個小重點可自成一個迷你心智圖。

2. 利用零碎的時間閱讀，發現有自己需要的重點時。

3. 學校上課時，邊聽課邊整理課本中的重點。

迷你心智圖可以採用手繪方式，也可以用電腦軟體繪製，完全依照實際情況而定。例如在學校上課、喝咖啡看雜誌時，可以在書中文章段落上直接以四色筆或鉛筆（以便畫錯可以擦掉重寫）整理一張迷你心智圖。

但是接下來要把迷你心智圖匯整成統整式的心智總圖，還是運用電腦軟體會比較有效率。

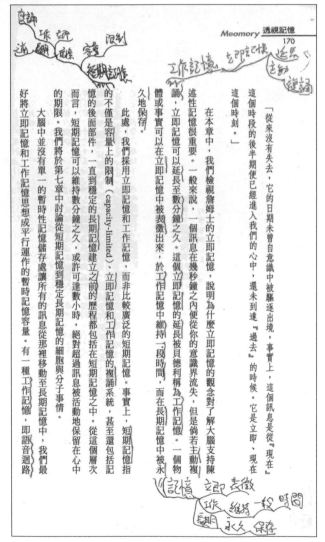

在書本中隨手整理的心智圖筆記

好將立即記憶和工作記憶思想成平行運作的暫時記憶容量。有一種工作記憶，即語音迴路

大腦中並沒有單一的暫時性記憶儲存處讓所有的訊息從那裡移動至穩定長期記憶中的細胞與分子事情。我們將於第七章裡討論從短期記憶到穩定長期記憶的細胞與分子事情。

而言，短期記憶可以維持數分鐘之久，或許可達數小時，絕對超過訊息被活動地保留在心中的期限。

此處，我們採用立即記憶和工作記憶，而非比較廣泛的短期記憶。事實上，短期記憶指的不僅是容量上的限制（capacity-limited）、立即記憶和工作記憶的複誦系統，甚至還包括記憶的後面部件，一直到穩定的長期記憶建立之前的歷程都包括在短期記憶之中。從這個層次

久地保存。

體或事實可以在立即記憶中被表徵出來，於工作記憶中維持「段時間，而在長期記憶中被永

在本章中，我們檢視詹姆士的立即記憶，說明為什麼立即記憶的觀念對了解大腦支持陳述性記憶很重要。一般來說，一個訊息在幾秒鐘之內便從你的意識界流失，但是倘若主動複誦，立即記憶可以延長至數分鐘之久。這個立即記憶的延長被貝德利稱為工作記憶。一個物

這個時段的後半便已經進入我們的心中，還未到達「過去」的時候。它是立即、現在這個時刻。」

「從來沒有失去，它的日期從未曾自意識中被驅逐出境，事實上，這個訊息是從『現在』

Meomory 透視記憶
170

接下來就以〈世界的水陸分布〉一文來解說由下而上模式。不論哪一種方式，我們都必須很快地把文章看過一次。

世界的水陸分布

世界指地球表面的所有地方，又分為海洋與陸地兩大部分，其中海洋的分布面積比例占 71%，陸地僅占 29%。

世界水陸分布不平均，海洋大部分在南半球，陸地大多分布在北半球。若將世界分為陸地較多的陸半球和海洋較多的水半球，以法國為中心的陸半球陸地占全球陸地面積的七分之六；以紐西蘭為中心的水半球，陸地只占七分之一。

大洋是世界上遼闊的水域，世界的大洋計有太平洋、大西洋和印度洋三大洋，各大洋間水面互連。太平洋是世界最大的洋，約占世界面積的三分之一。

大陸是世界上面積廣大的陸地，大陸及其附屬島嶼，總稱為洲。世界可劃分為亞洲、歐洲、非洲、北美洲、南美洲、大洋洲和南極洲七大洲。亞洲是世界最大洲，與歐洲合稱歐亞大陸。北美洲與南美洲，合稱美洲。

兩極地方大致指南、北極圈以內之地。南極地方以大陸為主，稱南極洲；北極地方以海洋為主，稱為北極海。

根據文章內容，每一個小小的概念都可以整理成一個迷你心智圖。

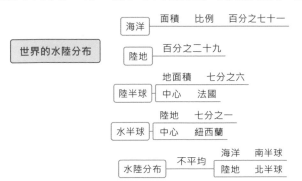

　　然後根據若干個迷你心智圖，匯整成一個結構較完整的心智圖。這時你會發現，原本迷你心智圖的結構順序需要調整。

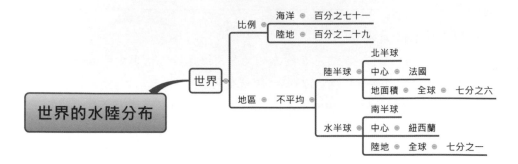

　　以此類推，最後逐漸歸納整理出統整的心智總圖。

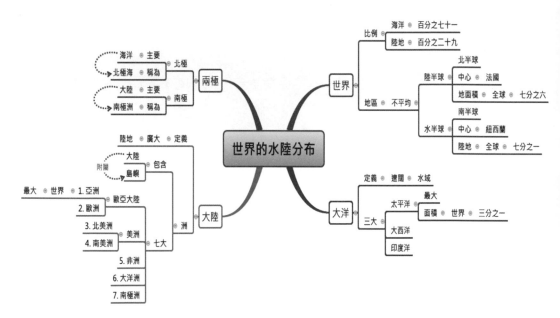

　　接著就請各位利用右頁〈認識嬰兒的大腦〉這篇文章，先從由上而下模式決定幾個大類段落標題（主幹）與中類次主題（支幹），再以由下而上模式把文章中圈選出來的關鍵重點彙整成結構清晰的心智圖筆記。請先嘗試自己動手練習，再去看 189 頁上面參考範例。

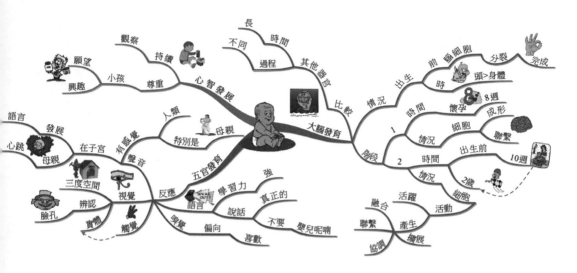

文章筆記範例：嬰兒的大腦

認識嬰兒的大腦

　　近年來由於科技進步，對大腦的瞭解也越來越多。大腦究竟是如何從胚胎開始發育的？什麼方式對大腦發育更有幫助？相信這些都是新手父母關心的話題，本文將為大家揭開謎底。

一、大腦的發育

　　跟其他器官比較起來，大腦的發育不但時間較長，過程也不相同。從細胞分裂的情況來看，腦細胞在出生前基本上已經分裂完成，其他器官則仍在持續分裂，因此嬰兒出生的時候，從正常人的比例看來，頭大於身體。

　　基本上大腦發育可分為兩個階段，第一階段的時間開始於母親懷孕的第八週，這時候腦細胞開始成形，並彼此產生聯繫。第二階段則是從出生前十週到出生後兩年之間，這時候腦細胞的活動非常活耀，不斷地融合、聯繫、協調與擴散。

二、大腦與五官的發育

　　根據心理學的研究發現，由於胎兒在子宮能聽見母親心跳的聲音，因此嬰兒對人們發出的聲音特別有感覺，特別是自己的母親發出的聲音。在視覺方面，嬰兒一出生就具有三度空間感。藉著眼珠轉動，看見不同的影像，並祈望出現在眼前的物體是真實的，嬰兒會想伸出手去感覺觸碰到這個物體。在各種圖像中，人類的臉孔最能吸引嬰兒的注意。據研究顯示，人類出生時，大腦裡就存有面貌的「模板」，讓嬰兒能夠辨識出給予食物、溫暖的人。在嗅覺方面，嬰兒會把頭偏向喜歡味道的方向。嬰兒學習語言的能力很強，因此跟嬰兒講話的時候，不要用嬰兒呢喃的口吻，而是直接跟他講我們日常使用的真正話語。

三、心智發展

　　不論胎兒或新生兒的發育過程如何，關於嬰兒心智能力的知識不斷地在進步。不管父母用何種方式幫助子女發展心智，要特別注意下列兩點：（1）持續觀察他們日常的行為表現；（2）尊重孩子的願望和興趣，不管他想朝哪方面發展。身為二十一世紀的父母，今天我們不要再給孩子太大的壓力，也不要想去控制孩子的未來發展。只要子女在自己喜歡的領域裡有很好的成就，為人父母都應該感到欣慰。

第 4 節 主題式資料蒐集的筆記技巧

　　若以主題式資料蒐集整理心智圖筆記，可能由於資料龐大，結構隨時會隨著蒐集到的資料而變更，因此最好是以繪製心智圖的電腦軟體（例如 Xmind, MindManager 等）來整理比較有效率。

在在尚未開始蒐集資料之前，根據主題以及想要探討的問題、類別、方向，以心智圖展開成若干個主幹（主要主題）或必要的支幹（次主題）。

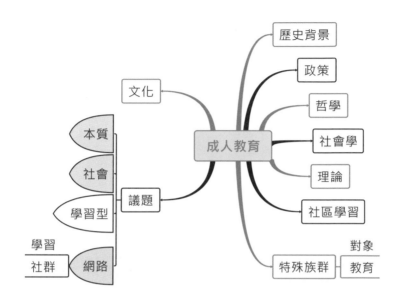

接著，凡是閱讀到有用的資料時，以整理短篇文章的方式，將重點內容接在相關主幹、支幹之後，並在線條的「備註」欄裡註明文章出處，或將文章完整內容貼在備註中，以供日後查詢參考。

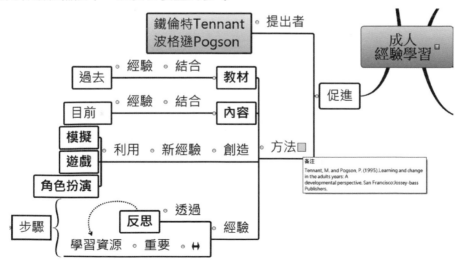

　　如果不同文章內容彼此相關聯，可以採用超連結的方式，連結到相關的心智圖檔案或心智圖中某一主題，或是超連結到 PDF、Word 或 PowerPoint 檔案，或以「關連線」指出彼此的關係，以方便做好知識管理。

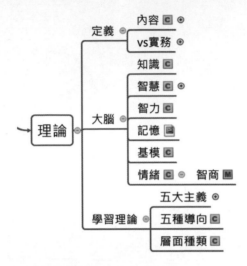

加入超連結連接到另外一張心智圖

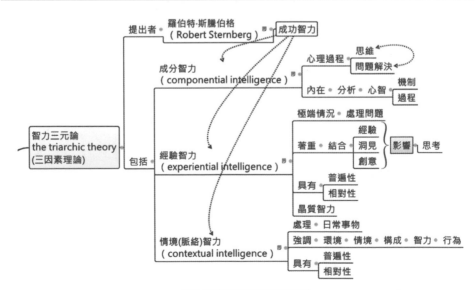

加入關連線指出彼此的關係

第 5 節 聽演講的筆記整理技巧

聽演講時做筆記，難度比閱讀文章時做筆記高了一些，主要原因有二：（1）一般演講者每分鐘講話速度約在 120 字左右，若有使用投影片，畫面停留時間也不是我們能掌控，此時必須在極短的時間內抓到重點；（2）演講時比較容易出現跳躍式的內容，不似書面文章那麼有邏輯結構。因此，我們不可能鉅細靡遺地記錄所有內容，只要掌握有意義或重要關鍵詞（一般而言是名詞與動詞）即可。這時候心智圖的筆記方式就可以派上用場，尤其目前已經有許多心智圖的免費軟體可使用，對學習者而言是非常好的輔助工具。

聽演講的筆記技巧

不論採用手繪或電腦軟體，心智圖在上課、聽演講的筆記技巧如下：

一、提早抵達會場或教室，先根據會議、演講的議題及大綱、課程名稱，把中心主題畫好，並且從議題、大綱中將必要的主幹、支幹整理出來。

二、聽演講時，根據內容重點盡可能使用簡短關鍵詞（語詞），避免寫下整個句子，將關鍵詞整理到適當的主幹或支幹之後，並注意關鍵詞的邏輯分類與順序。

三、如果你覺得當場整理的心智圖筆記有點亂，可以在事後重新編排內容結構，使之更組織化、更整潔。

四、也可以將重要論點、相關主題的關鍵詞從原來的心智圖筆記中挑選出來，單獨成為另一個主題的心智圖。這樣做有助於複習內容，並且能掌握資訊之間的從屬關係。

應用電腦軟體

運用心智圖電腦軟體時，應善用軟體可隨時調整內容結構的優勢，在聽演講整理心智圖筆記時，除了依照上述原則之外，再加入兩個操作技巧：

一、暫時不要管關鍵詞的邏輯結構，聽到或看到內容重點，以一個關鍵詞（語

詞）的原則迅速輸入。等演講節奏稍微輕鬆時，再來調整結構順序並補充
內容。

二、以一個小議題、小概念整理成一個迷你心智圖，趁下課後時間較充裕，再
依照課程大綱、特定主題或自己的需求，重新整理成一張或若干張整合式
的心智總圖，並在不同張心智圖之間內容關聯處做超連結，以便更有系統
地統整知識。

給初學者的建議

初學者若覺得無法立即上手，以下是幾種練習方法：

一、如果現場允許錄音，當出現「好累」、「聽不懂」、「太多重點同時出現」
的情況時，注意一下錄音的計時器，寫下當時的時間，事後可以根據上述
時間編號重複聆聽，並在心智圖中加入必要的資訊。

二、從挑戰性較低，事前可以取得內容資料的演講開始，教學節目、新聞報導
是不錯的選擇。先從書本或網路上瀏覽待會兒要看的節目內容，有個初步
概念之後，再來練習比較不會手忙腳亂。

三、從網路上選擇適當的教學影片，每當出現值得記錄的關鍵詞就按暫停鍵，
憑著印象將關鍵詞整理到心智圖中。等技巧越來越純熟後，再慢慢等多幾
個關鍵詞出現時才按暫停鍵。影片進行一小段落之後，重新看一次這段的
內容，但這次不要按暫停鍵，讓影片一氣呵成播放完畢，而且盡量不要看
畫面，憑聽覺來整理成心智圖筆記（如 196 頁圖）。

至於聽講時，哪些內容是需要記錄的重點？

一般而言，除了人、事、時、地、物（5W1H）、跟時間順序有關的資訊、
因果關係的原因與結果、問題的成因、影響、解決方法等原則之外，不可忽略
與議題相關的名詞、動詞，同時要特別注意演講者重複的地方、聲調較激昂的
時候、放慢速度略微停頓時、重複的敘述、轉折語（例如：但是、無論如何）
之後的內容，通常都是會有重點出現的時候，要特別注意聆聽，並找出關鍵詞
記下來。

第 6 節 總複習的筆記整理技巧

考試試卷的題目只有幾題，但為了這幾題所閱讀的書籍多達數十頁、數百頁，甚至好幾千頁。要如何從茫茫書海中整理出考前總複習的筆記呢？台大教授呂宗昕指出，總複習時需要一本個人的考前筆記本，去蕪存菁只記錄自己所有不太熟悉及容易忘記的內容。這本筆記本將會是你考前的救命仙丹！

運用心智圖法整理考前總複習筆記的方法如下：

一、研讀完一個章節後，把該章節的重點與自己覺得不容易記憶的地方，整理成學習重點心智圖。

二、寫完模擬考卷或月考、期末考之後，把考題的重點以及答錯的題目分不同科目，分類整理成考古題心智圖。

三、後續複習時除了閱讀先前整理的心智圖之外，還要將資料再度濃縮，以另外一張心智圖將原本多張心智圖的內容更精簡扼要地記錄下來，匯整成為關鍵報告心智圖，並利用第 14 章介紹的記憶技巧，把「關鍵報告心智圖」牢牢記住，直到能清晰浮現腦海為止。

四、考試之前，針對過去整理的心智圖筆記，依照學科擷取自己最容易搞混和一直記不住的部分最後一次複習，把每個科目都整理成一張考前衝刺的大補帖心智圖。在考前一、兩天與進入試場前 30 分鐘，迅速複習一下這張大補帖，就能信心滿滿地迎接挑戰。

我自幼成績就不是很理想，高中時期還因成績太差而輟學，但是自從學了心智圖法，運用心智圖筆記技巧不僅順利通過了國家考試，還考上實踐大學碩士班、台灣師範大學碩士班與博士班。一個放牛班的孩子都能考上國立大學博士班，成功關鍵就在於讀書方法。相信這個方法不僅對我個人有用，許多接受心智圖法訓練的學生也因此通過研究所及各種國家考試，對各位讀者也一定有所助益。

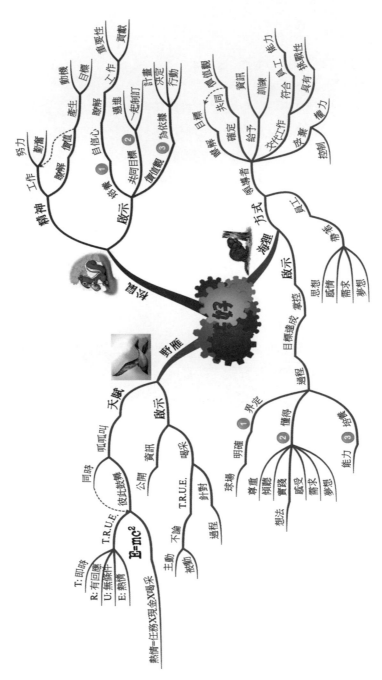

從教學節目影片練習口語筆記的心智圖。題目：建立共好團隊

13
教學與寫作的應用

　　讓孩子快樂學習、主動學習，又能獲得優異的學習成就，是每一個家長與老師的願望。培養終身學習的能力，是知識經濟社會體系下自我實現、社會融入與創新成長的關鍵。

　　歐盟在 2002 年將「學習如何學習」列為終身學習八大關鍵能力之一，其內涵意指個人或團體在組織、規畫學習的傾向與能力，例如時間管理、學習計畫、問題分析與解決，獲取、評估與吸收新知，以及運用所學的知識、技能於工作或生活場域中的能力。

　　心智圖法與「學習如何學習」的關聯性是如何？

　　台南市東區復興國中林茂生校長表示，心智圖法結合心智圖軟體的教學適合各個學科，優點是讓學生容易理解教學內容，不死記課文、公式，透過心智圖的分析、建構、啟發等概念，幫助學生分析文章、詩詞，學生反應出奇熱烈。心智圖教學已成為校園內最受學生喜愛的課程。

　　從我國博碩士心智圖法的論文研究對象可發現，將心智圖法應用於教學與學習場域的現象已越來越普遍。相關實證研究結果顯示，心智圖法有助於提升學生學科學習成效，在寫作上能幫助學生組織想法、研擬大綱、促進創意的發想，能大為提升寫作能力與寫作興趣，也能有效增進學生的創造力及創造性問題的解決能力。

　　運用心智圖法對學習歷程最大的貢獻，就是能幫助學生快速掌握「重點」，想法變得有「創意」，思維更有「結構」，過程更「好玩」。研究顯示，學生對於心智圖法大多抱持肯定的態度。

　　《資優教育簡訊》第 41 期（2007）的專題報導也指出，教師採用心智圖法教學，不僅可以幫助學生發揮潛能，更能刺激創造性思維。心智圖法是幫助資優生發揮創造力的最佳途徑之一，值得教師在教學上運用。廖偉雄針對國小資優生的一項論文研究結果也發現，心智圖法可以促進學生的創造思考，同時增進記憶的效果。

　　由此可略窺心智圖法確實在教學與學習領域中是實踐學習「如何學習」、學習「如何思考」的好方法。本章就心智圖法在教學與學習上提供實際運作的指南，供教育場域的老師及學生參考。

第 1 節 教學備課

規劃教學計畫與課程內容

　　林美玲在〈創新教學策略之研究〉中指出，面對學生多元彈性的學習需求，身為教師，擬定教學計畫，凝聚有效的教學力量，引導學生達成教育目標是責無旁貸。因此，在強調以學生為主體的教育目標下，發展創新的教學與學習策略有其必要性與重要性。

　　教學活動的設計會因不同階段課程而略有差異。

　　中小學的教學計畫項目有：主題名稱、相關領域、教學年級、總節數、教材來源、教學群、主要活動、課程目標、活動單元名稱、單元學習目標、教學活動、能力指標、節數與評量方式；大學、研究所則是大致包含了課程名稱、必選修、學分數、授課教師、教學目標、教材大綱、實施方式、評量方式、主要讀本與參考書目、教學進度。

　　然而面對創新的教學，發展教學與學習策略已無法僅拿過去的方案修改，而是要以嶄新的思維、視角來思考。有需要討論、修改的項目，甚至在重新規劃課程時，心智圖法可提供思考、討論教學計畫（右頁上圖）與課程內容規劃（右頁下圖）的架構。這兩個範例心智圖的架構並非標準答案，而是一個參考方向，實際應用時可依據課程屬性做必要調整。

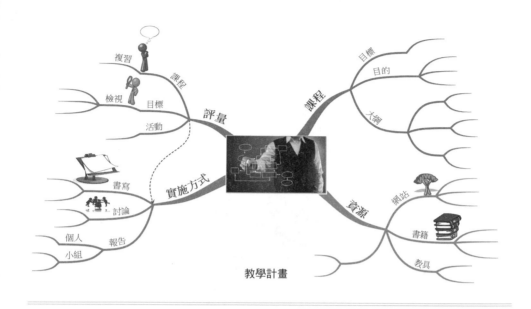

教學計畫

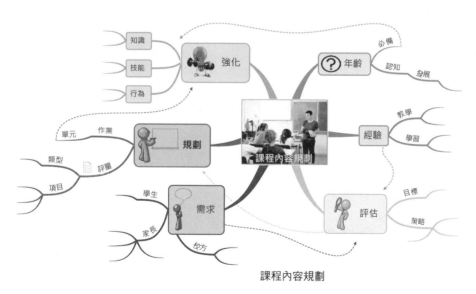

課程內容規劃

教學評量

　　評量係指經由收集資料及測量而獲得質化及量化資料,以利深入分析,並針對分析結果判斷價值。評量不只是針對學生的學習成就,也考核教師的教學,以及課程的設計與實施的適切性。

維爾斯瑪與喬斯（Wiersma & Jurs）指出，評量的類型有「效標參照評量」、「常模參照評量」、「安置性評量」、「形成性評量」、「總結性評量」與「表現性評量」。為了讓評量實用、可行、適當與正確，我們可以運用心智圖，以必要的評量類型為思考討論的方向。下圖範例是以幾種評量類型來思考課程，以決定該課程應採用哪些較為恰當。

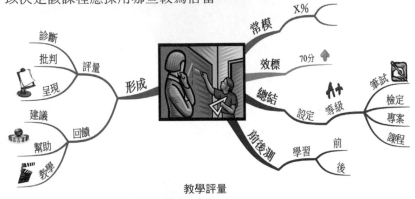

教學評量

規劃講義

一份好的講義有助於學生達成學習目標，編輯講義就如同規劃執行一個專案，必須運用 5W1H 與掌握 SMART 原則。SMART 原則指的是講義的編輯目標內容要具體明確，效果可測量、可衡量，目的可以達成，內容務實，最後是內容與工時要有時效性。因此，我們可以透過心智圖，以「目的」、「內容」、「日期」、「資源」與「檢查」五大方向來展開講義的規劃構思。

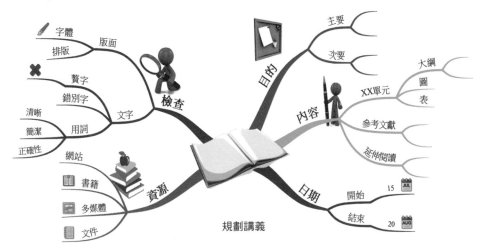

規劃講義

規劃活動

　　教育學者杜威一生中最重要的兩個教育思想是連續性和實踐中學習（或稱從做中學），尤其實踐中學習更是讓理論與實務結合的重要關鍵。因此操作、體驗式的學習活動在不同階段課程中有其必要。下圖是國小自然與生活科技課程中規劃科學實驗教學活動的範例。

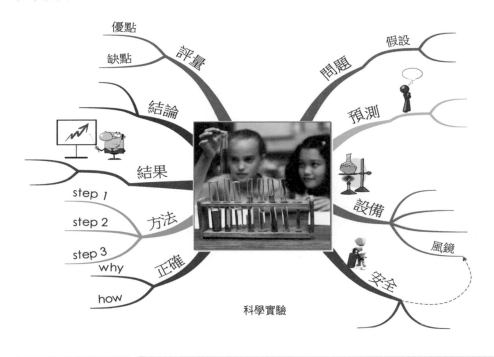

科學實驗

第 2 節 國語文寫作

　　唯有增進學生精準的思考能力、指導學生有效的思考策略、培養學生主動思考的態度，以及建立學生獨立思考的習慣，才能達到「運用語文獨立思考、解決問題」的教育目標。

　　思考的進行是以語言文字為主，思考活動是連結概念並發展其間關係，以求理解事物，發現並解決問題，同時進行更高階的評鑑與創造活動。然而概念是抽象的，語言文字都是在時間先後的序列中使用概念，往往無法同時呈現諸

多概念，並展現概念之間的關係。但如果國語文教學能配合圖像組織，例如心智圖，便可彌補這個缺失。

今天全球各地已經有不少教師將心智圖法應用在各個學科教學。2007 年 12 月 28 日舉辦的「國語文教學運用心智圖工作坊」，即在台灣師範大學國文系王開府教授等人領導與推動下，有系統地編輯出教學方案《國語文心智圖教學指引》，供有志於運用心智圖法在國語文教學的老師參考使用。

早期的寫作教學較重視結果，也就是只看寫作之後的文章成品；現在則以寫作過程為導向，重視思考的歷程。依據認知心理學的觀點，寫作主題若與學生的生活經驗有關，寫作動機便會增強，架構建立與內容書寫就變得更容易。卡內基美隆（Carnegie Mellon）大學修辭學教授佛拉爾（Linda Flower）在《寫作的認知過程理論》（*A Cognitive Process Theory of Writing*）中指出，寫作歷程是以彈性、非線性的方式進行，主張寫作歷程要包含三階段：

一、計畫：包含設定寫作目標，從既有的記憶中提出相關資訊，組織內容的大綱，安排段落與文句。

二、轉譯：在產生寫作計畫之後，再根據計畫架構寫出內容，並將想要表達的看法轉譯出來。

三、回顧：檢查文章是否有錯誤，修改文中不滿意之處，重新檢視句子的安排與章法結構等細節。

根據國民中學學生基本能力測驗推動工作委員會公布的寫作測驗評分規準，即包含「立意取材」、「結構組織」、「遣詞造句」和「錯別字、格式與標點符號」四大項。台灣許多運用心智圖法做為寫作構思的論文研究也指出，心智圖法對寫作時的「立意取材」、「結構組織」、「遣詞造句」有顯著的功效。

接下來將說明心智圖法在文章仿作、寫作與創作的應用。

作文仿作

「臨摹」是學習書法、畫圖的主要途徑，是運用和創作的基礎功夫，初學者必先從臨摹名家作品入門，依樣畫葫蘆。培養作文能力也是從仿寫著手，是

結合讀寫的最基本形式。選出優秀的範文佳作，讓學生模仿該篇文章中的形式結構或內容佳句，學習如何起承轉合、立意取材、組織結構、段落修辭、表現手法或句子形式等，在模仿過程中鍛鍊自己的文筆，習得經營文字的樂趣。因此，「仿寫」就是文章寫作的臨摹，是根據某篇詩文為範例，分析其特色，寫出類似或具有新意的文章。因此，透過仿寫練習可以領悟創作文章的訣竅，並提升作文的能力。

仿寫的類型大致可以歸納成「形式仿寫」、「內容仿寫」與「綜合仿寫」。形式仿寫又可細分為語言、結構、體裁和表現手法的仿寫，其中結構仿寫是指模仿範例文章的組織構造和整體布局安排，包括了人物、事件處理，起承轉合設計，層次與段落配置，文脈貫串等的模仿。

心智圖法可以有效應用在結構仿寫的訓練，方法與步驟是先根據範例文章中的內容，以心智圖建立包含原文內容的結構，然後只留下結構，換個新主題，根據原結構將內容以關鍵詞的方式填寫入心智圖，再依照心智圖的結構與內容，新寫出一篇仿寫文章。

運用心智圖仿寫，可以讓學生在腦海中建立許多優秀文章的不同結構。未來面對考試也好，自己有興趣寫作也好，看到題目時可在腦海中思考一下，找出較適合的結構，然後發揮想像力與配合平時對修辭的素養，便可在最短時間寫出精采文章。

與宋元思書（南朝‧梁‧吳均）

　　風煙俱淨，天山共色。從流飄蕩，任意東西。自富陽至桐廬，一百許里，奇山異水，天下獨絕。水皆縹碧，千丈見底；游魚細石，直視無礙。急湍甚箭，猛浪若奔。

　　夾岸高山，皆生寒樹，負勢競上，互相軒邈，爭高直指，千百成峰。泉水激石，泠泠作響。好鳥相鳴，嚶嚶成韻。蟬則千轉不窮，猿則百叫無絕。鳶飛戾天者，望峰息心；經綸世務者，窺谷忘返。橫柯上蔽，在晝猶昏；疏條交映，有時見日。

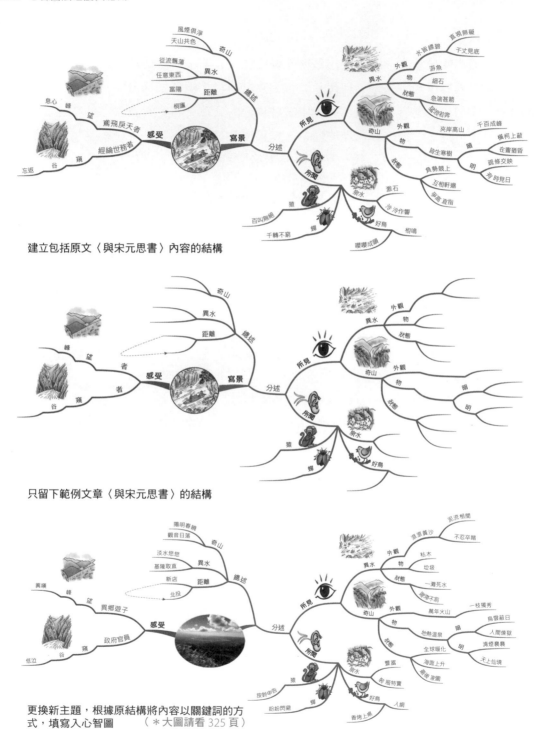

建立包括原文〈與宋元思書〉內容的結構

只留下範例文章〈與宋元思書〉的結構

更換新主題，根據原結構將內容以關鍵詞的方式，填寫入心智圖 　　（＊大圖請看 325 頁）

根據範例文章〈與宋元思書〉結構仿寫，主題為〈給台北市長的一封信〉：

> 陽明春曉，觀音日落。悠悠淡水，基隆取直。自新店至北投，四十分鐘，奇山異水，稀世少見。滾滾黃沙，泥流相間；枯木垃圾，不忍卒睹。一灘死水，遲滯不前。
>
> 萬年火山，地熱溫泉，全球暖化，海面上升，最後家園，一枝獨秀。泉水豐富，裝瓶特賣。好鳥入網，香烤上桌。蟬則紛紛閃避，猿則按鈴申告。異鄉遊子，望峰興嘆；政府官員，窺谷低泣。烏雲蔽日，人間煉獄；清煙裊裊，天上仙境。

新北市立板橋高中梁容菁老師在接受為期十天的「孫易新心智圖法青少年教學師資培訓班」之後，立即應用師資班所學的文章仿作技巧教導學生。下圖是梁容菁老師解構 2009 年指考最高分佳作〈惑〉的原文，並分析其運用到寫作、修辭的技巧，接著在心智圖留下原文的結構與寫作說明，以〈堅持〉為題示範寫作，再讓學生以不同的題目，例如「美麗」、「奮鬥」練習寫作。

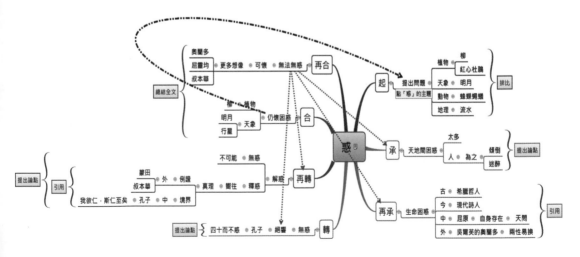

梁容菁老師解構《惑》之原文，分析文中運用到寫作、修辭的技巧

惑（2009 年指考最高分佳作原文）

　　堤畔的玉柳是為了同誰道別而將自己站成一個多情的春天？懸崖上的紅心杜鵑是為了同誰聯繫而招展著花的旗語？清朗的明月是奉了誰的手諭而長傾其萬斛流光？往來熙攘的蜂蝶繩蟻是為了誰而奔忙？永不歇拍的流水的嘩然長歌，又是為了哪位知音而詠唱？

　　俯仰於天地間，令我們疑惑又無法不為之傾倒迷醉的事物委實太多，豐厚得難以盛載、難以瀝淨、難以釐清。

　　從古希臘哲人清嘯而出的第一個疑問：「我從哪裡來？」到現代詩人激昂吶喊的：「我們該往哪裡去？」人類似乎一直在如湍流般迴旋的疑惑中沉浮打轉：吳爾芙的奧蘭多在兩性易換間，把時間拉成一絡金縷，鑲緝著無數的問號；屈子的天問在綿遠悠長的湘江澤畔，劃開靜默的穹蒼──我是誰？天地間含蘊的雅華從何而來，又欲適何方？

　　孔子四十而不惑，已是兩千多年前的絕響。

　　在紛擾的環境中，平凡的我們若欲不受迷惑，維持心中明燈高懸不輟，似乎已不可能？但即使刻鵠不成，我認為，只要我們仍對真理抱持嚮往，願意同蒙田、同叔本華般，恪守自己的原則，便能接近孔子所云「我欲仁，斯仁至矣」的境界！

　　即使我們仍不明白：堤岸玉柳無數是為了揮別遊子抑或揮別夕暾；如水月華是為了映照千里溶溶的楚江抑或明澄的人心……我們仍然可以從初抽的新綠中探求人生的哲理，從望遠鏡幽渺的光景中刻繪行星的軌跡。

　　是的，我們無法「無惑」，但我們可以因這些疑惑而對世界懷有更多的想像、對天地懷有更深的崇敬，如同奧蘭多、屈靈均和叔本華一樣。

堅持（梁容菁）

　　小草，因為堅持，可以衝破石礫自由呼吸；水滴，因為堅持，可以穿透崖壁繼續前行；駑馬，因為堅持，可以突破限制遠致千里；鮭魚，因為堅持，可以溯流千里，使後代得以延續；梅花，因為堅持，可以在眾芳搖落時，仍鮮妍獨立。

　　長林古壑、蟬鳴鳥語，若你側耳細聽，你會發現：整個宇宙，似乎隨處都在低低輕吟，輕吟著關乎堅持的故事與奧祕。

　　擷取天地精華而有靈的人類，啜飲著自然界的甘霖，在不經意的一言一動中，也閃現出堅持的生命況味。於是哥倫布因為堅持，終而發現新天地；司馬遷因為堅持，完成不朽鉅作《史記》；麥克‧喬丹因為堅持，成為美國職籃一頁傳奇；林書豪因為堅持，創造出屬於他的「林來瘋」奇蹟。

　　堅持的光采如此絢爛，不能堅持的人們就成了他人或嘆惋或唾罵的對象，「捲土重來未可知」就是為楚霸王項羽深深的嘆惜；「生兒不象賢」同情劉備的同時，也對不能堅持到底、持守父業的劉禪進行嚴厲的批評。

　　然而，堅持真是唯一真理嗎？

　　巍峨的巨木，總是遭受到第一道閃電的劈擊；剛強的岩石，總是得承受海浪最大的衝力；逆流歸鄉的鮭魚，在旅途中得折損大量同伴，甚而折損自己。文天祥因為堅持不降，所以斷送生命、斷送才華發揮的可能；王安石因為堅持新政，導致內鬥不斷、小人趁機崛起；邱淑容因為堅持跑到底，所以失去雙腿，失去重新起跑的機會。

　　堅持，它可能變成剛愎，讓事情失去轉圜的餘地。

　　原來，自然從不偏於一端，它總是在最適切的時機表現出最合

宜的態度，它有堅持，但從不忘柔軟，如衝破石礫的小草、穿透崖壁的水滴，它們永遠擁有最柔軟的身段。所以，我們仍需堅持，不僅為了符合自然，也為了回應來自內心的呼喊。只是，在這之中，需加入適度的柔滑潤澤劑，如梅花雖在寒風中傲然屹立，但仍會等待適合的氣候；如駑馬即使願意十駕，也應適度的休息。

是的，堅持需要柔軟的調和，但在無可迴避遁逃時，我們仍要「堅持」，堅持活出自身生命的意義，如文天祥的庶幾無愧、如邱淑容的無悔無憾。

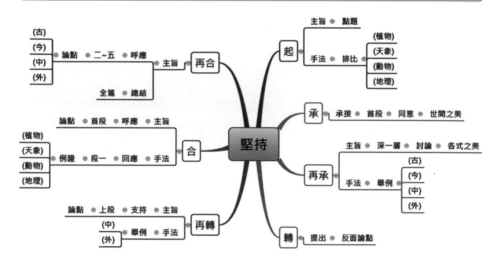

留下《惑》原文的結構與寫作說明，改以《堅持》為題

作文寫作

透過心智圖法解構優美文章的仿作練習，可以從中培養文章「結構組織」與「遣詞造字」的能力。在「立意取材」方面，國民中學學生基本能力測驗推動工作委員會寫作測驗閱卷核心委員洪美雀在〈基測寫作測驗評分規準暨相關說明〉中明白指出，取材必須更加真實、豐富、獨特、創新；有心得、有感想、能思考、能反省；描寫深入，從具體到抽象、從現在到未來、從自己到別人；

以更開闊的視野轉換角度或改變立場來思考；發為具體行動或提出可行的方法等，才能得到好成績。為使學生更加清楚寫作的要求，下面幾張心智圖說明了作文評分規準四個向度的原則與特徵。

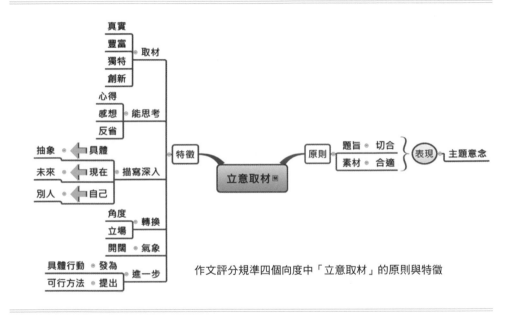

作文評分規準四個向度中「立意取材」的原則與特徵

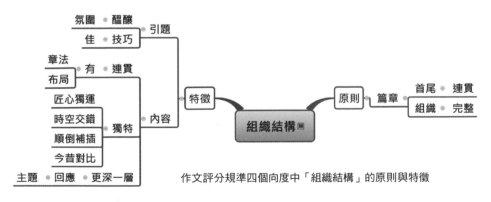

作文評分規準四個向度中「組織結構」的原則與特徵

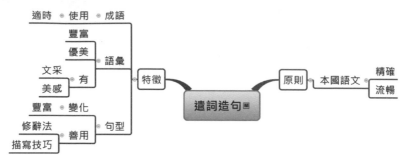

作文評分規準四個向度中「遣詞造句」的原則與特徵

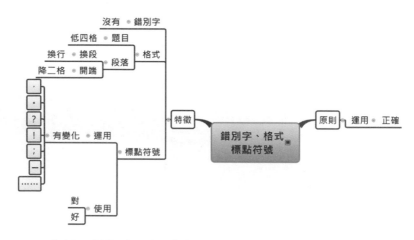

作文評分規準四個向度中「錯別字、格式、標點符號」的原則與特徵

從 209 頁「立意取材」與「組織結構」的圖中說明可發現，寫作時若能進一步根據題目，運用心智圖法廣度與深度的邏輯聯想與自由聯想來呈現聯想的內容結構，不僅有助於「結構組織」，更能豐富「立意取材」的素材。避免寫作時，想到哪裡就寫到哪裡，太過隨性的寫作不叫做創意，除了會造成前後不一貫的情況發生之外，也容易離題。謝美瑜在《心智圖法在國中國文讀寫教學上的應用》論文研究結果也證實：

1. 心智圖法是一種系統化的知識管理，建構學習鷹架。

2. 心智圖法能幫助深入思考，增進理解、幫助記憶。

3. 心智圖法便於摘錄重點，並可隨時修正調整。

4. 心智圖法能夠激發創意。

然而在不同文體結構的文章中，段落分類也會不同。初學運用心智圖法構思寫作的學生，往往對於如何決定第一階主幹的大分類以及之後的次分類不知所措。師大王開府教授在《國語文心智圖教學指引》中指出，針對不同文體，心智圖的結構「模組」如下：

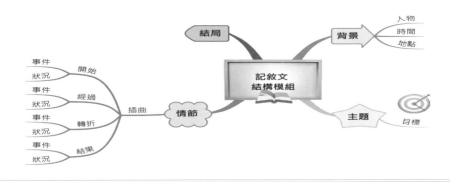

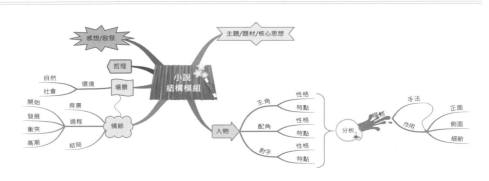

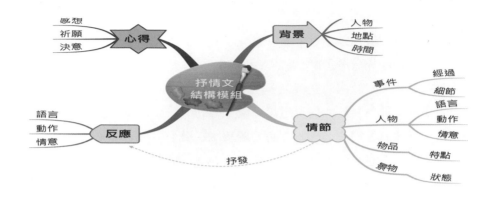

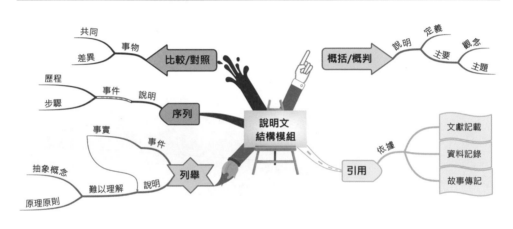

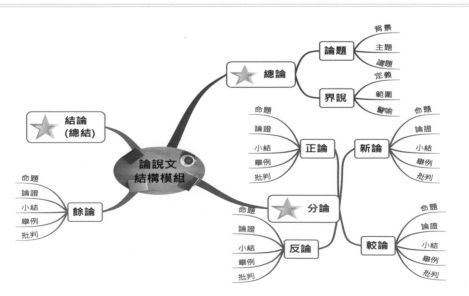

　　熟悉上述不同文體的分類結構，接著運用心智圖法來構思寫作大綱，寫作者很清楚知道自己即將寫作文章的架構，這可培養釐清想法和整理資料的能力。經過不斷練習，養成運用心智圖構思的模式，往後面對任何類型的寫作，甚至是考試的場合，不見得一定要畫一張心智圖草稿，腦海自然而然就能根據題目浮現寫作架構，讓文章內容不僅切合題旨、素材，結構也會更加完整，段落清晰分明，內容創新且前後連貫。因此，呂美香在〈運用心智繪圖提升國小高年級學童寫作品質與寫作態度之行動研究〉論文的結論中建議，以心智圖取代文字大綱的寫作教學方式是值得嘗試的。

文章創作

　　文學作品是有生命的藝術，從創作的角度來看，文章本身應具有「美感」的外在形式，適切表達作者的內在情感與思想，並具有強烈的說服力，進而引發讀者產生共鳴。因此，一篇好文章應具備真情、思想、風格、主題、簡潔與細緻等幾項特質。為了讓文章具備「美感」，從構思主題開始到情節、事件、角色安排，都少不了想像力的發揮；為達簡潔、細緻的特質，縝密的思考結構是必備要素。

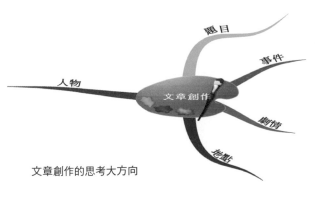

文章創作的思考大方向

　　心智圖法透過圖像、色彩運用，強調在創意發想過程中盡情發揮想像力，並透過樹狀結構，有系統地展開文章創作的概念元素。例如左圖以一個調色盤為中心主題，代表著「創作」的意涵，接著展開「題目」、「事件」、「劇情」、「地點」、與「人物」五大發想方向。

　　接著從「題目」展開第二階的「類型」、「靈感」與「名稱」；從「題目」的「靈感」與「類型」中，可發想出各種天馬行空的「事件」；從眾多「事件」中，選擇適當元素做為「劇情」第二階「開場」、「過程」與「結局」的架構；「人

物」則是有「主角」、「配角」與「對手」，他們的下位階可以是這些人物的「背景」、「個性」、「任務」與「關係」；「地點」這個主題之下，可以根據題目、事件或劇情的內容，展開有關聯的地點，例如「台灣」、「香港」與「大陸」等。

從每一個第二階概念都可以衍生第三、四、五……階的創意點子，例如「題目」、「類型」可以是「勵志」；「靈感」可以來自「名人」、「林書豪」。最後發想完畢之後，再根據心智圖所聯想出來的內容，當作寫作時立意取材與組織結構大綱的參考依據。

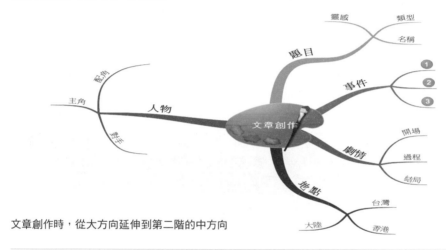

文章創作時，從大方向延伸到第二階的中方向

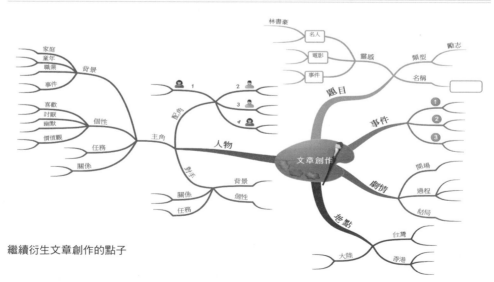

繼續衍生文章創作的點子

第 3 節 寫作計畫與讀書心得報告

寫作計畫

　　撰寫報告是大學生、研究生必備的能力，一份好的報告必須從作者自身本體的內在關懷著手，關注外在環境的關係，探究欲達成的實踐目的，檢視既有的文獻資料來支持研究的論點，並採用適當的研究方法來執行。因此，從小培養寫作能力有其重要性與必要性。

　　下面這張心智圖是以小論文或期中、期末的報告為例。先從緒論列出寫作的目標，也就是撰寫動機，並做出重點式的簡短摘要；接著討論與主題相關的各個議題，每個討論議題都列出引言、論點，做出重點小結；最後的結論以摘要列出討論後的重點內容，陳述獲致的結論，最後提出個人見解為總結。

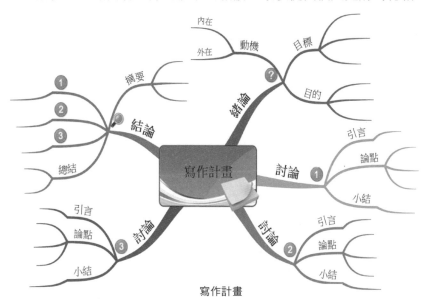

寫作計畫

讀書心得報告

　　撰寫讀書報告不是東抄一句，西抄一句，而是掌握書中要義，再以自己的意思表達，重新組織文章的重點，並提出批判與反思的見解。因此，讀書報告必須包含兩大條件：（1）有內容；（2）有心得。

常見讀書心得報告的類型有：

一、感發型：以個人的直覺寫出對該書的印象與感受。

二、論述型：分析評論該書之內容旨趣、結構、重點、特色；個人的感發、體會書中的精神、論述，評論內容，以及省思其內容可歸納成哪些重點、改變了個人哪些觀點與體現哪些意義，並提出疑問與期許。同時可進一步探索類似的書籍、影片或戲劇，或整理出書本中的一些佳句語錄。

撰寫讀書心得的報告時，可運用 KMST 學習法模式，將書本內容的大意扼要且有系統地整理、加以評論，並蒐集、參閱與該書相關的資料，最後做出個人的省思。下圖是論述型的讀書心得報告心智圖，以此結構做為寫作的思考方向，不僅可寫出具有水準的報告，更可培養批判、反思的獨立思考與後設認知的能力。

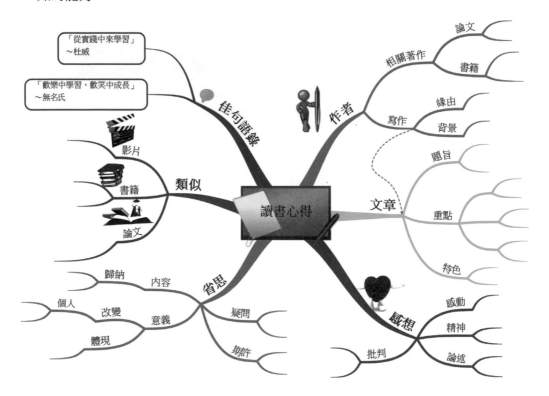

論述型的讀書心得報告

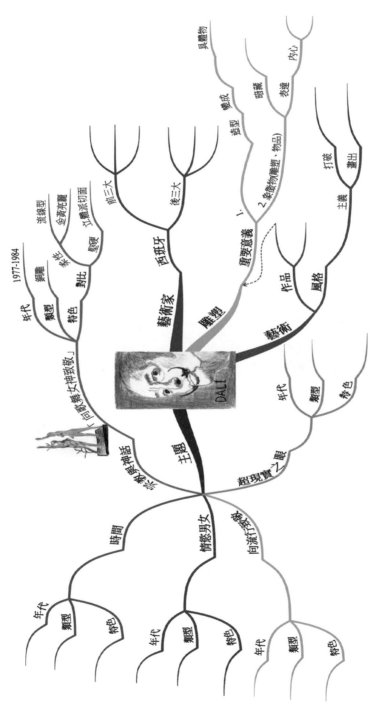

「2012瘋狂達利超現實主義大師特展」校外教學心智圖學習單

第 4 節 校外教學與學習

廣義的校外教學是指走出校園進行教學活動，包括有參訪、體驗學習和旅遊；狹義的校外教學則是指教師為了有效達成特定教學目標，透過教學活動的設計，引導學生在校外直接探索體驗學習，以深入瞭解特定主題。

然而實際現況是，學童大多疲於在教學參觀後書寫教師或參觀場所設計的學習單。梁美貴在她做的行動研究中指出，在校外教學運用心智圖法，學生皆能達到好的學習成效，並且覺得學習活潑輕鬆有趣。

俄國教育心理學家維果斯基的鷹架理論也說明，老師若能給予有系統的引導或關鍵性指導，學生較容易超越原來的認知層次。心智圖就像一張「知識導覽地圖」，讓學生在校外教學前，就能有系統地瞭解即將學習的主題，在學習過程中能依照老師的規劃掌握學習方向，透過判別、選擇、組織的方式將知識建構起來，能有效理解學習內容。因此，心智圖法能呈現思考與理解結果，完全符合建構主義者強調的「有意義的學習」。

217 頁那張心智圖是帶領國小學童做「2012 瘋狂達利超現實主義大師特展」校外教學的學習單。教師根據該次學習的目標，列出系統化的結構，並預留空白線條讓學生在參觀過程中自行尋找答案。

同時，在需要學生自己探索主題式知識時，先給予範例讓學生模仿。例如特展中有五個主題，教師先在「宗教與神話」這個主題上做示範，其他四個主題則由學生自行寫作。這張心智圖我畫了達利的臉部為中心主題，對記憶是蠻不錯的做法，可以讓我們一開始就對這張心智圖要代表的主題有深刻印象，尤其是他的翹鬍子，更能聯想到達利的瘋狂。接著就各個主題畫出代表作品的插圖，也能達到強化印象的效果。

參觀展覽完畢後，立即由每一位同學輪流分享他的心智圖學習筆記，一方面可以馬上確認記錄的內容是否正確，再則可複習剛剛參觀時學到的新知。

在帶領學生參觀畫展之前，可先透過預習心智圖（如 220 頁「2013 米羅特展」）掌握作者背景與作品元素，讓沒有接受過美術專業訓練的學生，也能

享受地欣賞美術作品。甚至在參觀後，能夠模仿畫家使用到的元素，自行創作類似作品。雖然水準還有努力的空間，學生卻能從過程中培養美學素養。

校外教學
（左）記錄導覽老師的講解重點
（中左）整理參觀的內容重點
（中右）做參觀內容報告並複習重點

（下）模仿米羅畫作中使用的元素，團體創作的過程與作品

219

心智圖法理論與應用

JOAN MIRÓ

出道
　成名
　　1983年
　　　西班牙
　　　巴塞隆納
　三大藝術家
　　西班牙
　求學
　　商業學校
　　卡利美術學校
　　精神抑鬱
　　學習
　受影響
　　野獸派
　　寫實主義
　　立體派
　　達達主義

觸覺
視覺
多層的輪廓
透過
感受
米羅
達利
畢卡索

展出作品
　年代
　　1960～1970
　來自
　　米羅基金美術館(Fundació Joan Miró)
　　馬約卡皮拉爾米羅基金會美術館(Fundació Pilar i Joan Miró a Mallorca)
　件數
　　86件
　　　58 畫作
　　　11 雕塑
　　　7 攝影作品
　　　　圖文書
　　　　大型掛件
　　　　織品
　　其他
　風格
　　視覺
　　　仔看
　　　流露
　　色彩
　　　鮮豔飽和
　　　粗曠
　　筆觸
　　純樸天真
　　呈現
　　　平衡協調
　　　　靜態
　　　　動態
　　　孩童般
　　隱含
　　　調諭
　　　幽默
　　展現
　　　熱情
　　　世界
　　　生命

繪畫語言
　筆法
　　捨去
　　一氣呵成
　　細節
　靈感來源
　米
　星星
　女人
　小鳥

校外教學參觀前預習心智圖「2013 米羅特展」

14
超強記憶力

如何記得多、記得久呢？這與學習時是否善用聽、看、說、做，以及正面積極的情緒等增強記憶的因素有關。博贊指出，唯有融入五官感覺、以正面積極態度提升學習興趣、採用聯想方式，才能有效強化記憶效果。

美國田納西州的海格伍德（Scott Hagwood）在 36 歲時發現自己罹患甲狀腺癌，為了對抗放射線治療對大腦細胞、記憶力的損傷，他決定要採取行動搶救自己的記憶力，其中關鍵就是採用博贊《運用完美記憶》（*Use Your Perfect Memory*）一書中建議的記憶技巧。後來海格伍德不但沒因為放射線治療造成的大腦損傷產生後遺症，記憶力反而比以前更好，連續參加四屆美國記憶力競賽均獲得冠軍。

由於我從小喜歡做白日夢、愛幻想，1994 年參加考試院舉辦的證照考試時，就是以情境畫面方式記憶枯燥的課本內容與法律條文。例如中華民國憲法總共有 14 章 175 條，我就把憲法內容與社會上的現況、事件聯想在一起，串成一個好比身歷其境的故事、影片。考試看到題目時，只需從腦海中回想可以用「影片」中哪個片段來回答。我用的這個方法，已經幫助許許多多學生通過公務人員的國家考試以及研究所的入學考試，所以接下來將以實際案例配合理論講解，讓大家掌握超強的記憶力技巧。

本章內容以實務操作的記憶術取向，先介紹提升記憶力的基本條件，然後介紹空間位置記憶的掛勾法與情節記憶的聯想法，接著解說對於學習有相當助益的心智圖記憶法。最後再說明數字記憶的技巧，並帶領大家玩幾個有趣的記憶遊戲。

第 1 節 提升記憶力的基本條件

點亮記憶力一點靈

曾經有一位家長帶著她自認為記憶力很差，目前就讀小學的孩子來找我，希望我能幫忙訓練她孩子的記憶力，以挽救幾乎無可救藥的成績。我詢問一下她的孩子平常喜歡從事什麼休閒活動，答案與大部分的孩子相同，就是玩電腦遊戲。於是我就跟她的孩子聊起遊戲內容。

這時她的小孩以興奮的口吻告訴我遊戲中每個人物的角色名稱、特性，戰鬥力、防禦力的數值，以及寶物的名稱、價格等，我聽了之後只能用「佩服」來形容。於是我回頭問他母親，這樣的小孩叫做記憶力不好嗎？但是這位家長還是很疑惑地問，為什麼學校的功課卻背不起來呢？

因為影響學習記憶的最大關鍵之一在於「興趣」，有興趣的事情才能提升專注力，專注力能集中，就不容易分心，記憶效果才會好。因此，提升記憶力的第一個基本條件就是培養對學習科目的興趣。換句話說，就是要不斷思考為何要學習這個東西？找出它對我的意義何在？學了之後對自己的利益、好處是什麼？

影響記憶力的三顆心

你覺得自己的「記憶能力」如何？在說明提升記憶力的基本條件前，請很直覺地先回答下列這個自我評量：

- 覺得自己目前「記憶能力」如何？請標示◆
- 希望自己未來「記憶能力」如何？請標示 V
- 覺得親朋好友「記憶能力」如何？請標示★

　　你覺得自己的記憶能力比別人好嗎？如果是的話，恭喜你！因為你的記憶能力是否真的比別人好並不重要，重點是你對自己有信心，「自信心」是提升記憶力的第一個基本條件。

　　接著，你希望自己未來記憶能力是否有比目前還要進步？如果有的話，再度恭喜你！因為「企圖心」是提升記憶力的第二個基本條件。

　　最後，你希望自己未來的記憶能力是給幾分呢？如果你的要求是 100 分，你將成為記憶達人。因為你是否真的能夠達到 100 分也不重要，關鍵是你願意追求完美，朝此目標努力不懈。所以，提升記憶力的第三個基本條件就是「堅持心」。

提升記憶力五要素

　　提升記憶力是大多數人共同的期望，難到我們的記憶力真的那麼差嗎？不妨先來做個小測驗。請先按照編號順序閱讀下列 30 項物品名稱，再翻到下一頁憑印象寫出答案。

01	茶杯	16	汽車
02	西瓜	17	小狗
03	電腦	18	鋼筆
04	猴子	19	照片
05	火箭	20	餅乾
06	鋼筆	21	飛機
07	梳子	22	火柴
08	麵包	23	磁鐵
09	恐龍	24	皮鞋
10	眼鏡	25	鋼筆
11	Book	26	襪子
12	鋼筆	27	鈔票
13	巫婆	28	領帶
14	報紙	29	電燈
15	地圖	30	太陽

根據閱讀前一頁的印象，請按照順序把答案填寫在適當的空格。

01		16	
02		17	
03		18	
04		19	
05		20	
06		21	
07		22	
08		23	
09		24	
10		25	
11		26	
12		27	
13		28	
14		29	
15		30	

　　不管你能寫出幾項，寫好之後翻回前一頁去對一下答案，看看你答對了哪幾個項目。

　　根據我多年的教學經驗發現，測驗出來的結果符合第 3 章探討的相關記憶理論的研究結果，也就是下列五大原則：

一、初期效應：剛開始幾個項目記憶效果最好，例如記住了「茶杯」、「西瓜」、
　　「電腦」、「猴子」、「火箭」等。

二、近期效應：最後幾個項目記得會比中間部分好，但還是比不上初始幾項。
　　例如記住了「太陽」、「電燈」、「領帶」等。

三、關聯原則：內容與自己的興趣、經驗、時事等能夠聯想在一起的記憶效果
　　也不錯。例如記住了「皮鞋」與「襪子」（項目之間有關聯）、「電腦」（與
　　每天的工作有關聯）、「鈔票」（與興趣需求有關聯）等。

四、特殊原則：比較不一樣的項目也能強化記憶效果。例如記住了「Book」，
　　因為只有這項是英文字；記住「恐龍」，因為已經不存在這個世界了。

五、重複原則：孔夫子在〈學而篇〉第一句話就明白指出「學而時習之」，充
　　分說明了「重複」或「複習」對記憶的幫助。因此，我相信你一定記住「鋼
　　筆」這個項目，對嗎！

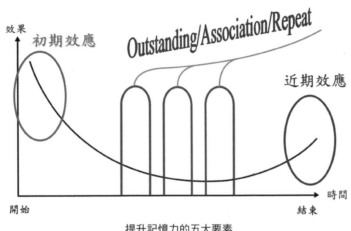

提升記憶力的五大要素

訓練記憶力的七種生活習慣

　　1452 年誕生於義大利一個小村莊的達文西，一輩子沒有上過學校讀書，
但其一生卻有著非凡的成就，不僅在大家所熟知的藝術領域，也在工程、數學、
機械與解剖學方面有傲人表現。這當然與他的學習能力、記憶力有關。被譽為
大腦先生的博贊自稱其所創立的心智圖法受到達文西的影響甚深。

　　國際知名潛能開發大師葛柏為了準備 1994 年春天在義大利佛羅倫斯總裁
協會演講「如何像達文西一樣地思考」，展開了一趟達文西朝聖之旅，研究大
師的作品，並在探討許多相關文獻之後，歸納出造就「天才中的天才」七個生
活習慣：（1）孩童般的赤子之心，永不滿足的好奇心；（2）對任何事情追根
究柢，到臨終之前都還在研究、學習的實證精神；（3）鍛鍊五官感覺的能力，
追求栩栩如生的經驗；（4）願意接受曖昧不明，擁抱弔詭與不確定的包容心；
（5）均衡地融入整合左右腦心智能力，在科學與藝術、邏輯與創意之間平衡
發展；（6）經由均衡飲食與運動，讓生活有氧，培養出優雅的風範、靈巧的
雙手、健美的體格，與落落大方的態度；（7）瞭解萬事萬物與所見所聞的關聯，
強化邏輯與創意的思維，並培養兼具廣度與深度的視野。

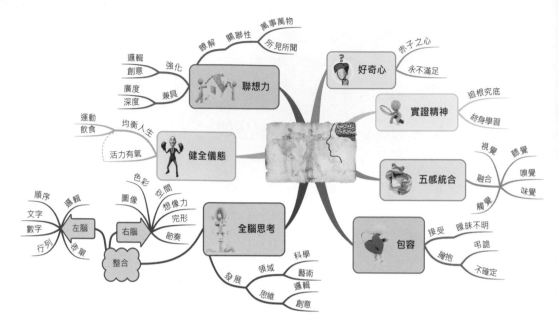

提升記憶力的七個生活習慣：像達文西一樣思考

　　以上提出的「一點靈、三顆心、五要素、七習慣」乃提升記憶力的幾個基本條件，我們結合廣告常運用的 S.H.E. 三大原則：（一）S：性的隱喻或性的幻想（Sexual）；（二）H：幽默（Humor）；（三）E：誇張（Exaggeration），歸納出「九陽神功記憶法則」，茲說明如下：

一、重複：要不斷複習重點。

二、正面積極：思考所學的東西對自己的好處，如何運用到生活當中。

三、五感統合：如身歷其境般看到、聞到、聽到、嚐到、摸到需要記憶的內容。

四、頭尾效應：每一次讀書時，把特別需要記憶的重點放在開頭與結尾的有效記憶區段，而且每次讀書的時間不宜過長，約 30 分鐘左右就要有規律地休息片刻，以創造出更多初期效應與近期效應。

五、關聯性：把要記憶的內容串成一個有關聯的故事、與國內外重大事件結合，或是與自己的興趣、工作、休閒等聯想在一起。

六、誇張：誇張的事物往往會提升注意力，記憶效果也會增強。

七、特殊性：對於不尋常的事情會引發警覺性，印象也跟著強化。

八、性的暗示：每個人都喜歡俊男或美女，甚至會有性幻想，帶有性暗示的資訊往往吸引我們的目光，這也就是為什麼車展、電腦展都會找一群漂亮辣妹來幫忙促銷。

九、幽默：每個人都喜歡聽幽默的笑話，幽默是化解尷尬、衝突的潤滑劑，可以讓我們放輕鬆，提升學習效果。

只要能掌握本節歸納出來的「九陽神功記憶法則」，並實際在生活中貫徹實施，記憶達人就非你莫屬了。

第 2 節 空間記憶：掛勾法

掛勾法是利用某一個空間裡的物品當作記憶掛勾，來記憶大量的資料。常見的方法有羅馬房間法、汽車空間法、身體掛勾法等。世界第一位在腦力奧林匹克記憶力競賽中奪得冠軍的歐布萊恩（Dominic O'Brien）就是運用這項技巧。本節將說明羅馬房間法與身體掛勾法的使用原則與技巧。

羅馬房間法

一種緣起於古羅馬的視覺圖像記憶術，透過將所欲記憶的事物分別與某一個場所事先編好順序的各個位置連結，將它們聯想在一起，往後就可利用這些位置做為回憶線索，把這些事物回憶出來。這個方法也稱為「場所記憶法」或「位置記憶法」。

據西元前一世紀羅馬哲學家西塞羅的文獻中所記載，羅馬房間法最早出現在西元前 500 年左右，由希臘詩人西莫尼德斯（Simonides）發明。有一天西莫尼德斯在宴會中吟詩讚頌他的主人斯科帕斯（Scopas），就在宴會結束西莫尼德斯離開之後，宴會廳的屋頂突然坍塌，壓死許多賓客。所有屍體被壓得血肉模糊，連家人都無法辨認，但是西莫尼德斯記得每位來賓坐的「位置」，因而順利協助家屬指認屍體。事後西莫尼德斯認為若能透過想像力，把要學習記

憶的內容與某個特殊「位置」連結在一起，將使記憶變得更加容易，進而發明了羅馬房間法。

從此之後，古羅馬元老院的長老為了準備演講或參與辯論，必須記憶大量資料、數據與法典的時候，紛紛運用這一套能夠精確記憶大量資料的記憶技巧。當時羅馬人就發現，家裡的家具比較不會隨意移動，如果以它們做為記憶的媒介，把需要記憶的事物與這些家具聯想在一起，記憶效果非常好。

於是，羅馬人將屋子從大門到房間的每一個角落，選定出特定家具，編上順序號碼當作記憶掛勾，與要記憶的事物扣在一起。羅馬房間法是一種運用到空間概念、邏輯順序，以及五官感覺來強化記憶效果的技巧。

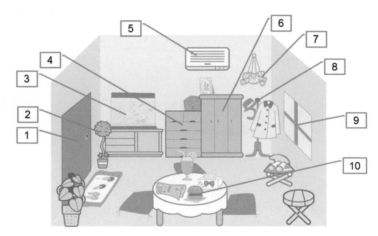

羅馬房間法的記憶掛勾

這種技巧會同時運用到左右腦心智能力。除了右腦的想像力、色彩畫面之外，掛勾的設計必須井然有序、精確無誤，則是屬於大腦皮質層左側的功能。

設定羅馬房間法記憶掛勾的原則是：

（一）選擇自己熟悉的環境或房間。

（二）沿著自己習慣的方向、動線，給房間中原有物品編上順序編號，做為記憶的掛勾。

（三）選擇不會隨便移動，且能在腦海清晰浮現的家具物品做為掛勾。

（四）選擇自己喜歡的家具物品為掛勾。

（五）不同的房間也要採用相同的方向來設定掛勾編號。

（六）避免採用相同的物品做掛勾。

（七）剛開始練習時，每個房間的掛勾數量不要太多，等熟悉此一技巧再逐漸增加數量。

然後發揮你的想像力，融入五官的感受，如同虛擬情境的方式，配合誇張一點的方式，把要記憶的事物按照順序分別掛到掛勾上。汽車掛勾法也是同樣道理，只是限定在比較小的空間，原理技巧與羅馬房間法相同。

你可以分別先從家裡的客廳、廚房、餐廳、浴室、臥室每一個地方都編上十個掛勾，這樣就有了五十個記憶媒介，由於每一個小房間、小區域都可以獨立記憶，就能輕輕鬆鬆記住五十項東西。這也是一種把要記憶的大量資訊分成若干小群組來個別記憶的方式，可有效突破大腦記憶數量 7±2 的限制。

請試著把下列十項物品掛到你已設計好的家中客廳十個掛勾上面，看看是否順背、倒背與任意抽背都能正確無誤說出答案。

1. 滑鼠　2. 梳子　3. 蘋果　4. 手機　5. 茶杯
6. 棒棒糖　7. 課本　8 皮鞋　9. 眼鏡　10. 飛機

身體掛勾法

如果要記憶的東西數量沒那麼多，可以使用羅馬房間法的簡易版，也就是身體掛勾法。這方法也是培養日後要記憶心智圖內容的基礎功夫，同樣運用到空間概念、邏輯順序及五官感覺來強化記憶，但是簡易方便多了。

身體掛勾法的掛勾編號是要按照身體位置的順序，由上到下或由下到上編出掛勾的順序。然後發揮想像力，融入你的五官感受，方式可以誇張一點，把要記憶的事物掛到掛勾上。

先熟悉身體左右邊各十個掛勾位置，請家人或同事任意寫出二十項物品名稱，然後試著按照順序掛到身體的每一個掛勾上，你將會很驚訝地發現，自己的記憶在剎那間突飛猛進，不僅可以順背，也可以倒背、抽背。

身體掛勾法的二十個記憶掛勾　　　　　　把要記憶的東西掛在掛勾上

　　經常練習身體掛勾法的記憶技巧，可以鍛鍊出空間感的記憶能力，往後完成一張從中心向四周發散的心智圖筆記，就可以很容易記住在中心主題右上、右中、右下、左上、左中、左下的位置分別記錄了哪些資訊。以上羅馬房間法與身體掛勾法，對應到心智圖中思緒綻放所展開的各個樹狀結構主題，屬於兩大快速記憶技巧「空間記憶」與「情節記憶」中的「空間記憶」。

第 3 節 情節記憶：聯想法

　　愛因斯坦曾經說過：「想像力比知識更重要。」想像力是良好記憶力的先決條件。因此，要訓練記憶力就得先培養想像力，接下來是幾個對提升記憶力有幫助的想像力練習。

圖（心）像聯想練習
　　進化中的人類一直是視覺思考的動物。幾千年前文字發明之後，人類開始

依賴文字，甚至貶抑圖像表達方式，這從 1950、1960 年代不准學生看漫畫、課本鮮少有插圖，到現在考試卷還是條列式的文字，就可以看出端倪。

現在的孩子幸福多了，不僅書本充滿了與課文內容相關的插圖，生活中各種機器設備的操作介面也都是圖像。圖像可以幫助記憶已經是不爭的事實，現在就讓我們展開一場「漫畫之旅」吧！

一、隨意意找幾個或寫下幾個物品、人物、動物、植物等名稱，例如鉛筆、汽車、蘋果、郵差、小狗、玫瑰花等。剛開始練習只要選擇一項，然後慢慢增加數量。閉上眼睛發揮想像力，讓物品的畫面在腦海裡清晰浮現，接著讓它變大、變小，拉近、變遠、左右旋轉、翻轉，改變顏色，扭曲變形。

二、找一首歌詞或一篇詩，例如「床前明月光，疑是地上霜；舉頭望明月，低頭思故鄉」，盡量在腦海想像並浮現每一句話的畫面，經常不斷重複類似練習，讓我們隨時看到文字就能出現畫面，聽到歌詞就出現情境。

故事聯想練習

小朋友都很喜歡聽故事。文字還沒發明之前，沒有自己文字的民族要傳承知識，就是以故事的方式代代相傳。講故事、聽故事是人類的本能，透過故事來聯想一些事物，是一種有效的記憶方法，這方法也稱為「兩兩相連法」。

例如要記住發源於青藏高原的長江流經哪些地區（依序是青海、西藏自治區、四川、雲南、湖北、湖南、江西、安徽、江蘇與上海市），編故事首先要從主題「長江」開始，否則背半天卻不知是哪一條江就麻煩了。

> 「長江」一號情報員在「青海」牧羊歸來途中，跑去「西藏」拜訪達賴喇嘛，兩人一起去「四川」看變臉，一不小心跌了一跤，趕緊服用「雲南」白藥，這種藥從「湖」的「北」邊到「湖」的「南」邊都有在賣，買了藥之後裝到「江西」景德鎮購買的瓷瓶裡，在瓶子上「安」置一個馳名品牌的「徽」章，拿到「江蘇」南京中山陵祭拜孫中山先生，當然最後沒忘了到「上海」看世界博覽會。

字首聯想練習

故事聯想法確實好用，但是總覺得還是太冗長了一點，能否精簡一下記憶的內容呢？答案是肯定的，而且方法大家也不會陌生，就是字首聯想法。

「字首」是頭字語、縮略字的意思，也就是每一個語詞的第一個字。我們把要記憶的事物名稱都取其第一個字，再利用意義或諧音來記憶。例如時間管理的 SMART 原則，SMART 是聰明機伶的意思，做好時間管理當然要聰明機伶。記住 SMART 之後，接下來就是知道每個字母代表的意思。S 代表 Specific（明確的）；M 代表 Measureable（可衡量的）；A 代表 Achievable（可達到的）；R 代表 Realistic & Result（實際結果的）；T 代表 Time（時間表）。

如果要記憶的東西有順序性，第一個字母排起來又不具有意義，可以用每個第一個字母重新定義一個語詞，編成較容易視覺化的畫面來記憶。例如太陽系九大行星從距離太陽最近到最遠的行星分別是 Mercury、Venus、Earth、Mars、Jupiter、Saturn、Uranus、Neptune、Pluto，我們單取每個單字第一個字母組合「MVEMJSUNP」不具有意義，因此重新定義為「My Very Energetic Mother Just Serve Us Nine Pizza」就變成一個有意義的句子，在腦海中也很容易出現「我那非常有活力的媽媽正在準備給我們九個比薩」的畫面。根據腦海中這個畫面，就可以寫出「My Very Energetic Mother Just Serve Us Nine Pizza」，再從每一個單字的第一個字母「MVEMJSUNP」寫出九大行星的名稱。

再舉一個例子：英文中有所謂字母替代法，稱為「格林法則」，意即同一群組的字母在英文單字中經常可以彼此替代。除了母音「a, e, i, o, u」彼此可以代換、擴張與壓縮之外，格林法則還有四大群組，每一群組內的字母也可以代換。四大群組分別是：

th, ch, t, d, s, g   m, w, v, u

r, l, m, n   m, f, p, v, b

如果要死背一定很痛苦，不妨採用字首聯想法，把每一個字母擴張成單字，整個群組就變成有意義的句子，就很容易記憶了。以下是我自己編的短句，你也可以發揮想像力，自己編編看，這時可以不用太在意文法的正確性，只要能記住每個群組有哪幾個字母就好。

th, ch, t, d, s, g：the Chinese teacher do something good.

r, l, m, n：read loving morning news.

m, w, v, u：my watch very unique.

m, f, p, v, b：most farmer plant variety banana.

字首聯想法應用在中文也是一樣的情況：把每一個語詞的第一個中文字排列成可以意義化或透過諧音來幫助記憶。例如歐盟二十七國分別是「希臘、西班牙、愛爾蘭、愛沙尼亞、荷蘭、斯洛伐克、斯洛維尼亞、葡萄牙、瑞典、法國、拉脫維亞、立陶宛、比利時、賽普勒斯、德國、丹麥、芬蘭、保加利亞、羅馬尼亞、奧地利、義大利、馬爾他、英國、波蘭、捷克、匈牙利、盧森堡」。擷取每個國家的第一個中文字「希西愛愛荷斯斯，葡瑞法拉立比塞德丹芬，保羅奧義馬，英波捷匈盧」，再經由諧音編成有意義的短故事：

「西西（達文西的暱稱）很愛很愛喝斯斯飲料，比賽開始 Play（葡瑞），法拉利跑車比賽（塞）得到單分（丹芬），保羅先生坳（奧）朋友一（義）匹馬，用音（英）波去攔截（捷）來犯的匈奴（盧）」。

運用字首聯想技巧的時候，首先要能夠熟悉並記住每一個單字語詞是什麼，否則只知道第一個英文字母或是第一個中文字，卻無法說出完整正確的內容，那就白忙一場了。

以上聯想法對應到心智圖中則是思緒飛揚的概念，屬於兩大快速記憶技巧「空間記憶」與「情節記憶」中的「情節記憶」。

第 4 節 心智圖記憶法

閱讀完一篇文章之後，你是否有個印象，某個標題、圖表或插圖出現在書本某一頁左上、左中、左下、右上、右中還是右下的位置；聽過一個故事或看完一部電影，對內容是否印象深刻。

很驚訝吧，這就是空間位置以及圖像與故事對記憶效果的幫助，也是前兩

個小節所介紹的方法：「空間記憶」與「情節記憶」。記憶心智圖的內容也要充分運用到圖像、色彩、空間與情節聯想的技巧。

接下來先就如何培養空間、圖像的記憶力練習說起，接著說明記憶一張整理好的心智圖筆記的步驟。

鍛鍊記憶力的方法

一、拿出不同的照片（或圖片），先仔細觀察後閉上眼睛，試著回憶畫面的內容，越完整越好。然後睜開眼睛再看一下照片，看看剛才的回憶是否正確，如有錯誤，瞧仔細之後，再次閉上眼睛，重新回憶。

也可以在生活情境中練習。例如在外面餐廳用餐時，仔細觀察眼前的事物，然後閉上眼睛回憶剛才看到的人物、衣著、桌椅、餐具以及各種擺飾等。練習的時候要注意，腦海中除了清晰浮現每個東西的形狀之外，也要能出現顏色。這個練習不僅可以訓練圖像、空間的記憶能力，也能培養專注力與想像力。

二、以掛勾法和聯想法為訓練基礎。

掛勾法對於養成空間記憶能力相當有幫助，心智圖中不同資訊、圖像是以360度圍繞分布在中心主題圖像四周不同的位置，運用掛勾法培養的能力可以有效記憶這些分布在不同位置的重點內容。聯想法則有助於記憶有前因後果的資訊，心智圖中的資訊是以樹狀結構和網狀脈絡組成，均有其分類結構、從屬關係或因果的關聯性。因此，為有效記憶一張整理好的心智圖，多多練習掛勾法與聯想法是不可缺少的功夫。

記憶的實際應用

為了準備考試、商業簡報，我們把內容整理成容易理解的心智圖之後，還是有記憶的必要，這時候的步驟如下：

一、從心智圖的中心主題圖像記憶主題，強化整體內容的概念。

二、運用掛勾法的空間記憶技巧，記憶所有主幹上的關鍵詞，先記住大類別，以掌握心智圖內容的大方向。

三、、依照順序，從第一個主幹開始，記憶其後樹狀結構支幹的所有內容，只要是有分中類、小類的資訊，都以掛勾法的空間記憶技巧配合情節式記憶，先記憶所有的類別內容，然後再以情節式記憶的聯想法記憶類別之後的內容。全部記完之後，試著不看原稿，快速地把剛才記憶的內容重新畫成一張心智圖。

四、接著以上述方法，陸續完成心智圖中其他各個主幹之後的支幹內容。

五、以照相記憶的方式，讓心智圖內容可以清晰浮現腦海為止。

六、如果發現有些地方實在不容易記憶，可能是因為資訊太簡略或過於繁雜，這時就有必要略微調整心智圖的結構，或是在關鍵概念的地方加個能產生聯想的圖像來幫助記憶。

　　往後只要有機會就拿出你的心智圖學習筆記，用自己的表達方式分享給學習夥伴，也可以藉由經常複習，強化對書本（或文章）重點內容的記憶效果。

第 5 節 數字記憶技巧

　　記憶社會科的歷史年代、河流長度等，往往是許多學生的夢魘。沒錯，數字比較難記憶，因為它本身代表量的大小、時間先後，不具有幫助記憶的條件。但我們可以將數字轉化成具像事物來幫助記憶，例如形狀法、諧音法與意義法。西方國家還常用一種英文字母發音法，以英文子音十種發音來代表 0 至 9 十個數字，再由子音的發音搭配母音編成一個英文單字來記憶數字。本節將介紹如何透過形狀法、諧音法、意義法與英文字母發音法來記憶數字。

數字形狀法

　　你聽過幼兒園小朋友琅琅上口唸著「鉛筆一、鴨子二、耳朵三、帆船四、勾勾五」嗎？這個做法是根據阿拉伯數字形狀，聯想它的形狀很像什麼東西。把需要記憶的數字轉化成物品，然後編成一個短故事來記憶。

0 到 9 這十個數字分別可以用形狀類似的物品來代表，如右表是個簡單範例，你還可以發揮想像力，列出更多物品來聯想這些數字。

例如數字 1 可以用竹竿來聯想，數字 11 就是一雙筷子；耳朵可以聯想到數字 3，天上的飛鳥也很像數字 3；數字 5 可用鉤子、輪椅來聯想；數字 7 可以用手槍、枴杖來聯想；數字 9 可用氣球來聯想等。最重要的原則是，這些數字形狀聯想的東西必須跟自己的生活經驗有關，才會比較好運用。

如果要記憶中央氣象局地震查詢電話「2349-1168」，可以想像成「地震發生時，一隻鵝（2）蒙住耳朵（3）跑到帆船（4）上面，點亮檯燈（9），拿出一雙筷子（1）（1）當成雙手，頭頂著櫻桃（6），把自己假扮成雪人（8）」。

要記憶台灣的面積 36,188 平方公里的話，可以想像「地瓜（台灣的形狀）田裡有一隻飛鳥（3）銜著櫻桃（6）放在竹竿（1）頂端，送給兩個雪人（8）（8）。

0	球
1	鉛筆
2	鵝
3	耳朵
4	帆船
5	薩克斯風
6	櫻桃
7	吹風機
8	雪人
9	檯燈

數字形狀法對照表

數字諧音法

買車子要挑車牌號碼，申請電話要挑中意的號碼，不外乎兩個原因，第一是避免唸起來不太吉利，第二就是容易記憶。尤其是第二項「幫助記憶」。

的確，每個數字唸起來的發音會很像某件事物，這個技巧對記憶數字有很大的幫助。大多數人在沒有特別訓練的情況下，也都會使用這個技巧，這就是

數字諧音法。

0 到 9 這十個數字的諧音運用，可以採用華語，也可以是閩南語、客語、粵語，只要自己熟悉並確定即可，但是要避免用一件東西來代表不同的數字。例如「溜溜球（Yo-Yo）」諧音可以代表「669」，但在形狀法的地方，它可以是「0」，也可以是「6」，像這樣容易造成混淆的東西就避免使用。

電視廣告上常見到利用諧音來幫助觀眾快速記住廠商電話號碼。例如幾年前有一個電話號碼是「2882-5252」，諧音很像「餓爸爸餓，我餓我餓」，還有印象嗎？

數字意義法

每個人都有不同的生活經驗，例如生日、結婚紀念日、學號、座號，這些數字對自己而言都有特殊意義，已經牢牢記在腦海裡。當我們必須記憶新數字時，可以去連結已經深植腦海的數字，產生意義，對記憶也相當有幫助。

數字意義法應用在記憶年代日期特別有用。

例如要記憶「中華人民共和國人民志願軍在完成抗美援朝任務後，撤出朝鮮的年代」。對我而言，只要記住是我出生那一年即可，就是 1958 年。而美國、加拿大與墨西哥簽署北美自由貿易協定正式生效是在 1994 年，我在那一年擔任了青商會的會長。

從上述兩個例子可以看出，數字意義法非常個人化，帶有個人感受，也就是因為如此能產生強化記憶的效果。

當然，有些數字代表的意義大家都能理解，例如 1911 是中華民國建國那一年，911 是紐約遭受恐怖攻擊的日子，921 是台灣大地震的日子，以及各個重要的慶典節日。

英文字母發音法

西方國家常用英文子音十種發音來代表 0 到 9 十個數字，再由子音的發音搭配母音及 W、H、Y 編成一個英文單字來記憶。也就是說，用英文子音分別代表 0 到 9；五個母音 A、E、I、O、U 及 W、H、Y 沒有相對應的數字。

數字	子音	數字	子音
0	s，z，輕音 c	5	L
1	d，t，th	6	j，sh，dg，輕音 ch，輕音 g
2	n	7	k，ng，qu，重音 ch，重音 g
3	m	8	f，v
4	r	9	b，p

英文字母發音法對照表

　　例如 Day 代表數字 1，Dad 代表數字 11，Rainbow 代表數字 429。如果有一串數字是「1823282214」，可以寫成這樣一串單字「dove（18） name（23） navy（28） nun（22） tire（14）」，然後編成小故事：「鴿子的名字叫做海軍，旁邊有個尼姑拿著輪胎。」

　　請注意，要背英文並唸出發音「dove name navy nun tire」，不是背中文內容喔！回憶時，根據這五個英文字的發音，就可以正確寫出相對應的數字。但由於使用這個技巧需要具備良好的英語能力，非英語系國家的人應用起來比較困難，普及性也受到限制。

第 6 節 神奇有趣的記憶遊戲

　　在一些記憶課程的招生說明會上，曾經見到有人可以隨意背出 25 項甚至 50 項物品名稱或數字，而且還可以倒著背、從中間任意抽背；有個綜藝節目也曾舉辦記憶金庫密碼的遊戲，能夠記住 10 組密碼的最後優勝者可獲得高額獎金；在沒有看月曆的情況下，只要提到某年某月某日，就有人可以立即回答出那一天是星期幾；一副正常的撲克牌在洗排之後，只要看過一次，就可以按照順序，正確無誤地說出每一張牌的花色與數字。

　　很驚訝是嗎？如果你熟練掛勾法與聯想法，你也可以成為世界一流的記憶高手。參與腦力奧林匹克競賽的選手，包括連續蟬聯美國記憶力競賽冠軍的海格伍德，都是採用同樣的方法來記憶的。

5X5 方格

要如何記住下列 25 項物品？

	1	2	3	4	5
A	牙刷	蘋果	屋頂	枕頭	茶葉
B	寶劍	皮包	青蛙	領帶	櫻花
C	手機	衛生紙	蛋糕	西瓜	斑馬
D	小狗	雞蛋	電腦	太陽	鋼琴
E	筷子	米酒	冰箱	樹根	桌子

方法其實很簡單：先將第一列的五項物品以身體掛勾法記憶，「牙刷」掛在腰部，「寶劍」掛在屁股，「手機」掛在大腿，「小狗」掛在小腿，「筷子」掛在腳底，然後融入五官的感覺，誇張一點地想像：

- 腰部掛著一支「牙刷」
- 屁股被「寶劍」刺一刀
- 大腿褲子口袋放一支「手機」
- 小腿被「小狗」咬了一口
- 腳底踩在長長的一雙「筷子」上面

記住第一列之後，接下來每一行採用故事聯想法。例如 A 行：

> 把一支「牙刷」插入「蘋果」放到「屋頂」上，
> 打開「屋頂」裡面是一個大「枕頭」，
> 「枕頭」裡面塞滿了「茶葉」。

B 行到 E 行，也是以故事聯想來記憶。你將會發現自己的記憶力大幅提升了，這就是有方法跟沒方法的差別。如果是要記憶 25 個數字，只是先把數字以形狀法轉換成物品，用同樣的方法來記憶，你將會發現，原來要記住圓周率小數點之後 25 個位數是易如反掌。

如果要背出從左上 A1 到右下 E5，就是回想第 A 行的第一項、B 行的第二項、C 行的第三項、D 行的第四項、E 行的第五項；如果要背出從左下 E1 到右上 A5，也是同樣道理，就從回想第 E 行的第一項開始，接著 D 行的第二項、C 行的第三項、B 行的第四項、A 行的第五項。

	1	2	3	4	5
A	牙刷	蘋果	屋頂	枕頭	茶葉
B	寶劍	皮包	青蛙	領帶	櫻花
C	手機	衛生紙	蛋糕	西瓜	斑馬
D	小狗	雞蛋	電腦	太陽	鋼琴
E	筷子	米酒	冰箱	樹根	桌子

這個練習對培養往後記憶心智圖內容重點時幫助很大。因為它運用到空間位置（第一列）的記憶，與情節內容聯想（每一行）的記憶訓練。

記憶金庫密碼

早期保險箱、金庫的鎖是一種機械式轉盤，經由旋轉不同方向到不同號碼來開啟安全門。後來台灣有個綜藝節目把它拿來當節目噱頭，讓來賓玩記憶金庫密碼的競賽遊戲，能夠記住十組密碼的優勝者可獲得高額獎金。之後許多記憶訓練也把這個遊戲放到課程中。而要記憶金庫密碼，也可以運用故事聯想或身體掛勾兩種方式。

一、故事聯想法

每一個金庫密碼數字都會搭配一個左邊或右邊的方向，一般而言，機械式號碼鎖不會設計成連續兩個號碼都是同一個方向。因此，只要記住第一個號碼是哪個方向，接下來就只要把號碼透過數字形狀法轉化成物品，再串成一個故事來記憶十個數字。

例如：1. 左 2　2. 右 7　3. 左 5　4. 右 8　5. 左 1

6. 右 7　7. 左 4　8. 右 1　9. 左 6　10. 右 0

聽到第一組號碼「左 2」時，趕緊記住方向，例如左手握拳的方式。接下

來都不要管方向了，開始用故事聯想記憶數字就好。「唐老鴨（2）拿出槍（7）射擊輪椅（5），輪椅上坐著雪人（8）拿著一把劍（1）揮砍一大堆枴杖（7），枴杖被拿去造一艘帆船（4），船上的旗桿（1）上頭掛著櫻桃（6），一口吃掉吐出種子（0）。」

以上是我編的故事，其實最好的方式是自己編，以自己的生活經驗或想像記憶，印象才會深刻。要回憶這十組號碼時，只要記得第一個數字是哪個方向，往後都是左右互相對調，根據故事內容，把方向與數字唸出來。

如果遊戲規則是可以連續兩個數字同一個方向，那麼故事聯想法就不太管用，這時候就必須採用身體掛勾法。

二、身體掛勾法

這個方法應用在記憶金庫密碼上其實很簡單。還記得身體掛勾從腳底到頭頂的十個位置嗎？腳底是第一組密碼的位置，小腿是第二組……，頭頂是第十組。密碼數字轉化成物品之後，根據每一組的方向掛在身體的左邊或右邊即可。

例如：1. 左3　　2. 右9　　3. 右5　　4. 左1　　5. 右7
　　　　6. 右2　　7. 左6　　8. 右1　　9. 左4　　10. 右8

- 左腳底踩著耳朵（3）
- 右小腿綁著氣球（9）
- 右大腿被魚鉤（5）扎到
- 左屁股打針（1）
- 右腰掛著一把槍（7）
- 右肩扛著一隻鴨子（2）
- 左邊脖子夾著櫻桃（6）
- 右邊鼻孔插著鉛筆（1）
- 左眼蹦出一艘帆船（4）
- 右邊的頭上頂著雪人（8）

幾月幾號星期幾？

這能力看起來很神奇，只要知道方法加上一點練習，或許電視新聞都會來

採訪報導你這位記憶神童。

　　首先把身體掛勾擴充成十二個掛勾，腳底到頭頂的十個不變，增加屋頂（第十一）與天空（第十二）兩個。然後拿出今年的月曆，把每個月的第一個星期日是幾號標示出來，再把十二個月中每個月的第一個星期日是幾號，運用數字形狀法轉化成物品，按照月分順序掛在身上十二個位置。

　　例如，2014 年每個月的第一個星期日是：（見 243 頁對照表）

一月 5 日（腳踩著鉤子）

二月 2 日（小腿圍繞一群鴨子）

三月 2 日（大腿也是圍繞一群鴨子）

四月 6 日（屁股大便是一顆顆櫻桃）

五月 4 日（腰抱著一艘帆船）

六月 1 日（肩膀上扛著竹竿）

七月 6 日（脖子掛著櫻桃項鍊）

八月 3 日（鼻孔跑出飛鳥）

九月 7 日（眼睛長出一把槍）

十月 5 日（頭頂被鉤子吊著）

十一月 2 日（鴨子飛到屋頂上）

十二月 7 日（天空許多槍互相射擊）

狀況 1

當日期大於該月第一個星期日的日期時，

（日期 — 該月第一個星期日的日期）÷ 7 餘數即為答案。

注意：若日期減該月第一個星期日的日期之後，差數小於 7 的話，就不需要除以 7 了，差數即為答案。

狀況 2

當日期小於該月第一個星期日的日期時，

（日期 + 7 — 該月第一個星期日的日期）差數即為答案。

記住這一年當中十二個月分每個月第一個星期日是幾號之後，用前面簡單的數學公式就可以算出星期幾了。

接下來隔年的每個月分第一個星期日是幾號，原則上是今年的日期減 1，若碰到隔年是閏年，二月有 29 天的話，從那年三月一直到後年二月的日期都要減 2，三月起恢復減 1。如此四年一個循環，你頭腦清晰一點的話，想推算到哪一年都沒問題。

	一月	二月	三月	四月	五月	六月	七月	八月	九月	十月	十一月	十二月
2014	5	2	2	6	4	1	6	3	7	5	2	7
2015	4	1	1	5	3	7	5	2	6	4	1	6
2016 閏年	3	7	6	3	1	5	3	7	4	2	6	4
2017	1	5	5	2	7	4	2	6	3	1	5	3
2018	7	4	4	1	6	3	1	5	2	7	4	2
2019	6	3	3	7	5	2	7	4	1	6	3	1
2020 閏年	5	2	1	5	3	7	5	2	6	4	1	6
2021	3	7	7	4	2	6	4	1	5	3	7	5
2022	2	6	6	3	1	5	3	7	4	2	6	4
2023	1	5	5	2	7	4	2	6	3	1	5	3

年分與每月第一個星期日的日期對照表

撲克牌記憶

一副撲克牌在洗牌之後，如何只看過一次，就可以按照順序，正確無誤地說出每一張牌的花色與數字呢？

技巧其實很簡單，但沒有經常練習還是不容易做到。首先是把五十二張撲克牌分別轉化成五十二個具體事物的英文名稱，然後再配合身體掛勾法與故事聯想法來記憶。

五五十二張撲克牌是以該花色的第一個字母，例如黑桃全部以「S」、紅心以「H」、紅磚以「D」、梅花以「C」為英文單字的開頭，再配合每張牌

	Spades 黑桃	Hearts 紅心	Diamonds 紅磚	Clubs 梅花
A	seat 座位	hut 茅舍	daddy 老爸	cot 嬰兒床
2	son 兒子	hen 母雞	dune 沙丘	can 罐頭
3	sumo 相撲	home 家	dam 水壩	cameo 浮雕寶石
4	serai 駱駝商隊客棧	hair 頭髮	durra 高粱	car 汽車
5	sail 航海	hill 小山	doll 洋娃娃	cell 細胞
6	sage 聖人	haji 朝聖回教徒	dish 盤子	cosh 防身拐杖
7	saki 日本清酒	hook 掛勾	duke 公爵	cock 公雞
8	sofa 沙發	Hive 蜂窩	dive 潛水	coffee 咖啡
9	soup 湯	hip 髖關節、臀部	dope 笨蛋	cap 帽子
10	sissy 女孩子	hose 水管	doze 瞌睡	case 盒子
J	State 美國（州）	hothead 暴躁的人	deadwood 枯木	cadet 軍校
Q	satan 惡魔	Heathen 異教徒	dudeen 陶瓷煙斗	cotton 棉花
K	Spades 黑桃	Hearts 紅心	Diamonds 紅磚	Clubs 梅花

五十二張撲克牌的編碼

的數字，以字母發音法來編碼。數字 10 以 0 來取代、13 老 K 以本身花色名稱來代表。編碼時特別要注意盡量以名詞為主，而且越具體越好，除非實在編不出合適的名詞單字，才使用動詞、形容詞或副詞。

　　熟悉這五十二張牌所對應的英文單字之後，接下來就是運用身體掛勾與故事聯想的技巧了。在掛勾的位置與數量上，建議在身體左右邊各選九個，也就是總共十八個，把五十二張牌加上兩張小丑牌（俗稱鬼牌或百搭牌），每三張分成一小組，第一、第四、第七、第十……、第四十九、第五十二張牌以身體掛勾方式掛在身體上設定好的十八個位置。每一組的三張牌從掛在身體那一張開始編一個短故事。

　　例如出牌順序如下：

1. 紅磚 5　2. 梅花 4　3. 梅花 8
4. 黑桃 6　5. 紅磚 10　6. 小丑牌
7. 梅花 Q　8. 紅心 5　9. 黑桃 8

- 把第一張紅磚 5（doll）掛在腳底，聯想腳底踩著那個 doll 開著 car 去喝 coffee（洋娃娃開著汽車去喝咖啡）
- 把第四張黑桃 6（sage）掛在小腿，聯想 sage 抓著小腿在 doze 夢到 joker（聖人打瞌睡夢到小丑）
- 把第七張梅花 Q（cotton）掛在大腿，聯想大腿上一大坨 cotton 像座 hill，拿它做成 sofa（棉花像座小山，拿它做成沙發）

　　餘此類推，就可輕鬆記住五十四張牌的順序內容了。別忘了要運用記憶的重點技巧，融入五官的感覺，讓腦海中鮮明地浮現故事情境畫面。

15
論文寫作的應用

在國家文官學院的訓練課程中，「問題分析與解決」單元強調培養生手變成專家，方法就是閱讀、討論與寫作。閱讀讓思考更廣博，討論讓思考更敏銳，寫作讓思考更周延，這也是大學教育、研究所要求學生撰寫畢業專題、學位論文的目的之一。

然而論文寫作真的很容易讓人頭疼，除了找題目、做研究、掌握研究方法之外，從發想構思到下筆書寫，許多正在寫學術論文的學生都會發現，儘管中文天天使用，作文從小寫到大，卻越寫越不清楚。許多學生辛辛苦苦寫了一大堆，卻被指導教授刪除一大半，並要求再補充一些資料，或是論文的邏輯結構連自己都說不清楚。

實踐大學李慶芳教授指出，要從事研究工作，學習者必須先建構自己的知識體系，它就像是一個書櫃，在我們的腦中建立一個有結構的圖形概念，並以心智圖建構研究的脈絡架構。往後不論是閱讀文獻或者與人交談，即可將吸收的知識置入自己的心智圖知識體系。

第 1 節 構思研究架構

本體論、實踐論、知識論與方法論，在論文的研究思考與寫作過程中是息息相關且環環相扣。用「心智圖」思索建構研究的本體關懷、具體實踐、知識基礎與背景脈絡，是一種很好的選擇。心智圖法的圖像式思考強化主題印象，

也容易由直覺而產生更多寫作的靈感。

　　首先將論文核心的概念擺在中央做為思考的起點，並在外圍列出與核心相關的問題，這樣可以使研究者清楚研究主題思考的範圍，進而從核心張開觸手，延伸到其他領域。運用心智圖法，以一個知識點為基礎，逐步以連結的方式增加寫作思考的深度與廣度。

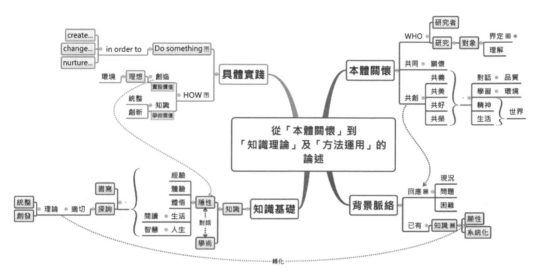

從本體關懷、具體實踐、知識基礎與背景脈絡做為構思論文的起點

　　從上面的心智圖中，研究者很清楚地從一個頁面中掌握了「本體關懷」、「知識理論」及「方法運用」的相關論述。每一個支幹上的概念都可以再度發展出一個新的心智圖，以它為中心擴展出更多、更有創意且有結構的想法。

　　例如從「本體關懷」中「研究對象」的「界定」，發展出 248 頁上圖，兩者之間做出雙向超連結，點選「界定」這個支幹的「Ｃ」符號，可連結到「研究對象界定」這張心智圖的中心主題；點選中心主題的「Ｔ」符號，又可超連結回到「界定」這個支幹。

　　而從這張心智圖，逐步以 248 頁上圖的方式，發展完成「本體關懷」、「具體實踐」、「知識基礎」與「背景脈絡」所有必須考量的內容，接下來就可清晰梳理研究的概念與脈絡，發展出論文章節架構的心智圖。

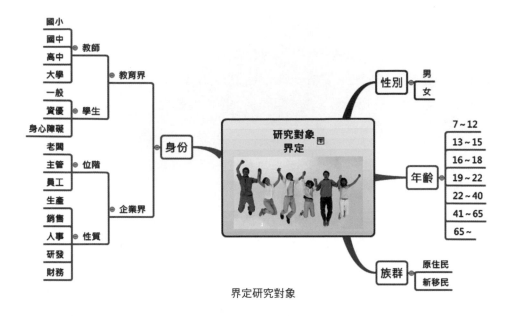

界定研究對象

　　從前頁心智圖中的「背景脈絡」—「回應」—「現況、問題與困難」超連結到下圖的主幹「研究」；前頁圖中「已有」的「知識」則超連結到下圖的主幹「文獻探討」；前頁圖中「Do something in order to⋯」則超連結到下圖的支幹「研究」—「目的」。餘此類推，逐步將論文各個章節內容建構起來，特別是提出研究計畫時，必須完成的第一、二、三章。

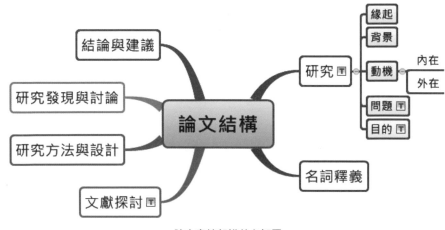

論文章節架構的心智圖

第 2 節 文獻資料的整理

　　論文寫作時應用心智圖法整理文獻資料，技巧與第 12 章第 4 節提到的「主題式的資料蒐集整理筆記技巧」相似。我們先根據研究主題衍生出來的動機與目的去探討相關知識，來支持研究的進行與發展。

　　舉例來說，心智圖的中心主題是論文的「第二章文獻探討」；主幹則是第二章所要探討的各個主題，也就是這章當中的各「節」；主幹之後的第一階支幹是各節的次主題或標題；接著再根據次主題或標題去閱讀相關文獻，並把有意義、有價值的重點內容，整理到心智圖相關的支幹下。

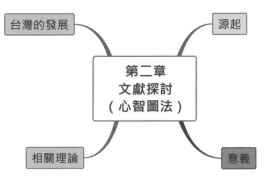

論文第二章「文獻探討」架構

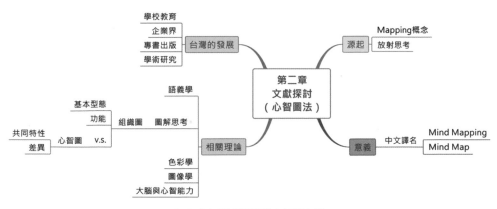

加入次主題或標題的心智圖架構

　　以心智圖先把「文獻探討」的基本結構與內容重點，以關鍵詞方式整理出來，可以讓研究者或指導教授清楚看出思緒理路是否清晰，邏輯結構是否合理、順暢，內容是否完整。若有必要增補或刪減內容也會很容易。

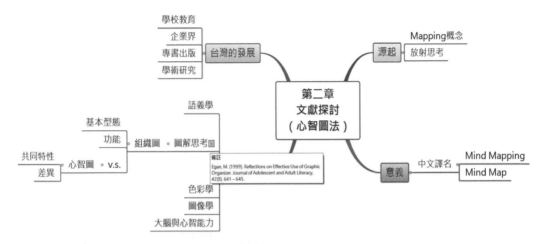

在支幹的備註欄加上已知的文獻資料

　　若有已知的文獻出處，可在支幹備註欄上先行加註。架構清楚了，接著再以整理文章筆記的心智圖技巧，以關鍵詞的方式有系統、有結構地探討，整理出不同學者的意見。最後依據心智圖的樹狀結構，書寫成文書格式，每個小主題書寫完畢後，再從該小樹狀結構是探討了哪些學者的文獻，按照論文要求的「文獻引用」格式加註，並將出處來源以論文規定的格式（例如 APA 格式）書寫到「參考文獻」中。

　　以心智圖先整理文獻再書寫有其優點，書寫出來的內容不會像是剪貼簿。因為心智圖不但能統整同一主題不同學者的相同看法，也能對照出不同的意見，研究者本身也能在進一步消化吸收文獻中的精華之後，以自己的方式統整表達，以繼續後續研究。

16
讀書會的應用

台灣師範大學社會教育學系林振春教授套用金庸的武俠小說指出，學習有三大方法，分別是：獨孤求敗、吸星大法與紫霞神功。獨孤求敗的學習方式如同升學主義之下的莘莘學子，上課專心聽講，下課專心背教科書，班上同學都是競爭對手，一心一意追求勝利，如果有人能打敗他，他便向這個人學習，直到有一天讓他超越得勝便揚長而去，挑戰另一個高峰。吸星大法是同伴之間互動學習，因為每一個人都有獨特的經驗、背景、觀點與價值觀，透過彼此交流，可以擴展視野和看事情的廣度。紫霞神功是在無人或無書的情況下學習，也就是「無字天書」的學習模式。

讀書會活動就是一部學習的無字天書，參與讀書會不僅可以學習到書本中的知識，學習到讀書會夥伴的經驗，更可以從讀書會帶領人身上領悟出更多智慧，還有讀書會的籌辦過程，也都有許多值得學習的地方。本章將先闡明讀書會的意義與功能，接著進一步說明心智圖法在讀書會的運作模式。

第 1 節 讀書會的意義與功能

推廣社區學習與讀書會不遺餘力的林振春教授與陽昇教育基金會執行長詹明娟在《悅讀讀書會》一書中詳盡解說讀書會的意義與功能，茲簡述如下：

1. 一種新社會的學習型態：以個人的學習興趣為出發點，在沒有任何人強迫下選擇自己喜歡的時間、地點、書籍、朋友來學習。

2. 一種新時代的學習需求：身處在知識爆炸與知識半衰期縮短的時代，終身學習的重要性不言可喻，讀書會不像學校教育受到教條約束，可以隨著時代的變化，彈性調整學習內容與方式。

3. 一種新世紀的學習方法：一群學習需求相近的夥伴，自動自發地組織讀書會，經由成員之間的互動與分享來增進智慧，學習方法有別於傳統。

讀書會的目的

讀書會的成立與存在有其目的，不過成立的動機有千百種，目的也不會只有學習成長一項。讀書會的帶領者可將目的區分為：（1）文章品賞；（2）知識統整；（3）工作實務精進；（4）自我成長；（5）加強思考能力；（6）以書會友；（7）專業學習；（8）帶動營造書香社會。

讀書會的特性與功能

讀書會是一種貼近時代學習潮流，適應現代人學習需求的學習策略。因此讀書會的特性與功能有：

一、一種新的學習組織

彼得聖吉提出的五項修練不僅適合組織學習，也適用於讀書會的經營：建立團體的共同願景；不斷超越自我；改變心智模式；建立團隊學習；進行系統思考。

二、一種新的學習策略

讀書會不是傳統學校班級方式的學習團體，因此可以採用有別於傳統的學習策略，例如：

（一）從嘗試錯誤中學習：教育家杜威曾經說過，從實作中學習是最有效的學習方式。從實作中領悟，修正所學。

（二）師徒制的學習：從模仿中學習。

（三）經驗式的學習：向讀書會的帶領人、同儕學習經驗，自己也在參與中累積經驗。

三、一種新的生活方式

讀書會是一種融入日常生活的學習方式，具有下列三種特色：

（一）生活就是學習，學習也是一種生活。

（二）是一種「學習如何學習」的生活哲學。

（三）講求民主開放、平等互惠、自主自動的精神。

　　讀書會是因應新時代需求的一種生活方式，其目的也因人、事、地而有差異。在學習過程中可謂是自主學習的最佳寫照，它也是一種有效的學習策略。心智圖法可以運用在讀書會的書籍閱讀、整理內容重點、記錄、規劃、分析、教學準備與書籍導讀。下一節將進一步說明如何在讀書會運用心智圖法。

第 2 節 在讀書會運用心智圖法

「五、六、七、八」四項心智學習

　　林振春、詹明娟指出，心智圖法在讀書會的應用有「五個層次的問話與思考」、「六頂思考帽的應用」、「七個 W 來解讀文章」、「八大智能的多元智慧」，簡稱為「五、六、七、八」四項心智學習。

一、五個層次的問話與思考

　　從文章當中：

（一）看到什麼？聽到什麼？

（二）聯想到什麼？感受到什麼？

（三）檢視到什麼？

（四）收穫及整理到什麼？

（五）可應用到哪裡？

二、六頂思考帽的應用

　　以狄波諾提出的六種思考面來檢視重點及相關數據（白帽）；閱讀的感受與揣測作者意圖（紅帽）；針對內容正向思考，肯定論點的適用性、意義與價值（黃帽）；質疑文章內容的繆誤或矛盾（黑帽）；詮釋文章題材，探討延伸的閱讀（綠帽）；整合所見所聞，擷取並整合不同帽子所引發的想法，做出總

結與決策（藍帽）。

三、七個 W 來解讀文章

（一）WHY：作者撰寫本書的目的何在？我為何要閱讀這本書？

（二）WHAT：本書的目錄內容有哪些？整體結構與主要議題是什麼？哪些是我需要理解、記憶的？

（三）WHO：情節中的主要人物、角色、特質與關聯性？此書適合哪些人閱讀？

（四）WHEN：書中的時空背景、年代、歷史，什麼時候我可以運用書中所學？

（五）WHERE：文化、環境因素及空間造就了哪些情節發展？書中提到哪些重要的地理位置？

（六）HOW：作者是如何展現筆法？如何描述因果關係與呈現邏輯？我要如何應用書中所學？

（七）WHICH：找出書中的關鍵要點，分析其觀念的可行性，並評估自己閱讀的成效與應用領域。

四、八大智能的多元智慧

以八大智能的語言、邏輯數理、空間視覺、音樂、人際關係、自我反省、肢體動覺與博學為檢核項目，找出書本中對自己有意義的部分。

KMST 讀書會學習法

一本書的閱讀與分享要如何進行，才能進一步達到讀書會的目的？本書所提出的 KMST 學習法值得參考。進行方式如下：

一、還未閱讀書本的內容之前，在讀書會帶領人引導下，先思考書名、章節目錄，並彼此分享針對該主題已經瞭解多少？如果你是作者，會寫出哪些重點？將個人想法以重點摘要心智圖列出來，每個人輪流報告時，指派專人負責將大家所說的內容匯整成一張「背景知識」的團體心智圖。

二、快速瀏覽整本書，特別留意內容的結構與標題、圖表等。如果看到有不懂的地方、重要的資訊，先不要停下來思索，只要在這個頁面貼張標籤，提

醒自己這裡有需要回頭細讀的內容即可。繼續快速把內容看完。

三、思考一下作者想要表達的重點是什麼？我們為什麼要讀這本書？從這本書當中可以學到些什麼？以心智圖列出你的學習目標，並與其他讀書會成員分享你的心智圖。這時也要指派專人負責將大家提出的學習目標匯整成一張「學習目標」的團體心智圖。與第一階段完成的「背景知識」個人與團體心智圖做比較，看看哪些是還未閱讀書本內容之前就已經知道的知識。這步驟屬於 7W 的 WHY 與 WHAT，以及六頂思考帽的紅帽與白帽。

四、再次快速瀏覽整本書，這時把重心放在出現符合學習目標的章節段落。

五、在仔細閱讀文章時，符合學習目標的內容或第二步驟中貼標籤的艱澀難懂章節、段落，以邏輯結構的方式用螢光筆或色筆標示出關鍵詞。

六、以心智圖軟體將標示出的關鍵詞內容整理轉化成結構清晰、易懂易記的心智圖學習筆記。第四、五、六步驟屬於 7W 中的 WHAT，以及六頂思考帽的白帽。

七、以團體對話方式模擬邀請作者參與座談，進行溝通討論，檢視心智圖的內容是否滿足原先預期的學習目標，在這本書當中有遺漏哪些內容？或是從其他哪些書籍可以獲得解答？如有必要，做出局部調整與增修。這步驟屬於六頂思考帽的綠帽。

八、以整理好的心智圖學習筆記，用自己的表達方式將書中重點內容與自己將如何應用所學分享給讀書會的學習夥伴。這時也要指派專人負責將大家所提出的重點內容與實務應用分別匯整成兩張「內容重點」與「實務應用」的團體心智圖。

根據「內容重點」與「實務應用」的團體心智圖，讀書會成員自由發表意見，包括對內容的批判、文章的價值、給作者與讀書會夥伴的建議、自己的心得與啟示等等。在這個步驟可以靈活套用「五、六、七、八」四項心智學習的各個檢核構面來做深度思考。

17
創新思考與管理

　　創新來自於創意，創意來自於創造力，創造力包括了流暢力、變通力、精進力、獨創力與敏覺力，運用創造力產生新的、不一樣的、有價值與可被接受的創意想法，接著經由企劃力與執行力，將創意落實成創新。

　　身處二十一世紀競爭劇烈的知識經濟時代，核心資本與競爭力已從早期的土地、機器、人力轉為腦力，尤其是充滿創意的金頭腦。哈佛大學教授克里斯汀生與戴爾、葛雷格森、佛斯特（Clayton M. Christensen, Jeff Dyer, Hal Gregersen & Mel Foster）在《創新者的DNA》一書中指出，培養創造力、產生創意來落實創新的五大技巧之一，即是聯想。心智圖法是一種強調發揮想像力進行聯想的思考模式，我的論文研究也顯示，融入心智圖法的創造力培訓方案能有效提升語文創造力中的流暢力、變通力與獨創力，以及圖形創造力的精進力。

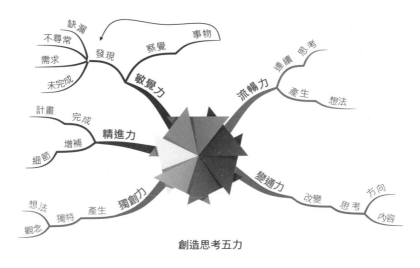

創造思考五力

　　以下將說明心智圖法在腦力激盪、工作企劃、創意標語、會議計畫、行銷企劃、時間管理、生涯規劃、創意自傳、履歷表、檢核表、備忘錄及創意賀卡的應用技巧。

第 1 節 「世界咖啡館」腦力激盪

世界咖啡館的意涵

　　世界咖啡館（World Café）是由未來學學會（The Institute for the Future）研究專員布朗（Juanita Brown）與德州大學 EMBA 副教授艾薩克斯（David Isaacs）共同發起的策略性匯談模式，也是《第五項修練》作者管理大師聖吉（Peter M. Senge）推崇的新學習法，是一種適用於創新歷程、知識創造、策略規劃、深度匯談、轉型變革的腦力激盪法。

　　世界咖啡館有七大運作原則，分別是：

一、為背景情境脈絡定調：先釐清匯談的目的，為對話範圍定好界線。

二、營造宜人好客的環境空間：營造一個舒適、有安全感的環境，讓參與匯談的成員能處在放鬆心情、相互尊重的情境下。

三、探索真正重要的議題：大家共同把專注力集中在幾個關心的議題上，以便集思廣益。

四、鼓勵大家踴躍貢獻自己的意見：每一位參與的成員都能全心投入討論，活化「個我」和「群我」之間的關係。

五、不同觀點之間的交流與連結：除了聚焦在核心議題之外，也要加強各個觀點之間的連結關係，發揮充滿生命力的系統動力。

六、仔細聆聽他人的觀點與更深層的問題：集中所有的注意力，共同孕育，細心培養，以不同方式分享並表達個別的想法，凝聚深層的共識，找出觀點思想的連貫性。

七、分享並記錄大家的心得：呈現集體智慧和真知灼見，並付諸行動。

　　除了七大原則之外，世界咖啡館也強調在進行過程中要活潑有趣、不疾不徐地盡情塗鴉，除了桌長之外，其他成員還可以在不同組之間做意見交流。

心智圖法在世界咖啡館的角色與功能

　　由於我們的大腦傾向放射性、跳躍式思考，在世界咖啡館的腦力激盪中，心智圖法的樹狀結構與網狀脈絡能讓我們在輕鬆愉快的氣氛下，隨意在不同主題、概念之間貢獻想法，最後產出的結果又不失邏輯結構。在討論過程中，將想法透過塗鴉的圖像、色彩來表達對概念想法的感受，對營造友善氣氛與激發創意有正面影響力。

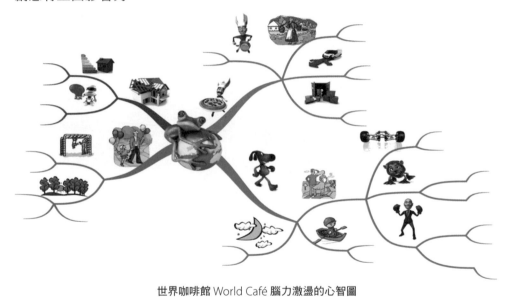

世界咖啡館 World Café 腦力激盪的心智圖

以下是融入心智圖法的世界咖啡館匯談步驟與原則：

1. 在白色海報紙的中央，根據匯談的主題與目的畫出一個彩色圖像。
2. 從界定好的幾個對話範圍主題中，以與每個主題意涵較貼切的顏色畫出若干條由粗而細的主幹線條，並在線條上以同樣顏色寫出主題名稱。
3. 內容結構是要採用邏輯聯想還是自由聯想，由主題目的來決定。
4. 為求放鬆心情，階層結構可以不用刻意講究嚴謹的邏輯分類。

5. 成員開始發表意見的時候，幫忙把意見想法填到心智圖適當的位置。可以是自己，也可以由另外一位成員來做。

6. 線條上的文字盡量以一個語詞為原則。

7. 除了文字之外，盡量在自己認為較關鍵的想法上（不論是自己的或他人說的），加上與內容產生聯想的彩色圖像。

每一回合匯談結束，各組成員分別到其他不同組別時，桌長用心智圖法做簡報，為新成員說明該組剛才討論到哪些大主題，每一個大主題之下又有哪些中主題、小主題以及詳細內容。心智圖可以讓新加入的夥伴很快地瞭解剛剛這組討論的內容，以便接下來有效率地貢獻自己的意見與想法。

世界咖啡館融入心智圖法的匯談意見交流模式，不斷更換組別座位，這些都能減低成員固執己見的情況發生。換句話說，這是一種用對話找答案，用心智圖統整想法與激發創意的集體創造力思考方式。最後產生出問題意識，以自己的關懷或組織部門的任務尋找出創意的構想。

以心智圖法進行世界咖啡館所產出的創意構想

第 2 節 7R 創新企劃

　　5W2H 的思考模式可被許多不同領域採用，例如寫作文可以根據題目以 5W2H 來建構大綱，採訪新聞事件用來蒐集重要資訊，工作計畫當然也可以用 5W2H 來構思。但是為何許多以 5W2H 所寫出來的企劃案，常常被老闆痛罵一頓、被客戶退件？理由不外乎「不符合需求」、「不是我們想要的」、「毫無創意」等。

　　那麼該如何做才能滿足老闆、客戶的需求，才會有創意呢？畢嘉台的論文研究指出，同樣採用 5W2H 指引思考方向，但融入了埃森哲（Accenture）極致流程訓練計畫創辦人夏碧洛（Stephen M. Shapiro）提出的 7R 思考法，結合圖解思考工具心智圖法或曼陀羅九宮格，對提升創新企劃所必備的創造力會有顯著成效。

　　所謂的 7R，是由七種潛在變化組成的架構，包括重新思考（Rethink）、重新組合（Reconfigure）、重新定序（Resequence）、重新定位（Relocate）、重新定量（Reduce）、重新指派（Reassign）、重新做法（Retool）七個步驟，其意涵分別對應到 5W2H 的 Why, What, When, Where, How many（much）, Who, How。但 7R 特別強調的關鍵概念在於「重新（Re）」，也就是從 Why, What 到 How 的每一個步驟都要先發散出各種可能性，再收斂出具有可行性的項目。

　　夏碧洛指出，在我們常用的思考技術中有一項叫做「形態分析」，它是先從 7R 中挑選部分或全部項目，並針對每個有可能解決問題的「Re」提出各種建議意見，然後再隨機摻雜或搭配不同的 7R 組合。

　　5W2H 是邏輯思考的首部曲，也是專案管理在定義工作範疇的思考面向，順序是先從目的（Why）開始，再根據目的來列出工作內容（What），然後根據目的、內容來決定時間（When）、地點（Where）、人員（Who）、經費（How much）與執行方式（How）。

　　5W2H 的 7R 思考模式能讓我們跳脫習慣領域的限制，在重新思考、檢視每一個項目時產生全新的創意。例如我們想重新利用國小的閒置教室，於是開

始重新思考教室可以做什麼用途，在諸多用途當中收斂選出「圖書館」與「音樂廳」，接著從閒置教室做為「圖書館」與「音樂廳」需要哪些設備再重新組合，然後重新思考它的定位、重新規劃開放時間，以及重新思考經費多寡、開放對象與工作人員，最後再重新思考執行方式。本案例中的主題是很明確的一個地點「教室」，因此要思考教室該如何「重新定位」。如果 7R 主題是其他非關地點的議題，例如「尾牙活動」，那麼「重新定位」就是思考尾牙場地可以有哪些選擇。

夏碧洛認為，在組織中實施創新固然有些地方難以掌握，但也不像閃電一樣純粹碰運氣。唯有先管理好流程的互動因素，才能促進與鼓勵創新。心智圖法應用在 7R 創新企劃最關鍵的是第一與第二步驟，也就是重新思考與重新組合這兩階段。重新思考階段盡可能發想各種可能目的，包含既有目的、借用其他場合的目的、創新的目的等皆可收納進來，然後收斂出這次的目的想要採用的項目。接著根據選定的目的，重新組合符合目的的內容組合，也就是經由擴散思考盡可能把各種內容項目列出來，然後再次收斂出符合目的需求的項目。

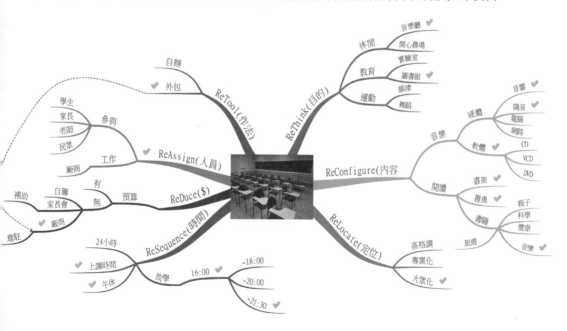

7R 創新企劃心智圖：閒置教室再利用

第 3 節 專案管理的創新思維

　　許多專案規劃人員常被專案管理不斷滾動的流程與錯綜複雜的關係，搞得頭痛不已。常常因為忽略了某個重要細節，使得專案進度落後或整個觸礁；或是因為沒有考慮到某些潛在風險，導致整個專案宣告失敗。美國華盛頓大學的布朗教授與范德堡大學的海爾教授共同指出，這是因為許多規劃人員在思考專案時會立刻跳到執行細節，這與大多數人均偏向左腦思考，以及受限於過去習慣領域使然。

　　如果要平衡運用左右腦，布朗與海爾建議大家可以運用專案管理的利器：心智圖，因為心智圖可以激發更多創意與直覺，讓專案一開始的時候就有更周延的思考和更有效的選擇。

　　一提到專案管理，大多數人就會想到美國專案管理協會提出的五大流程與十大知識領域，以及 PERT 計畫評核術（Program Evaluation Review Technique）、CPM 要徑管理（Critical Path Method）或甘特圖（Gantt Chart），卻常常以失敗收場。這時候就必須在專案管理的過程中導入新思維、新工具，也就是布朗與海爾建議的心智圖法。

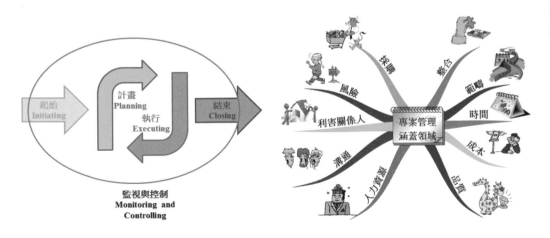

專案管理五大流程　　　　　　　　　　專案管理十大知識領域

運用心智圖法激發隱藏的創意

　　一般人都很熟悉條列式的大綱思考，心智圖法也是經由關鍵詞與樹狀結構、網狀脈絡運用到類似大綱的層次結構，還加入了色彩與圖像。因此，運用心智圖法的優點是：

一、全腦思考：心智圖法不僅在結構上比傳統條列式的腦力激盪模式嚴謹許多，而且運用色彩、圖像能觸發更多想像力、創造力，是一種全腦思考模式。

二、見林又見樹：運用心智圖法可以讓我們從一開始啟動專案時，就能看清楚各個領域的大方向，釐清錯綜複雜的關係。

三、彈性的結構：使用心智圖軟體來進行專案初始的腦力激盪，由於用軟體繪製心智圖可以隨時調整內容結構，因此可以更有效地達到腦力激盪的原則：只求想法的數量，暫不涉及邏輯順序，等大部分想法都呈現出來之後，再根據 CHM 分類與階層法原則，組合成合乎邏輯的結構。反觀線性思考的條列大綱，一開始就得進入嚴謹的結構，否則天馬行空容易離題，但這也限制了想像的空間。

四、靈思泉湧：心智圖法強調每一個線條上只寫「一個關鍵詞」，讓腦力激盪很容易找到「搭想法便車的月台」，創造出可以增補的細節，然後再設法和其他項目連結。運用這種方式，就算平常會議中較木訥寡言的成員也可以有所貢獻。

五、樂在工作：高雄師範大學成人教育研究所的余嬪教授指出，「玩興」不只帶來樂趣，也有助於打破成規、放鬆身心與創造表現。心智圖法鼓勵參與的團隊成員多多運用色彩、圖像，過程就像在遊戲，可以激發參與者的熱情。換句話說，心智圖法是一種有趣的腦力激盪，可以激發專案團隊成員積極投入，帶動團隊活力動能。

運用心智圖法定義專案

　　採用線性的條列大綱會很容易直接想到以前的經驗模式，而忽略了還可能會有哪些不一樣的選擇。透過心智圖法，運用水平式的思緒綻放聯想，能對定義專案內容激盪出更多選項，產生更有效率的解決方案。龍華科技大學管理

學院自 2008 年起將心智圖法導入教學課程，每年學校舉辦的「創新與創業競賽」，學生構思產品創新或創業計畫的專案，都是採用心智圖法。

例如「年終尾牙」的活動，用傳統條列大綱大概就是寫出「吃大餐」、「歌唱表演」、「摸彩」而已。但如果採用心智圖法，根據 CHM 分類與階層法的原則，當腦袋出現「吃大餐」的想法時，會補上一個「食」的上位階，並把「吃大餐」分成「吃」與「大餐」兩階，從「吃」可聯想到「素食」；腦袋出現「歌唱表演」時會加入「樂」的上位階，也把「歌唱表演」分成「表演」與「歌唱」兩階，相信從「表演」上，你一定有很多的聯想，同時把「摸彩」放在「樂」的下位階。這時就會想到與「食」、「樂」同位階的還會有「衣」、「住」、「行」、「育」等類別。從「衣」又可聯想到當天參與尾牙的同事可以來一個「童話」、「文藝復興」、「未來世界」的服裝秀。從「育」也可以透過當天的菜色，指導同事健康飲食。

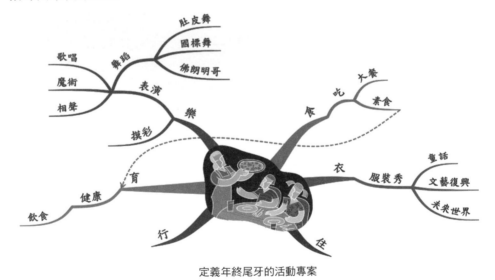

定義年終尾牙的活動專案

運用心智圖法規劃專案

不少資深專案經理的困擾是覺得徒弟難教，要跟他解說清楚，不如自己做比較快，但這樣又會累死自己。其中有一個重要關鍵因素：過去多年累積下來的經驗教訓，或稱隱性知識，很難用三言兩語表達清楚。不過龍立偉的論文研

究則顯示，如果能善用心智圖法的優點與特色，透過工程專案知識管理建置流程與步驟，並利用心智圖之水平思考和垂直思考等聯想技巧，能有效協助工程師將個人內隱的知識與經驗轉換為顯性知識，這將有利於專案規劃管理的每一個流程，善加利用過去的經驗教訓做為新專案的參考依據。

布朗與海爾也指出，規劃專案「任務結構分解」（Work Breakdown Structure, WBS）時非常適合使用心智圖法，因為可以讓專案成員專注於專案的目標與目的，鉅細靡遺地列出每一個知識領域的細節。美國克洛斯溫德（Crosswind）專案管理公司出版的《國際專案管理師認證考試準備大全》，在每個單元之後都要附上一張以心智圖整理的內容重點，幫助學員釐清專案管理複雜的關係。台灣專案管理培訓課程的講師在上課時，除了採用美國的標準教材之外，也會輔以心智圖整理的補充講義。因為唯有清晰的思緒，才能理解專案管理每一環節的意涵與彼此關係，專案規劃才有可能縝密。

心智圖軟體應用

美國專案管理協會（PMI）將專案管理分為五大流程、十大知識領域，在每個流程中都有不同的知識領域任務必須執行（266頁上圖）。為方便專案執行人員釐清每個階段分別該做哪些事情，我們可以用心智圖軟體建立基本架構為範本，以後接手專案時，以這個檔案的心智圖當作思考的起點。例如在起始階段有兩件事必須完成，分別是「整合管理」的「發展專案章程」與「利害關係人管理」的「辨識利害關係者」（266頁下圖）。從「辨識利害關係者」又可發展出一個下位階的心智圖，並與這個支幹做超連結。其餘各階段做法皆相同，如此便能很有結構地將專案內容層層發展下去。

然而有些小專案需要考慮的內容並不多，因此不見得需要正式專案管理的模式，讓架構看起來如此複雜，但仍然可以採用十大知識領域做為專案計畫思考的起點。先從「範疇管理」的5W2H來著手（267頁上圖），進一步內容則另外建立並超連結到一張下位階的相關主題心智圖；「成本管理」則超連結到一個Excel檔案；「人力資源管理」則另建並超連結一張組織圖架構的檔案；「風險管理」中的「風險分析」則另外建立並超連結到一張向右魚骨圖結構的

下位階「讀書會風險分析」（右頁中）；從風險分析圖中，我們再根據關鍵因素分別建立風險對應，也就是解決風險的計畫。例如針對「員工遲到」再建立並超連結到一張向左魚骨圖結構的下位階「員工遲到解決方案」（右頁下）。

　　心智圖法在專案計畫的功能，就是能讓專案經理掌握不同流程階段中，不同知識領域之間的上下垂直從屬關係，以及橫向連結的相互影響關係，應用心智圖軟體的超連結功能，有助於掌控專案管理的流程脈絡與釐清複雜關係。

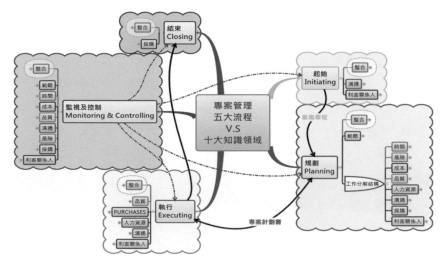

專案管理五大流程中十大知識領域的任務（＊大圖請看 331 頁）

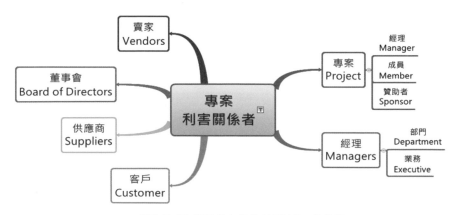

專案管理起始階段中「利害關係者」的辨識

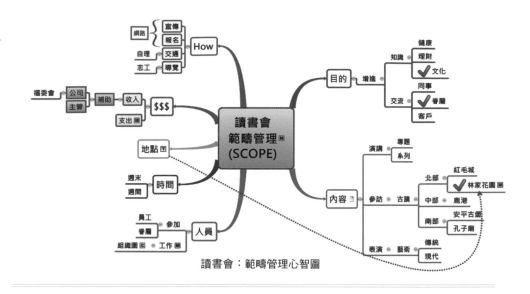

讀書會：範疇管理心智圖

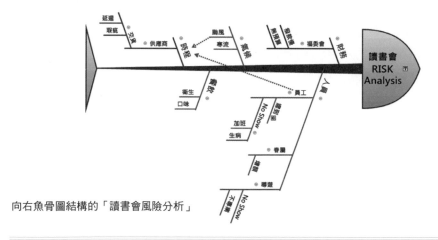

向右魚骨圖結構的「讀書會風險分析」

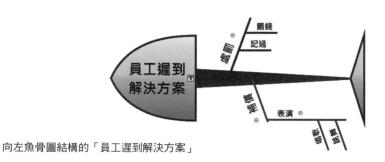

向左魚骨圖結構的「員工遲到解決方案」

第 4 節 創意標語

　　一項產品、一個活動，甚至企業形象，總是少不了標語來加深大家的印象，例如 NIKE 運動鞋的「JUST DO IT」、中國信託商業銀行的「We are family」、遠傳電信的「只有遠傳沒有距離」、上海世界博覽會的「城市，讓生活更美好」。這些創意標語的產生，過去都被認為是具有創意天分的人獨有。然而透過心智圖法，你也可以輕鬆想出許多出人意表的好點子。

　　標語就是用最簡短的文字，表達事物的特性、優點與內涵。基於這些特性，標語除了要有吸引人的詞藻外，還得具備差異性。為達此目的，運用心智圖法就要在階層結構中的每一階層，盡量多一點水平式思考的點子；以自由聯想為產生點子的方法。方法步驟與原則如下：

1. 手繪方式為佳：使用電腦軟體會讓我們的大腦處於制式狀態，輕鬆活潑的手繪塗鴉讓人比較容易進入有助於創意發想的情境。
2. 根據題目在紙的中央畫一個彩色圖像。
3. 一開始就採用自由聯想，從中心主題產生第一階概念，或第一、二階採用邏輯聯想，但第三階以後就全部自由聯想。
4. 心智圖中的每一個概念盡量採用水平思考，這樣可以擴張思考的廣度；採用自由聯想可以突破僵化與傳統的限制，產生出人意表的概念。
5. 在聯想過程中，若因為某個關鍵詞觸動了靈感，請趕緊在另外一張紙上寫下初步標語的概念，以待之後重新組合或修改。
6. 最後再著手修改、精簡已經產生的初步標語，或者跟其他句標語合併成新的標語。

　　為了幫心智圖法想一個標語，我們公司全體員工在 2004 年一起腦力激盪，產生出許多創意標語。最後大家投票表決，勝出的是「腦內文藝復興」，多年來都一直使用在我們公司的文宣品上。

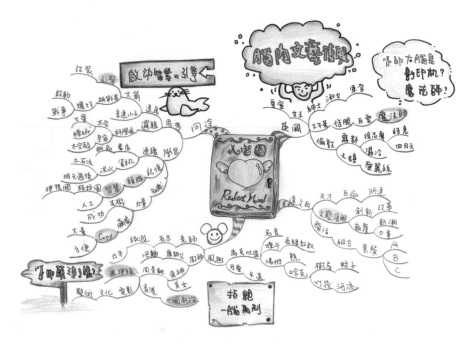

為「心智圖法」發想一句標語

　　下圖是 2012 年 8 月參與心智圖法認證班學員在課堂上做的創意標語演練。雖然不是真實應用在工作上的例子，但可以看出，只要有方法，每個人的創意精靈都可以被激發。演練例子是為旅行社商品「菲律賓長灘島假期」發想的標語：「當肌

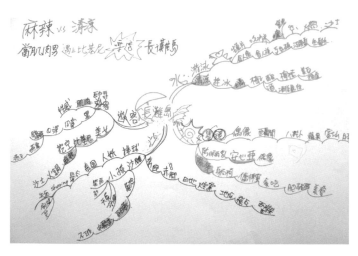

肉男遇上比基尼～樂透長灘島」。看到這麼迷人的訴求，讓我這個沒什麼肌肉的老男人也好想去長灘島度個假，樂透一下！

　　究竟這句標語是怎麼發想出來的，就請讀者自己從心智圖中找線索吧！

第 5 節 會議計畫

「會而不議，議而不決，決而不行，行而不果」，會讓人害怕開會。原因往往出在事前沒有完善的規劃，會議過程雜亂無章，會後也無所適從。因此，做好會議計畫，自然就能提升工作效率。

首先，釐清這次會議的目標是關鍵重點，從目標中列出會議的議程，再思考為了讓會議順利進行，需要用到哪些資源，在什麼地方、什麼時間召開較妥當，哪些人一定要出席，可邀請誰來列席參與討論。

在會議進行中，我們也可以運用心智圖記錄重點要項，以供會後行動參考。

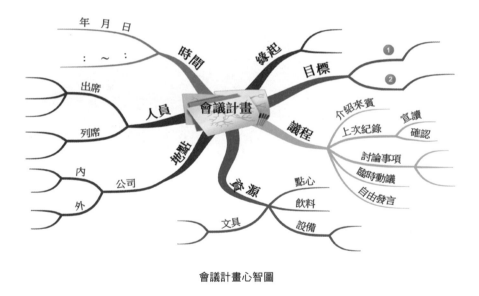

會議計畫心智圖

第 6 節 行銷企劃

行銷宛如空氣籠罩著現代人，任誰也無法逃脫它的輻射。美國行銷協會（American Marketing Association, AMA）給行銷的定義是：「規劃和執行有關概念、物品與服務的形成、定價、推廣和分配的程序，以便創造能夠滿

足個人和組織目標的交換。」註4。簡單說，行銷主要工作就是「找出需要、滿足需要、交換需要」。基於上述定義，擁有取之不盡，用之不竭的創意泉源，洞察客戶需要，產生諸多滿足客戶的新點子與策略，是行銷人員的價值所在。

杜邦執行長伍拉德（Woolard）指出，如果無法感動客戶，一切都是白費心機。要如何做才能感動客戶呢？愛因斯坦曾經說過：「想像力比知識更重要。」行銷要能奏效，需要有想像力。從每一篇成功企業的報導中都可發現，想像力與創意構成了所有成功行銷的關鍵。精確的資訊蒐集與清楚無誤的溝通也是不可或缺的因素，因為客戶的腦袋一直在探詢事實的真相。

心智圖法強調運用想像力融入五官感受情境式的圖像思考，透過樹狀結構，有層次的擴張行銷所應思考方向的廣度與深度。博贊與行銷教學權威苽薩利（Richard Israel）指出，運用「行銷心理矩陣」（Sales Mind Matrix）把大腦心智能力做為行銷企劃的檢核，可以讓行銷過程兼具感性與理性，達到雙贏的目標。我們應先發揮想像力，思考目標客戶群的問題、需求與感受，列出各種可能的行銷目標，並決定其優先順序，亦即行銷定義中第一階段「規劃和執行有關概念、物品與服務的形成」。「形成」首重其目標，目標確定之後再進一步以「行銷心理矩陣」討論行銷企劃的其他各種因素。

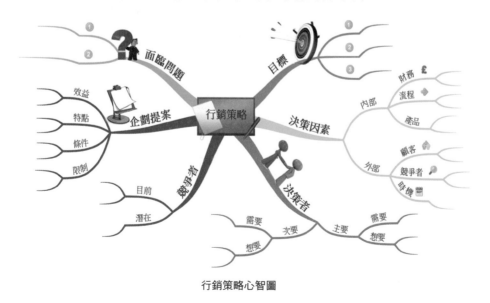

行銷策略心智圖

註4：曾光華。《行銷管理：理論解析與實務應用》。三重市：前程企管，2010。

第 7 節 時間管理

時間是最特殊、最寶貴的資源。從管理的定義：「協調組織資源，使其邁向實現組織目標的一種工作形態。」[注5]「時間」本身無法協調組織，而是要協調組織使用時間的事務。

心智圖法的時間管理模式即是先擴散思考再收斂思考。從組織規劃事情的類別項目著手，把必須做以及想要做的事情，先不考慮何日何時要做，先分門別類列出來，這屬於擴散思考階段。接著再標示出一定要做的事項，並列出優先順序，然後把一定要做而且已經確定何時執行的事項標示出日期、時間，這屬於收斂階段（下圖）。最後記錄到一張以一週七天為大類；早上、中午、晚上為中類；一定要做（Must）、有空再做（Nice）為小類的心智圖，或記錄到自己的行事曆（例如 Outlook 等）。如果發現一定要做的事項當中有若干項時間衝突，就以優先性高的先排入行事曆，看看優先性低的是否可更換時間，或思考有無其他替代方案。最後檢視行事曆中空閒的時間，把一定要做且優先性較高，但時間有彈性的事項，依據其屬性或使用資源的共通性，安排到適當的時段，最後才把空餘時間安排給優先性較低或只是想要做的事情。

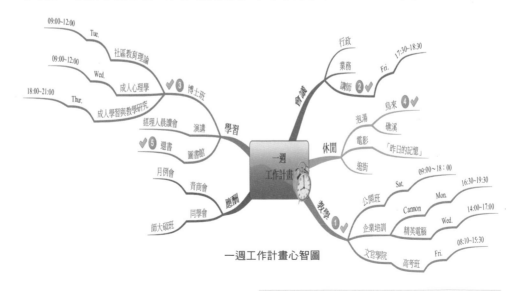

一週工作計畫心智圖

注 5：Leslie W. Rue & Lloyd L. Byars.《管理學》（*Management Skills and Application*）。許是祥譯。台北市：前程企管，1997。

第 8 節 生涯規劃

「機會，是給準備好的人」、「我們無法掌握生命的長度，但可以擴充它的寬度」，這些至理名言都在告訴我們生涯規劃的重要性與必要性，不論是學業、事業、財務、健康與社交方面。因此，我們可以繪製一張涵蓋大方向的心智總圖（下圖），從「健康」、「財務」、「學業」與「事業」四個方向展開思考的第一步，並從「現況」、「目標」，以及每個目標的「達成時間」與「做法」做為每一個方向的延伸思考。

必要時，我們還可以針對四大主題，或主題之下的「現況」「目標」或「做法」，根據自己的需求，以另一張心智圖進一步盤點、分析與規劃，例如健康管理、財務管理與工作發展，稱之為下一層次的迷你心智圖（274、275 頁）。

本節各個範例是給讀者一個參考方向，實際運用時可依個人需求調整，空白線條是給讀者應用時自行填入適當想法，線條可以增加也可以減少。

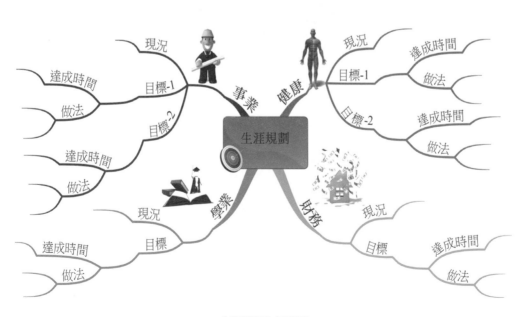

生涯規劃心智總圖

健康管理心智圖

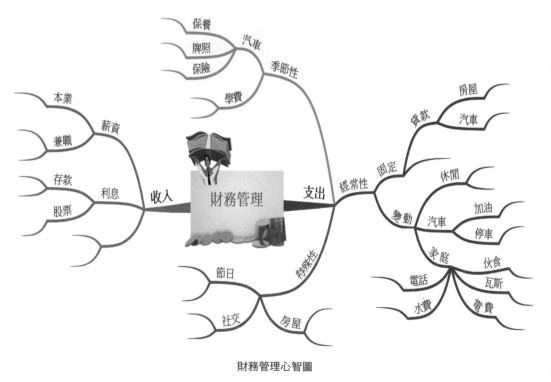

財務管理心智圖

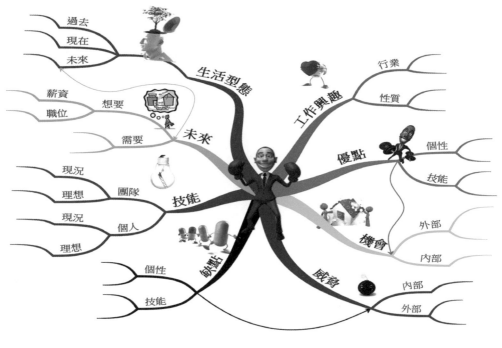

工作發展心智圖

第 9 節 創意自傳、履歷表

　　伯樂找千里馬，千里馬也別忘了製作一份清晰易懂且吸引人的自傳履歷為
自己做廣告。越來越多的人在應徵工作、申請大學甄試、研究所考試的時候，
將厚厚一疊的自傳內容重點，做成一張心智圖放在首頁，讓審查資料的人事主
管、教授們在審查大量千篇一律的履歷自傳時，眼睛為之一亮。

　　由於心智圖結構清晰易懂，僅呈現最有利的關鍵條件，容易給主考人員留
下良好的深刻印象。讀者實際運用自傳履歷心智圖時，中心圖像可以放自己照
片，六個主幹上的主題也可以根據實際運用的場合設計。例如申請研究所時，
就得有一個主題是「研究計畫」或「進修計畫」。在下一頁有我的作者簡介心
智圖，從這張心智圖，你是否很快就可以大致瞭解我的背景資料呢？

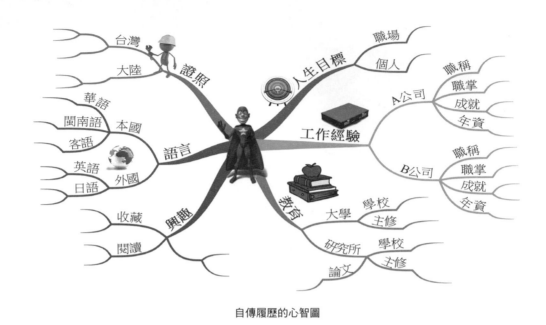

自傳履歷的心智圖

作者簡介的心智圖

第 10 節 檢核表 Check-Map 與備忘錄 Memo-Map

檢核表的英文名稱不應該是 Check-List 嗎？怎麼本節的標題會是 Check-Map？備忘錄（Memo）還加個 Map 呢？想必各位讀者一定猜到，我們不是要使用傳統條列方式，而是要運用心智圖法。

條列式的檢核表經常讓腦袋打結，掛一漏萬。以我自己曾經擔任出國觀光旅行團體領隊十餘年的經驗，旅行社在出國前的說明會都會發給每位旅客一張條列式的「攜帶物品清單」，可是到了國外，還是有人忘了帶這個，忘了帶那個。詢問團員有按照清單來準備嗎？幾乎聽到的回答都是「看到那張密密麻麻的表單頭就痛」。好玩的是，還有不少人帶了從來用不到的東西，只是增加行李重量而已。

若你經常出國，而且沒有太多時間思考與準備行李，心智圖就是好幫手。下圖是為了出國開會、演講攜帶物品所整理的心智圖清單範本。

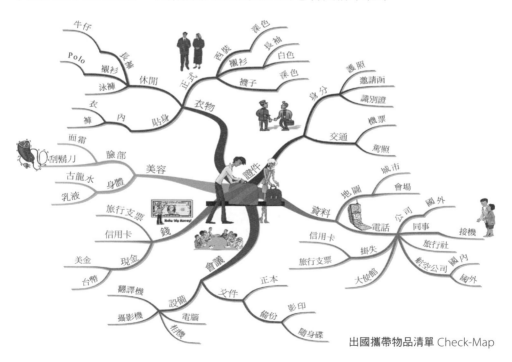

出國攜帶物品清單 Check-Map

我以物品的屬性和放在家中的位置來做分類，每次要出國前，花個五分鐘檢視心智圖中的項目，並依照當次的情況略做調整，然後按照修正後的心智圖來打包行李，既快速又正確，效率極高。其他類似需要用到檢核表的場合也可以比照辦理，例如專案管理的資源預估、準備開會或開課的物品、過年過節採購清單等。

類似檢核表功能的另一種生活好幫手就是備忘錄。採用心智圖模式的優點，是讓所有資料根據屬性分類，很清楚呈現在一張紙上，並能看出不同類別資料之間的關聯性，隨時可一目了然，快速查詢所需的資訊。

職場上的工作內容也可以在工作說明書首頁，以一張心智圖完整列出所有的職掌事項。下圖是說明我工作內容的心智圖，從邏輯結構清晰的樹狀結構與網狀脈絡，很容易看出我的工作內容有哪些大類、中類、小類與細項，並可從小插圖對我的工作重點項目一目了然。

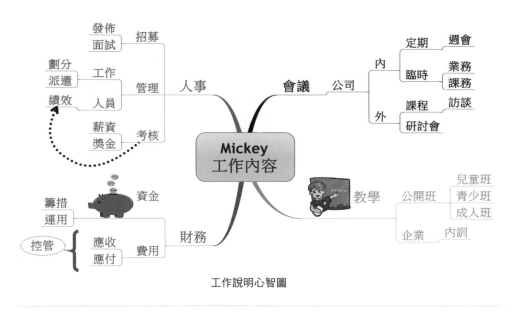

工作說明心智圖

第 11 節 創意賀卡

「感動」才有價值，透過一張創意賀卡來展現誠意是不錯的選擇。創意賀卡的形式非常多，但是「自製」就更能表現心意，「巧思」更能感動人。

創意生日卡

創意賀年卡 1

創意賀年卡 2

生日卡片

2004 年我在生日那天收到一份很特別的禮物，同事陳資璧（Phoebe）以全圖的方式製作了一張心智圖生日卡（前頁上）。

這張心智圖共分成三大類：「工作」、「休閒」與「夢想」，透過圖像方式，工作上希望我的「心智圖法學校」早日實現，幫助更多的人；我的休閒嗜好「吃美食」、「做菜」、「打高爾夫球」與「泡溫泉」也生動活潑地展現出來。至於夢想，就是每天可以睡大頭覺、遛狗、釣魚，還把我心愛的毛小孩黃金獵犬達文西畫進卡片。

賀年卡

不僅是生日卡片可以讓人驚喜，歲末年初的聖誕卡、賀年卡也可以透過手繪心智圖，表達出真誠的關懷與祝福。前頁中間那張創意賀年卡是由我們公司全體員工一起創作完成，中心主題圖像的聖誕老公公衣服胸前有個米老鼠圖案，那代表誰可以猜得出來嗎？站在一旁的就是公司的公關經理，也是我心愛的毛小孩黃金獵犬達文西；總共有七支主幹，就是當時公司的七位員工，每一支主幹上的圖像分別代表每一個員工的名字，支幹上的圖像就是每一位員工對大家的祝福。至於分別代表什麼意思，就請各位讀者猜猜看囉！

在下面那張則是我個人歲末寄給學員的賀年卡也是感謝卡，謝謝大家多年來一直對孫易新心智圖法的肯定與支持。心智圖中簡短的四十幾個關鍵詞，表達出我無限的感恩之意。

感謝卡

父母對子女的愛是不求回報的，身為兒女的有時候可以送父母一張卡片，尤其是自己製作的卡片。右頁上 - 圖左是一位國小二年級小朋友送給母親的心智圖感謝卡，讓她母親覺得為女兒所做的一切都是值得的！

近年來，國內心智圖法相關的學位論文已經有一百多篇，其中有不少研究者為了讓研究更具有真實性與價值性，因此在實驗研究之前都先來參加我教授的心智圖法課程，甚至進一步接受心智圖法師資培訓。李志駿老師與鄭

琇方老師在順利完成碩士論文之後，各畫了一張心智圖表達心中的感謝，讓我倍感溫馨，也激勵我在往後的日子裡，無怨無悔地協助更多研究生從事心智圖法相關領域研究。

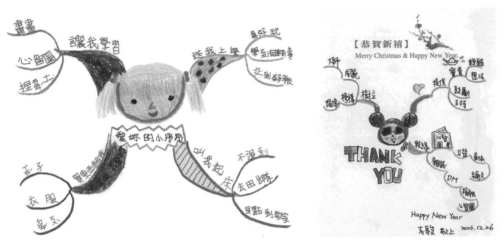

感謝母親的創意心智圖卡片　　　　　　　　李志駿老師的心智圖感謝卡

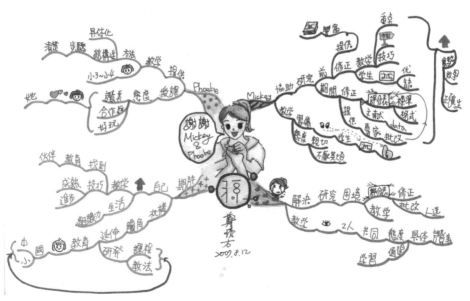

鄭琇方老師的心智圖感謝卡

18
分析問題，解決問題

　　問題可分為已經發生的問題跟未發生的問題，針對已發生的問題提出解決之道稱為應變性決策；預防尚未發生的問題稱為前瞻性決策。任何行政作業、專案管理的流程中，決策關係著成敗關鍵。決策意指面臨問題時，研擬、選擇各種可行的解決方案，以順利達成預訂目標的歷程。

　　不論是處理已經發生的問題，或是預防尚未發生的問題，其階段會因不同觀點或涵蓋的內容項目而略有差異，但不外乎包含：

　　（一）發現各種問題與確認關鍵問題

　　（二）分析關鍵問題產生的原因

　　（三）針對問題的原因提出各種解決方案

　　（四）決定解決方案的優先順序

　　（五）解決方案的策略分析、計畫與實施

　　（六）實施進度的追蹤與成效評估

　　其中第一、二、三階段又包括擴散式的創造思考與聚斂式的批判思考，第四、五、六階段則較偏向聚斂式的批判思考，每個階段常用的工具如右上表。

　　預防重於治療，面對分析並預防未發生的問題，美國紐約州立大學水牛城分校創造力中心所發展的創造性問題解決模式（Creative Problem Solving, CPS）是一種有效的方式，CPS是由學者帕尼斯（Sid Parnes）與奧斯蒙（Alex Osborn）在1966年所發展的，包括了三種成分、六個階段，每個階段又分為擴散式的創造思考與聚斂式的批判思考兩階段。由是觀之，要分析問題與解決問題，心智圖法能幫助你兼顧擴散與收斂性思考。本章將就常見的模式逐一說明。

階段	工具	
	擴散式的創造思考	聚斂式的批判思考
1. 發現各種問題與確認關鍵問題	☐ 腦力激盪法 ☐ 心智圖	☐ 柏拉圖
2. 分析關鍵問題產生的原因	☐ 腦力激盪法 ☐ 心智圖	☐ 心智圖 ☐ 魚骨圖
3. 針對問題的原因提出各種解決方案	☐ 腦力激盪法 ☐ 心智圖	☐ 心智圖 ☐ 魚骨圖
4. 決定解決方案的優先順序		☐ 決策矩陣分析法 ☐ 雙值分析法 ☐ 決策樹
5. 解決方案的策略分析、計畫與實施		☐ STEEP 分析 ☐ SWOT 分析 ☐ PDCA 循環
6. 實施進度的追蹤與成效評估		☐ 甘特圖 ☐ 檢核表

問題分析與解決的階段與工具

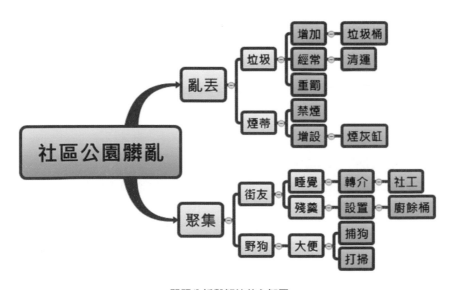

問題分析與解決的心智圖

第 1 節 問題分析與解決：系統思考心智圖

「不要只帶著問題來開會，還要準備好各種可能的解決方案」，這句話是職場新鮮人的守則之一。有價值的員工不是要讓主管喜歡你，而是需要你。主管需要的人才是碰到問題時能夠分析問題並提出解決方案的人。

1972 年起源於日本的新 QC 七大手法系統圖又稱樹狀圖，被應用為針對問題有系統地尋求實現目標的手段，是一種以樹狀結構展開多層次的分析方法，直到提出最佳解決方案的圖解工具。樹狀結構必須有系統、合乎邏輯，盡可能達到窮盡的理想境界。其類型分為兩種，第一類是著重問題分析，將構成問題的要因做樹狀展開；另一類型則是著重問題的改善與解決，將解決問題的方法做樹狀展開。

心智圖本身就是典型的樹狀結構，再配合顏色運用做管理，將問題的「分析」與「改善、解決」合併在一張圖中，更能一目了然，刺激想法產生，掌握彼此的關聯性，也更具有說服力。在前頁下圖中，藍色代表「問題」，黃色代表「原因」，綠色代表「改善或解決」建議方案。然後再把每一個建議方案以可行性與效果性的高低，做出最後的決策。

第 2 節 解決兩難的困惑：雙值分析心智圖

去吃西餐還是中餐？搭飛機還是搭高鐵？留在台北總公司還是調到台中分公司？買房子還是租房子？研究所是出國唸還是留在國內讀？類似這種需要在不同狀況之間做出選擇的情況，是否經常出現在我們的生活周遭？碰到兩難的時候該怎麼辦？

選擇 A 有優點也有缺點，選擇 B 同樣也有優點和缺點。美國開國功臣班傑明・富蘭克林做決策時，習慣拿出兩張紙，分別在上面畫一條直線，第一張左邊寫上選擇 A 的好處，右邊寫選擇 A 的缺點，第二張左邊寫上選擇 B 的好處，

右邊寫選擇 B 的缺點。後來這個方法廣泛應用在銷售上，稱之為「富蘭克林成交法」。這種以理性分析比較雙邊資料，是一種增強說服力的方式。

這種用兩個變項分析資料的方法稱為雙值分析，要分析的資料可分成三種類型：（1）介於兩個變項之間的資料，例如兩個變項是工作壓力大與工作壓力小，要分析的資料是介於壓力大與壓力小之間各種不同程度的壓力；（2）個別屬於這兩個變項之內的資料，例如性別變項，分別分析男性與女性的相關資料；（3）前兩種的綜合形式，例如年齡做為婚姻研究的變項，夫妻有不同的年齡，不同家庭的夫妻平均年齡也不相同。

分析兩難情況的問題可以運用雙值分析的第二種類型。就 A、B 兩種選項分別分析其優點與缺點，然後根據分析結果，給予每個項目打分數（權重），如果該項目出現有機率的因素，那麼權重分數還要乘以機率，再把優點分數加總減去缺點分數加總，得出總分數；兩邊以同樣方式算出，比較之後便可做出選擇。由於給予權重關乎個人主觀意識，且會受情境影響，表面看似量化分析，實際上帶有質性的成分，因此結果並不完全客觀，只能做為決策的參考。

傳統的雙值分析是以條列方式書寫優缺點，難免又要陷入腦袋打結的窘境。因此，英國腦力協會與博贊中心共同創辦人諾斯採用富蘭克林成交法的概念，將某個決策所需考量的因素，以心智圖展開第一階項目，接著針對每個項目再描述說明兩種不同選擇所產生的影響，然後根據每個項目、不同選擇時的影響因素，分別從 -100 到 100 之間給予評分，最後再分別把同一種選擇的分數相加，得到不同選擇的總分，以做為決策的參考依據。諾斯稱此為關鍵要項雙值分析心智圖。

次頁分析搬遷辦公室的範例中，搬遷的總分是 +50，不搬遷的總分是 -15，因此搬遷對公司而言比較有利。

以心智圖水平思考模式列出在乎的事項，也會影響決策的變項是哪些因素，再思考每個變項在不同選擇時會產生哪些影響，這屬於問題分析時的定性分析。然後根據每個變項不同選擇的影響，給予量化的權重分數，這屬於定量分析。關鍵要項雙值分析心智圖決策模式可以避免過於主觀、只憑直覺或在考慮不周的情況下做出決策。

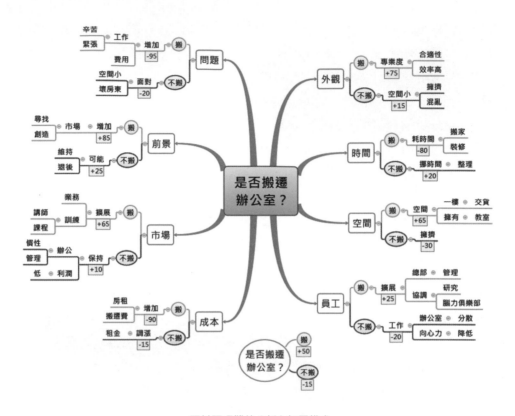

關鍵要項雙值分析心智圖模式

　　在在諾斯與博贊合寫的《*Get Ahead*》中，提出另一種雙值分析的模式（右頁上），在面對不同選擇（A 或 B，Yes 或 No）時，每種選擇都展開優點與缺點兩個分支，意即心智圖中第一、二階層分別有兩種狀況的分析架構，再從分支之後列出優點、缺點的項目，以供決策參考。

　　決策時採用優缺因素雙值分析心智圖模式容易產生一種困惑，YES 的優點極有可能就是 NO 的缺點，因而無從判斷。根據我擔任國家文官學院課程講師十餘年的經驗，將優缺因素雙值分析心智圖融入改編自拉斯韋爾（Harold Lasswell）《社會傳播的結構與功能》提出的 5W（WHO、say WHAT、in WHICH channel、to WHOM、with WHAT effects）傳播模式中，歸納出「WHY」的概念進行深度探索，更能發掘問題背後真正的問題，而不會只

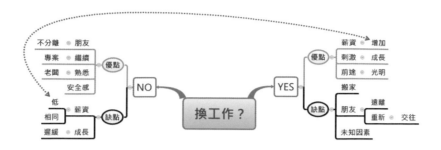

諾斯的優缺因素雙值分析心智圖模式

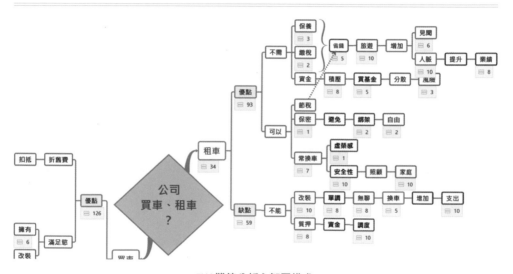

5W 雙值分析心智圖模式

看到表象。在這裡的「5W 分析」即「五個為什麼分析」，就好比醫生開處方之前不會只看表面徵兆，而是會去探究背後的原因。

　　「五個為什麼分析」又稱「為什麼─為什麼分析」，是一種診斷性技術，在企業管理中用來識別與說明因果關係。可以用來定義問題，尋找出問題的根源，防止問題重複發生。操作方式就是不斷提問前一個事件為什麼會發生，所謂「五個」並不是一個確定的數字，可以多幾個也可以少幾個，重點是找到問題的真正根源為止。例如發現屋頂漏水：

　　提問：「為什麼屋頂會漏水？」答案：「因為有裂縫。」

提問：「為什麼屋頂有裂縫？」答案：「因為品質不良。」

提問：「為什麼屋頂品質不良？」答案：「因為偷工減料。」

提問：「為什麼施工偷工減料？」答案：「因為廠商沒有利潤。」

提問：「為什麼廠商沒有利潤？」答案：「因為廠商送紅包。」

於是找到屋頂漏水的根源是收受廠商賄賂。

　　這模式與心智圖法往下位階延伸的深度思考，以及樹狀結構中的因果關係不謀而合。雙值分析的心智圖針對雙邊選項考量每個優缺點因素，除了多思考幾階深度之外，同時也以擴展同一位階的方式增加思考的廣度，讓問題分析兼具廣度與深度，我稱之為 5W（Why）雙值分析心智圖模式。287 頁下圖是一個範例，但囿於版面限制只示範心智圖右邊內容。（＊大圖請看 328-329 頁）

　　心智圖法在問題分析時建議每個線條上盡量只寫一個關鍵詞，以便思考到更多的可能性。例如「增廣見聞」寫成「增加」、「見聞」，從「增加」又可想到「人脈」。分別用不同顏色來代表不同的「概念」階層，便於理解總共發展了多少階的深度思考，往後只要自己清楚，不見得需要用不同顏色來代表不同階層的概念。除非是團體討論，為避免他人混淆，則可運用之。

　　但光憑優缺點項目數量的多寡，往往不見得足以協助做出決策，優點項目很多，但很可能都是無關緊要的優點，缺點項目不多，但每個項目有可能都是關鍵，反之亦然。因此可以在不同選項優缺點上給予量化的權重分數，再把權重分數分別加總，優點總分減去缺點總分，得到某一選擇的量化分數，這種方法可以平衡優缺點項目的數量與質量。不過給予量化權重也會受到個人情境因素影響，總分也與項目的多寡有關，因此這案例示範的並不是科學化的量化分析，卻可以提供決策者較清晰的思路與判斷的依據。

第 3 節 創造性問題解決的應用

　　在眾多的問題解決模式中，帕尼斯與奧斯蒙在 1966 年發展的創造性

問題解決模式（CPS）算是相當周延的一種思考歷程，也是預防問題發生的好方法。最早的模式是線性的解題五階段，後來經由崔芬格（Donald J. Treffinger）、伊薩克森（Scott G. Isaksen）等學者修正內容，概分為三大部分、六個階段，每個階段又分為擴散性思考與聚斂性思考兩階段。

在擴散性思考階段運用心智圖法的圖像思考方式，讓自己融入問題的情境中；以關鍵詞的方式思考，將重心放在真正關心的議題上；透過樹狀結構，將關鍵詞以分類階層化（CHM）模式有系統地展開；在收斂階段則將大量發想出的概念，依屬性以迷你心智圖匯整成心智總圖做歸納整理，或從分類階層化模式所發展出的樹狀結構，決定出關鍵路徑與元素。

心智圖法解決創造性問題過程的三大部分、六個階段如下：

一、瞭解挑戰

（一）發現困惑：尋找問題的階段，角色就像清潔者，主要任務在於集中心力在特定區域思考。

　　1. 擴散階段：運用心智圖法的圖像思考，讓自己融入過去的類似經驗、角色與情境中，腦海浮現面臨問題的畫面，從中找出目前狀況的困惑，並且運用心智圖法的分類階層化原則，以樹狀結構將所面臨的困惑做出分類，併用網狀脈絡指出不同類型困惑之間的關聯。

　　2. 聚斂階段：接受各種挑戰，並以系統性方法解決問題。從心智圖的分類結構中，有系統、有脈絡地找出關鍵要素。

（二）發現資料：探索事實的階段，角色就像偵探，主要任務在於探索癥結與事實。

　　1. 擴散階段：配合 5W1H 策略，再次運用心智圖法的分類階層化原則，盡量蒐集、整理相關資料，由許多不同的訊息及觀點來審視問題的情境。

　　2. 聚斂階段：將擴散階段所發想出的內容，選擇重要的議題資料做出定義與分析，並整理成若干迷你心智圖。

（三）發現問題：建構問題的階段，角色就像醫生，主要任務在於找出病

源與問題。

1. 擴散階段：同樣再以心智圖法的分類階層化（CHM）樹狀結構與網狀脈絡的原則，從二階段聚斂所得到的重要議題資料，思考其形成的各種可能原因。

2. 聚斂階段：可配合運用柏拉圖（Pareto Diagram）篩選出有意義的關鍵問題之原因並清晰陳述，然後運用不同顏色標示出問題不同程度的重要性與優先順序。

二、激發點子

（四）發現點子：產生主意的階段，角色就像收集家，主要任務在於收集點子與主意。

1. 擴散階段：延續第三階段的聚斂思考，以心智圖法將選定的問題當作中心主題，第一階層展開造成此一問題的各種可能原因，第二階層則發展出各個原因的不同解決方案。

2. 聚斂階段：從心智圖中選擇較具獨創及實用的意見。

三、準備行動

（五）發現解答：發展解決方法的階段，角色就像發明家，主要任務在於發明解決方法。

1. 擴散階段：列出各種可能的批判或評量標準，例如重要性與可行性。

2. 聚斂階段：選出幾個重要的批判或評量標準，針對點子加以評價，以便產生更好的解決方案。例如以四象限分析，以重要性的高低與可行性的高低，評估各種解決方案。

（六）尋求接受：建立接受的階段，角色就像推銷員，主要任務在於解決方法的推銷與執行。

1. 擴散階段：例如以心智圖法的世界咖啡館模式，邀請相關利害關係人一起來討論優點與缺點，考量所有可能的助力與阻力，並且發展出實行的步驟。

2. 聚斂階段：找出最有希望的解決方案，形成實施計畫並採取行動。

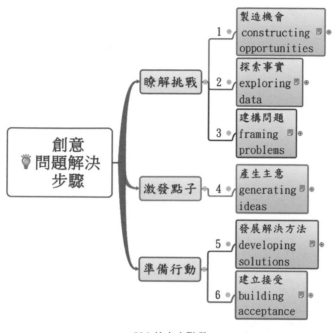

CPS 的六大階段

第 4 節 應用 PEST、SWOTs 與 SWOCEs

PEST 與 SWOT 分析是策略規劃與決策不可或缺的工作，從分析整個大環境到自己的公司、部門與個人。就如同神通集團董事長苗豐強所言：「任何企業，只要好好認識自己，並且看清楚周遭環境，右手握住大環境變化（PEST），左手把握自己的條件（SWOT），就可以運用科學算命，掌握自己的命運。」透過理性思維的科學算命是企業經營方向控管的重要分析過程。本節將就 PEST 與 SWOT 分析說明意涵與心智圖法的應用技巧。

PEST 分析

PEST 是分析總體環境中的政治（Political）、經濟（Economic）、社會（Social）與科技（Technological）四種因素的模型，做市場調查時外部

分析的一部分，能讓我們瞭解、掌握總體環境中不同因素的概貌。近年來由於環境生態議題備受重視，因此多加了一項生態（Ecology）。透過 PEEST 分析（或稱 STEEP 分析）能有效瞭解市場的成長或衰退、目前企業的處境、潛力與未來的營運方向。在 PEEST 分析的心智圖中，先從「政治」、「經濟」、「生態」、「社會」與「科技」五大主軸展開，每一主題之下再依照自己關心的方向列出次主題，接著從每一個次主題做市場調查，瞭解事實真相，把蒐集來的資訊整理到各個次主題，成為一個有系統的樹狀結構供決策者參考。

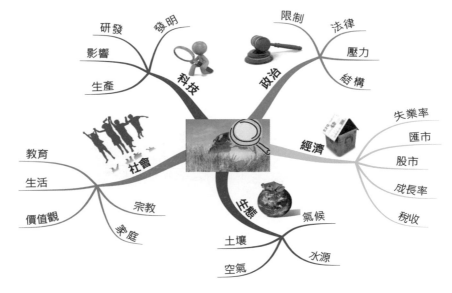

PEEST 分析心智圖

SWOTs 分析與 SWOCEs 分析

SWOTs 主要是用來分析組織或個人內部的優勢（Strength）與劣勢（Weakness），以及外部環境的機會（Opportunity）與威脅（Threat），以制定出未來發展的策略（Strategy）。它是一個很有效率的工具，結構雖然簡單，但是可以用來處理非常複雜的事務。

針對企業組織進行 SWOTs 分析時，SW 可以參考哈佛商學院教授波特（Michael E. Porter）在《競爭優勢》（*Competitive Advantage*）中提出的價值鏈來做分析，OT 則是經由 PEEST 分析檢視大環境得到的結果。

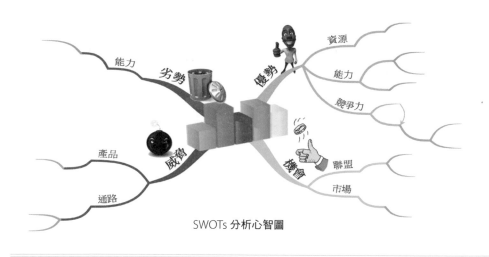

SWOTs 分析心智圖

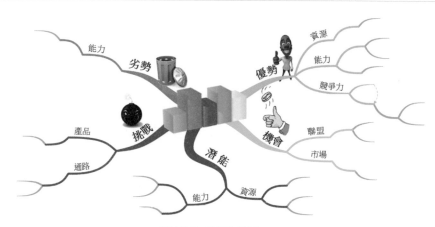

SWOCEs 分析心智圖

　　上圖第一張是以心智圖做為 SWOTs 分析的工具，運用放射思考與色彩管理，透過樹狀結構展開代表 SWOT 的四大主題內容，並以合適的顏色分別代表。最後再以代表策略的藍色線條，從 SWOT 各個項目之後展開，說明強化優勢的策略、改善劣勢的策略、落實機會的策略與去除威脅的策略。

　　心智圖法的思考模式特別強調「正面積極」，然而「威脅」（Threat）給人負面的感覺。因此在心智圖法中以正面字眼「挑戰」（Challenge）來取代，不但能以理性的方式比較，且能藉此反躬自省。

　　另外，在分析優勢的時候，往往會將「所有的」優點都列出來。然而面對事實的環境，有些優點與目前的問題無關，為避免膨脹太多無關的優勢，可將其另建一個潛能（Energy）主要分支（如前頁下圖），以樹狀結構列出目前用不上的優點，可做為思考備案或替代性選擇方案的參考依據。最後在 SWOCE 的每一項目下，再以代表策略（strategy）的藍色線條，分別從 SWOCE 各個項目之後展開，說明強化優勢的策略、改善劣勢的策略、落實機會的策略、面對挑戰的策略與善用潛能的策略。

　　前面第二張圖將「威脅」修改為「挑戰」，另增加「潛能」的模式，稱之為核心職能導向的正面積極 SWOCE 分析，由我在二十世紀末期提出，發表於《多元知識管理系統：心智圖法進階篇》（2000）中。

　　綜合本節所述，可以運用心智圖法的原則，先從 STEEP 分析中掌握大環境的各項因素，接著再根據 STEEP 分析的結果，進行組織或個人在此大環境之下的 SWOCE 分析，以發展出下一階段行動方案。然而，分析問題與解決問題不見得只使用心智圖法，必須與各項策略或其他工具適當搭配，常見的策略與工具請參考下圖。

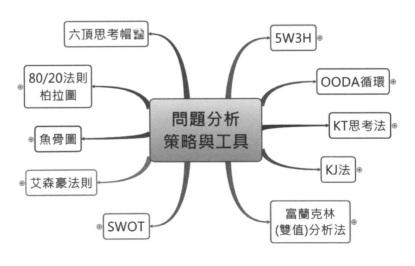

常見的問題分析策略與工具

19
會議簡報與溝通

記憶晶片世界大廠英特爾公司的創辦人葛洛夫（Andrew S. Grove）曾經說，我們與他人的溝通有多好，決定的因素不是敘述得有多好，而是被瞭解得有多好。然而許多心智圖法的愛好者興沖沖地把心智圖應用到公司的會議簡報或學校的作業報告，往往碰了一鼻子的灰。最常見的問題不外乎三點：

1. 一張心智圖內容太多，字太小，看不清楚。
2. 只用自己看得懂的關鍵詞，別人無法理解心智圖的內容。
3. 一定要畫出色彩鮮豔、插圖豐富的樹狀圖，才叫做使用心智圖法嗎？

又聽過許多人的經驗分享，都說心智圖法是一種很棒的簡報工具。究竟該如何運用，才能在做簡報時真正發揮心智圖法的功效呢？

第 1 節 做簡報

你是否希望：

◎演講結束時，聽眾能充分體驗到你原本預期要達到的結果？

◎有一些工具、方法讓你的演講內容更出色？

◎有系統地組織演講內容，並讓聽眾留下深刻印象？

◎將演講內容生動活潑地傳遞給聽眾？

◎善用你的創意頭腦，成為傑出的演說家？

傳統的簡報方式不論是演講稿或投影片，形式上都只有單一顏色的文字，

以條列方式呈現，要達到上述五種期望是有點緣木求魚。尤其在演講或簡報過程中需要不斷與聽眾互動；因應現場狀況得隨機應變的跳躍式思考；透過生動活潑的肢體語言、聲調來營造良好的氣氛。以上這些情境，傳統的演講稿、投影片難以做到。

　　根據我二十幾年的教學經驗，將在本節講解在簡報設計與管理上正確運用心智圖法的方法，以及如何在 PowerPoint 簡報軟體中運用心智圖法。

簡報的設計與管理

　　艾薩利、諾斯與博贊指出，成功的簡報必須讓聽眾猶如閱讀地圖一般，清楚地看到內容全貌，並瞭解自己目前所在位置。演講者本身還必須對演講主題有深度與廣度的瞭解；對自己充滿自信心；有追隨的粉絲；擅長溝通；善用肢體語言；有系統地組織演講內容。為達此一目的可以採用心智圖法配合心智圖軟體，運作方式隨著功能、目的可區分成下列三種形式：

一、以心智圖做為簡報內容

（一）心智圖是要給別人看的，內容不宜過度簡略。以心智圖做簡報是聽眾接收資訊的過程，屬於做筆記（Note-Taking）的模式，每一線條上的文字不受只能出現一個語詞的限制，盡量簡潔即可。就以台灣 2013 年出現俗稱狂犬病的「拉皮斯病」介紹為簡報範例。

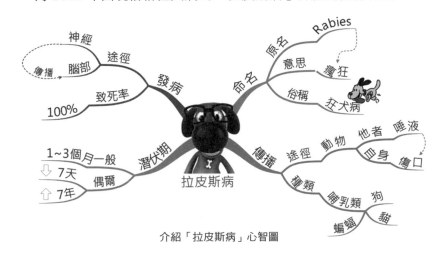

介紹「拉皮斯病」心智圖

（二）心智圖軟體可以透過每一個節點的「＋，-」來設計其後下位階內容隱藏或出現。操作方式與「檔案總管」的方式相同。我們可以逐層隱藏、若干層同時隱藏或從第一階之後一次隱藏。簡報時擊點「＋」就可逐層出現、若干層同時出現，或從第一階之後一次出現，完全依照演講內容與需求決定。

透過節點的「＋,-」來設計簡報內容隱藏或出現

（三）原則上為了讓聽眾見林也見樹，演講時先報告所有第一階的主幹，讓大家知道接下來從這張心智圖中會聽到哪幾個大類別；再按大類別的順序，報告大類別之後所有次類別，隨後報告每個次類別之後的內容；有加插圖的重點地方，在每一個大類別報告完畢前要再次強調，以強化印象，然後才換到另一主幹報告下一個大類別。

介紹所有的大類別

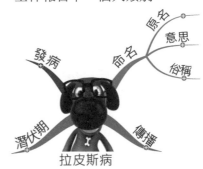

報告某個大類別之後的所有次類別

297

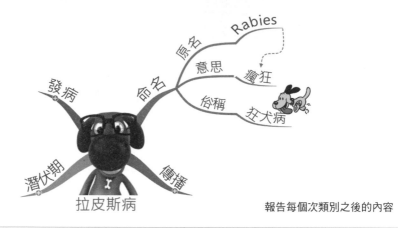

報告每個次類別之後的內容

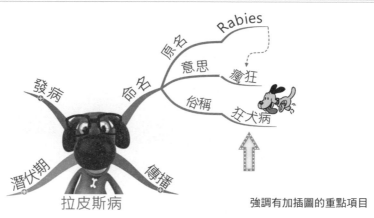

強調有加插圖的重點項目

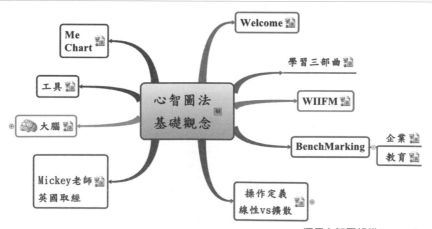

運用心智圖組織 PowerPoint

二、以心智圖組織 PowerPoint

第二種形式是以心智圖做為簡報的大綱架構，詳細簡報內容則必須點選支幹上的 PowerPoint 小圖示，就能以超連結方式開啟簡報檔，進一步講解細節內容。左頁下圖是把上課內容的邏輯結構切割成許多簡報檔，每一個簡報檔都只講述一個小主題，上課時可按原本的設計順序逐一開啟簡報檔，或是依照當時的情境、需求，跳躍式的開啟不同簡報檔來授課。

三、以心智圖做主要的簡報內容，以超連結輔以必要的補充檔案

第三種是以心智圖做為主要的簡報內容，在必要提出更詳細的補充內容時，則超連結到網頁、Word、PowerPoint、Excel 或 MP4 檔案等。

倘若內容較多，一個頁面要同時出現所有內容恐怕會有字體太小、不斷移動版面的缺點。因此，可以在第一個頁面呈現大方向的類別標題，接著採用超連結，分別連結到各個主題的細節內容。需要進一步以 PowerPoint、Word、PDF 或圖像檔案等說明的話，可在支幹上做出超連結。

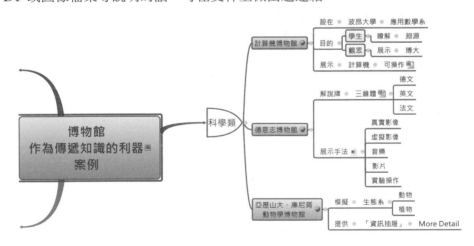

以心智圖做主要的簡報內容，並以超連結輔以必要的補充檔案

如果簡報的內容主題有其順序性，除了可以採用順時鐘方向依序列出每個簡報的主題之外，也可以加上不同顏色的數字編號，讓視覺上更容易辨識。若不同主題之間有關聯性或因果關係，也可以運用箭頭關聯線條來說明關係與順序，必要的話可以在關聯線條上以文字補充說明。

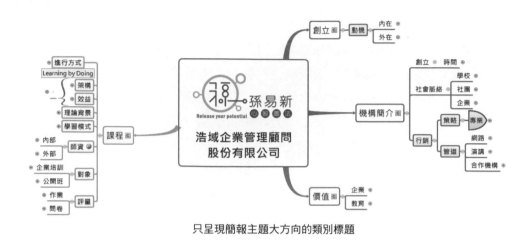

只呈現簡報主題大方向的類別標題

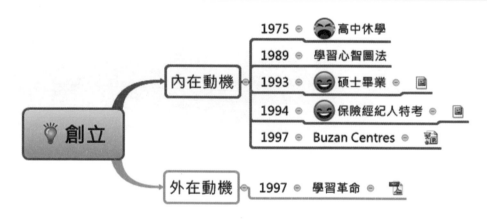

超連結到第一個主題「創立動機」，進一步細節可超連結到圖檔、PPT 或 PDF

在 PowerPoint 簡報檔內運用心智圖法

有些簡報的場合，基於某些條件上的限制，必須以「一個」PowerPoint 檔案來做簡報，而我們又期盼可以隨著情境、需求，很有彈性地做簡報。這時候心智圖法就可以幫上大忙了。首先要遵循「一個關鍵詞」原則，設計每一張投影片時，內容都只要傳達、講述「一個」概念即可；不是每一張投影片都加插圖，而是掌握「重要地方加插圖」的原則，在特別需要突顯關鍵重點的投影片才加上插圖，所加的插圖要與內容主要概念有關，以便對內容產生聯想，強

化記憶效果。以第一張投影片做為目錄首頁，有層次結構地列出簡報大綱，並將每個大綱超連結到對應的投影片上。九宮格是做目錄首頁不錯的選擇，在每個小主題結束的那張投影片上，做個超連結圖示回到目錄首頁。簡報時，只要以游標點選所要報告的那行大綱文字，即可連結到正確的投影片，在簡報內容投影片中點選回目錄首頁的圖示，又可回到九宮格所在的目錄首頁。

投影片的目錄首頁　　　　　　　　　　　　在右下角做圖示超連結回到目錄首頁

第 2 節 管理數位檔案

　　電腦功能強大很好用，但是有不少人卻為了管理檔案而頭痛不已。最常見的困擾是同一個檔案因為臨時或特殊需求而儲存在不同目錄下或磁碟裡，改天修正檔案內容之後，儲存在其他位置的相同檔案卻沒有同步更新，導致檔案內容不一致。若能善用心智圖法樹狀結構為主、網狀脈絡為輔的概念，以上困擾便可迎刃而解。

　　所謂的「樹狀結構」就是該檔案最適合放置在檔案總管中哪個類別目錄，「網狀脈絡」就是該檔案可能從別的類別目錄也會用到，那麼就在原目錄的地方選擇該檔案，按滑鼠右鍵選擇「建立捷徑」，把這個捷徑剪下，貼到其他有需求的類別目錄下。往後需要開啟或修改檔案，不論是從原來的目錄或從別的目錄下的捷徑，都是開啟相同的一個檔案。

這個方法若要應用於外接磁碟機或隨身碟的時候，要注意外接磁碟機必須設定一個固定的磁碟代號（例如 H），否則點選捷徑時，會產生無法開啟檔案的情況。

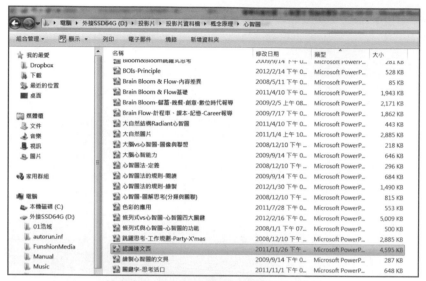

檔案最適合放置在檔案總管中的類別目錄位置

為該檔案製作捷徑

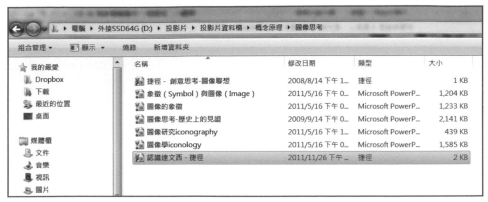

將檔案貼到別的類別目錄之下

第 3 節 在會議溝通時應用心智圖法

會議的主要功能	現實面臨的情況
□ 匯集資源、智慧與能力	□ 想法零散、無法統整
□ 互相激勵、增進體諒	□ 爭論不休、缺乏共識
□ 分工合作、互相支援	□ 多說多做、少說少做
□ 集思廣益、解決問題	□ 派系林立、問題叢生

　　台灣師範大學名譽教授謝文全指出，溝通乃是個人或團體相互交換訊息的歷程，藉以建立共識、協調行動、集思廣益或滿足需求，進而達成預訂的目標。心智圖法可以有效應用在會議中交換訊息、集思廣益，在台灣已有不少學者關心此一議題，蔡智燦、黃俊能、龍立偉與陳勁帆等人所分別進行的研究發現，心智圖法對於系統思考、團隊溝通、知識管理以及將內隱知識外顯化，均有顯著的正面成效。

　　因此，將心智圖法應用在會議溝通上具有以下特點：

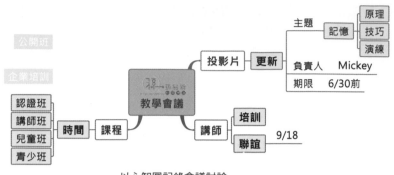

以心智圖記錄會議討論

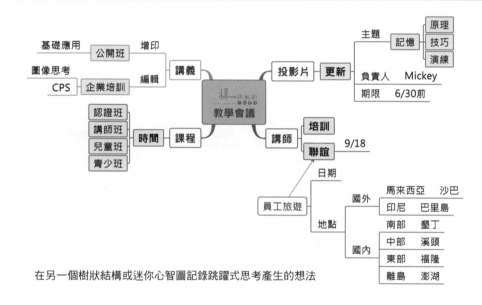

在另一個樹狀結構或迷你心智圖記錄跳躍式思考產生的想法

跳躍思考的好幫手

　　人類大腦是放射式、跳躍式的思考模式，舉一反三也是自然反應，在會議當中陳述意見時一不小心可能會離題，而且一離題就收不回來。為了會議的效率，主席會要求大家一次只討論一個議題，不可離題。但根據米勒（George A. Miller）的研究顯示，我們大腦的運作記憶區，也就是短期記憶只有五到九組資訊。當有新的資訊進入大腦被處理的時候，原本在運作記憶區的資料就會被刪除。這就是為什麼會議進行中如果產生一個很棒的想法，但因為與目前討論

的主題無關而沒有立刻發言，過一陣子便感覺剛才好像有什麼想法想表達，現在卻已經忘記了。相信開過會的人都有這種經驗。

如果在會議進行中能夠運用心智圖記錄討論內容，當有人發表與目前主題無直接相關，但又是蠻有價值的想法時，就可以另建一個樹狀結構或迷你心智圖，把意見記下來。回到原本的討論議題時，從心智圖結構可以很清楚看到之前討論的邏輯結構與內容，議題要接續下去就不會有困難。

以心智圖做會議記錄工具還有另一個優點：可以清楚看到原本預計討論的眾多事項中，哪些議題已經充分討論，哪幾個議題討論較少或尚未進行。我們可根據心智圖的內容，彈性地隨時調整、切換到不同議題上。

事先溝通沒煩惱

許多在會議桌上的寶貴時間都浪費在冗長的報告，或因為資訊不足而延宕討論。提案人若能在會議前將口頭報告要做的「背景資料」、「優點」、「缺點」、「建議方案」等，事先以心智圖簡潔地呈現出來，並將檔案傳送給每一位出席者，讓大家對該案有初步瞭解，在會議現場就可以用最短的時間做最有效的討論，並產生決議。

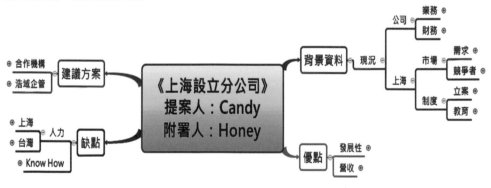

提案人在會議前準備的資料

甚至可以將檔案放在公司內部網路上共用分享，讓會議參與者可以事前閱讀，增補必要的意見，在提出意見的地方輸入自己的名字，讓大家在虛擬會議室中展開意見交流。（306頁圖）

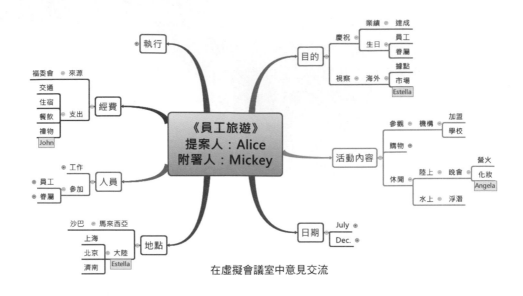

在虛擬會議室中意見交流

化解歧見達成共識

　　英國心理學家狄波諾提出的六頂思考帽是常被用來突破思考困境的水平式思考法,可應用來處理紛紛擾擾、爭執不休的對立場合。狄波諾特別強調,六頂思考帽著重創意,可以衍生出無數單純、圓滿、有效且出人意表的答案,藉以突破混淆不清的思考困境。水平式思考法又稱發散性思考法,從問題本身向四周發散,尋求各種不同的答案,這些發散式思路在彼此之間沒有特別關係,每個答案也沒有所謂對錯,但往往獨具創意與巧思。

　　英國前首相邱吉爾還在擔任國會議員時,有位女性議員素行囂張。有一天居然在國會殿堂上指著邱吉爾罵道:「如果我是你老婆,一定在你的咖啡裡下毒!」狠話一出,全場僵住,只見邱吉爾笑笑地回答:「如果妳是我老婆,我一定一飲而盡!」全場哄堂大笑,化解了尷尬場面。邱吉爾寓諷於答,就是精通於水平式的多元思考法,面臨困境時能夠跳脫是非對錯、邏輯因果的層層束縛,找到「好」答案。水平式思考的六頂思考帽說明如下:

　　六頂思考帽在會議的應用原則是,每次只戴一種帽子。思考太負面消極時,可改戴上黃帽子;太過樂觀時,可改戴黑帽子;場面冷清、無人發言時,可改戴白帽子;情緒激昂時,乾脆請大家都暫時戴上紅帽子。

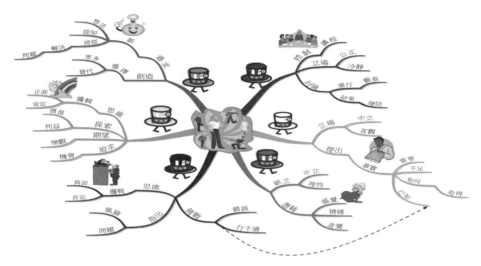

六頂思考帽的內容與意涵（＊彩色大圖請看 332 頁）

　　然而歧見不會只發生在會議場合，會議也不僅只是會出現在工作職場，家庭裡也是需要家庭會議來溝通意見。接下來就以一對父子的親子溝通為例，說明如何運用心智圖法化解歧見，達成共識。工作職場上的應用也是同樣的運作原則。

　　就讀大學的兒子希望父親買一部重型機車給他，但是父親不同意。為了避免父子關係僵化，於是召開家庭會議，兩人分別運用心智圖法結合六頂思考帽的原則，在充分說明兒子想買的重型機車廠牌、性能與價格（白色帽子）之後，兩人分別用自己的觀點，以心智圖列出購買重型機車的缺點（黑色帽子）、優點（黃色帽子），與可接受的替代方案（綠色帽子）。

　　分別檢視兒子與父親觀點的心智圖，找出父子在哪些類別或項目中有共識，先在心智圖中做個記號，例如打勾。然後討論有共識的替代方案是否能夠解決有共識的缺點，滿足有共識的優點。如果可以的話，事情便可圓滿解決。從本案例中可發現，如果兒子要與同學、朋友出去郊遊，父親把家裡的車子借給兒子使用，就可解決彼此都擔心重型機車安全與下雨、寒冷的氣候問題。

　　如果在替代方案中沒有共識，可以進一步討論，滿足彼此都想要的優點，又能避開彼此都擔心的缺點，還會有哪些替代方案。

化解歧見，達成共識的三種帽子

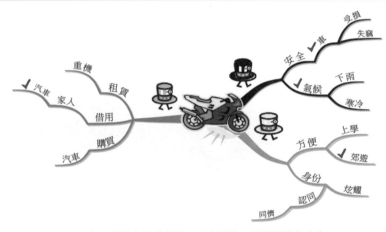

兒子根據自己的觀點，列出缺點、優點與替代方案

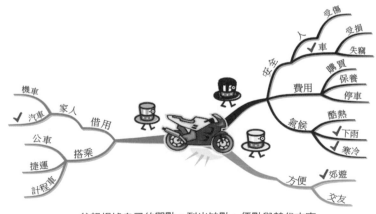

父親根據自己的觀點，列出缺點、優點與替代方案

20
使用心智圖軟體

1997 年我剛從英國引進心智圖法到華人世界，推廣時擴展速度緩慢的原因之一，就是手繪心智圖有其使用上的限制，不是每個人都擅長畫畫，因此接受的程度較低。

近年來心智圖法能在全球快速擴散，其中一個重要原因就是軟體普及，尤其是免費的自由軟體。以下就重點式說明手繪心智圖與電腦繪製心智圖的優缺點、使用時機以及我常使用的三套軟體。

第 1 節 手繪 vs. 電腦繪製

用電腦繪製的心智圖固然有其優點，不過手繪心智圖也是有它的功能性，各有其優點與限制。

運用電腦軟體所畫出來的數位心智圖，最方便的是可避免塗改內容的麻煩，並且可隨時增加、刪減資訊或調整結構，林秀娥、趙健成的論文研究結果也支持了上述的優點。

洪靖雅的論文研究結果更詳細說明了手繪心智圖與電腦數位心智圖的優缺點與共通點，請參見 310 頁那張比較表。

而就我多年從事心智圖法教學的經驗，以及學術論文研究的結果，則歸納手繪心智圖與電腦數位心智圖的優點與適用場合如 311 頁表列，提供給大家做參考，在不同適用場合選擇最容易上手的工具繪製心智圖。

	手繪式心智圖	電腦數位心智圖
優點	1. 能以簡單的紙筆配合色彩繪製。 2. 工具取得方便。	1. 能快速繪製出心中所想的心智圖。 2. 容易變更心智圖結構，可快速增加分支，容易移動分支，可省去數次修改的麻煩，不會造成畫面凌亂，使心智圖更精美。 3. 可以不必畫圖，軟體中已有預設的圖形樣式，可以直接複製貼上；心智圖的分支可以與電腦中的其他資料做超連結。 4. 容易將畫好的心智圖插入其他軟體裡，如 Word、Excel 等配合應用。 5. 不受限於紙張大小。 6. 電腦的儲存空間大，資料易保存。 7. 圖像繪製能力較差者，電腦可輔助繪製。
缺點	1. 受限紙張的大小，紙張大小不夠時，需要在較大的紙上再畫一次，或是在另一張紙上繼續畫下去。 2. 若要在原先圖中的某個節點插入新的概念分支時，可能得重新繪製圖示或修改。 3. 無法將心智圖畫得四平八穩，形狀很醜，對於繪圖能力較差者，使用上會有限制。 4. 更改不易，可能經歷數次塗改，使畫面凌亂。 5. 不易於儲存及管理，畫好的圖無法再利用。 6. 使用者往往會有怠惰現象，懶得將畫好的分支改成另一條分支。	1. 學習者少了運筆的流暢性與上色、構圖的樂趣。 2. 存取問題，要配合電腦與軟體才可以使用，方便性不佳。 3. 記憶上不如手繪心智圖那樣深刻，突如其來的靈感無法立刻記錄起來。

共通點	1. 能將注意力專注於主題上，強化主題重點所在。 2. 透過必要的關鍵字，可以使聯想更清晰、正確，增進創意及記憶力。 3. 瀏覽心智圖時，常常會有許多新的聯想從空間與關鍵字中不斷浮現，能發揮想像力。 4. 能一次俯瞰全貌，不會遺漏訊息；使思緒柔軟，思考時不會受限。 5. 輕易地將內隱知識轉變成外顯知識。 6. 依顏色或影像對事物有直覺的理解，讓他人容易瞭解自己的想法。

手繪式心智圖與電腦化心智圖的比較 ＊資料來源：洪靖雅（2011：27）

	手繪心智圖	電腦數位心智圖
優點	□ 只要有紙筆，隨時隨地可使用。 □ 輕鬆愉快、無拘束地擴展思緒。 □ 能對內容產生深刻印象。	□ 可隨時調整心智圖內容結構。 □ 以超連結方式指出不同概念甚至不同心智圖之間的關係。 □ 方便檔案管理。
適用場合	□ 電腦沒有在身邊的時候。 □ 創意發想、腦力激盪時。 □ 需要記憶心智圖內容時。	□ 會議時的討論與記錄。 □ 整理文章重點的筆記。 □ 文獻資料的統整。 □ 問題分析。 □ 專案管理。

手繪與電腦繪製心智圖的比較

　　分析比較兩表之後，可以瞭解到電腦數位心智圖與手繪心智圖可以在不同需求、場合相互搭配使用。不過有一個關鍵重點是先得掌握心智圖「法」的原則與操作規則，否則有這麼好用的數位軟體卻達不到真正的效益。

　　就好比做簡報的時候，我們會使用 PowerPoint，它確實是比以前手繪板書或透明膠片投影的方式方便太多了，但是如果不瞭解簡報技巧、視覺思考、資訊吸收的原則，採用數位簡報也只是看起來方便、動畫酷炫，但達不到簡報所要的效果。

　　所以使用數位心智圖的時候，也必須遵守心智圖法的原則與操作規則，效果才會如虎添翼。

第 2 節 好用的繪製軟體

目前市面上的心智圖軟體非常多，常見的有 MindJet 的 MindManager、SimTech 的 MindMapper、OpenGenius 的 iMindMap 與 Ayoa、NMS Global Pty 的 Novamind、Match Ware 的 Mindview、MindGenius 的 MindGenius、Mode de Vie Software 的 MyThoughts，與 CMS 的 iThoughtsHD、CS Odessa LLC 的 ConceptDraw，以及屬於自由軟體的 Freemind、Xmind，與 Dokeos Mind 等。

其中 Xmind、MindManager 與 iMindMap 是我常用的心智圖軟體，軟體公司也提供基本功能的免費版或試用版給社會大眾使用。由於這三套軟體的操作介面、功能隨著版本不斷更新而有異動，因此在本節中將分別僅略述其版面樣式與使用場合、時機。

Xmind

在諸多心智圖法軟體當中，Xmind 屬開放原始碼軟體的自由軟體，程式是由 Eclipse Foundation（http://www.eclipse.org）與 Apache Software Foundation （http://www.apach e.org）兩個組織開發。

開源碼自由軟體的原始程式皆可從該公司網站下載，因此從網路上你會發現一套名為 Dokeos Mind 的心智圖軟體，從「plugins」中似乎可看出是改編自 Xmind 的程式，兩者的版面樣式操作介面幾乎完全相同。不論 Xmind 或 Dokeos Mind，在啟動之前請先檢查你的電腦是否安裝了 Java，因為這兩套軟體都需要在 Java 的環境下執行。

> Dokeos Mind 的下載網址：http://www.dokeos.com/en/mind
> Xmind 的下載網址：http://www.xmind.net/downloads/

Xmind 除了具備完整繪製心智圖的功能之外，還包含了魚骨圖、組織圖、樹狀圖、邏輯圖、二維表格等結構，並增加了一些附加功能，例如「錄音」、「腦

力激盪」、自動「簡報」、「顯示甘特圖」、匯出成「PDF圖檔」、「Word文件檔案」、「PowerPoint簡報檔案」等,不過要使用這些附加功能就需要付費。如果純粹運用Xmind軟體來實踐心智圖法,免費的功能大致就夠用。若你覺得有需要用到那些附加功能,付費也無妨,因為費用也不貴,訂購網址是:http://www.xmind.net/pro/buy/

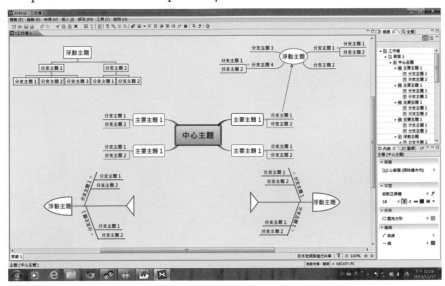

Xmind 版面樣式

　　Xmind的操作不但簡單,而且能有效率地輸入資料,在一個檔案中可以同時開啟好幾個頁面,每一個頁面有一個主要的心智圖,在空白地方可隨著需求增加浮動的迷你心智圖,每個心智圖中的任何一個主題,都可以彼此做超連結、加插圖,更改線條、文字的顏色也很方便,並有「標籤」、「備註」、「外框」、「摘要」、「關連線」的功能。非常適用於整理文章筆記、彙整大量文獻資料、上課聽演講做筆記、會議記錄、問題分析、專案管理。

iMindMap
　　全球第一屆心智圖法國際研討會在2007年底於新加坡舉行,我應邀前往做專題報告與發表論文。抵達下榻飯店收到一封來自英國ThinkBuzan軟體

公司負責人葛利菲斯的留言，約我在咖啡廳見面。我依約來到咖啡廳時，葛利菲斯很興奮地拿出電腦，向我展示一套「像手繪」一般的心智圖軟體，並徵詢我對操作與功能上有哪些修改建議。根據多年對心智圖法的深入研究及心智圖軟體的使用經驗，我提出了許多意見，並應葛利菲斯的請託，為即將上市的這套 iMindMap 3.0 版軟體進行操作介面與功能內容的中文翻譯。

　　這套軟體也深得英國心智圖法原創者博贊的認可，現今博贊與葛利菲斯等人從事心智圖法教學時，均以 iMindMap 做為主要工具。

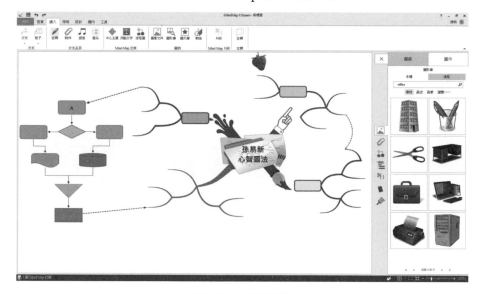

iMind Map 版面樣式

　　這套軟體做出來很有手繪效果，可以展現得非常美麗、有個人特色，又不失電腦軟體的彈性、方便，這是其優點。但是繪製的速度就慢了一點，得自行做一些必要的版面美工編排，算是小小的限制，但還不至於構成缺點。它除了有適用個人電腦的 Windows 與 Mac 作業系統的版本之外，也適用於平板電腦、智慧型手機的 iOS、Android 系統，相容性可說是非常好。

　　由於這套軟體對激發創意與記憶內容的效果較佳，因此比較適合腦力激盪、創意發想，或學生為了準備考試做筆記，製作會議簡報或教學投影片、講義等。

MindManager

MindManager 是我從 2000 年就使用的心智圖軟體，至今也一直在使用，為什麼呢？理由很簡單，就是功能很齊全也很強大，特別適用於專案管理的構思與規劃管理。由於功能非常多，因此在操作介面與版面會比較複雜，但只要多操作幾次之後，其實也沒那麼困難。

這套軟體除了提供繪製心智圖法的放射狀心智圖之外，也包括了樹狀圖、組織結構圖、時間線、流程圖、概念圖、范氏圖、洋蔥圖、漏斗圖、矩陣圖等好用的工具範本。

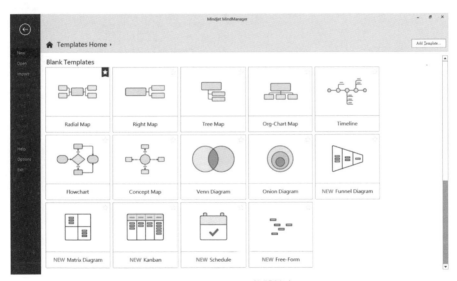

MindManager 軟體範本

一般情況之下，我們會選擇 Radial Map 這個範本，接下來的操作與其他軟體的邏輯、步驟都差不多。在此我要先跟大家說明一下，這套軟體主要的強項是在快速整理思緒與應用於專案管理或蒐集整理大量資訊資料，因此繪製出的心智圖，乍看之下不是那麼酷炫、顏值也沒那麼高，但結構卻很清晰明瞭，因而深受職場人士的喜愛。

使用這套軟體的新手，常見的小問題是版面設置與線條樣式的調整，因為它區分成「總體布局（General Layout）」與「副主題布局（Subtopics Layout）」

兩個地方分別去進行，但只要每個選項都點擊試試看效果，設定出一個你比較喜歡
的心智圖基本樣式之後，把這個檔案做為預設格式，存放在電腦桌面上或文件夾裡
面，以後要使用這套軟體時，就開啟這個預設格式的檔案，這樣就不必每次都要進
行一大堆設定了。

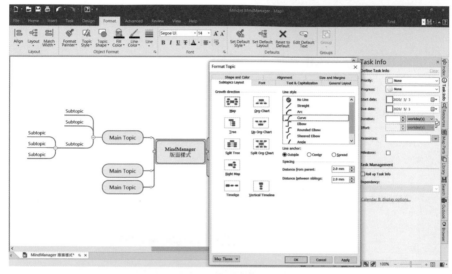

設定 MindManager 總體布局與副主題布局

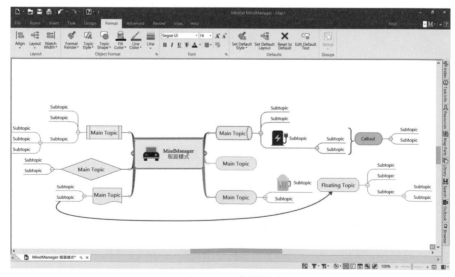

MindManager 版面樣式

這套軟體讓我持續使用了二十餘年，最主要是因為它支持專案管理的各種功能。我的工作除了講授心智圖法的相關應用課程之外，同時也是一名企業管理的顧問、學術研究的學者，當然也要管理自己的公司。因此，MindManager軟體成為我依賴的好工具。不少跨國企業（例如北京拜耳製藥）邀請我為員工進行心智圖法的培訓時，指定教學時使用的軟體也是 MindManager，這是因為他們國外母公司就是使用 MindManager，每一位大陸的員工都得熟悉它。

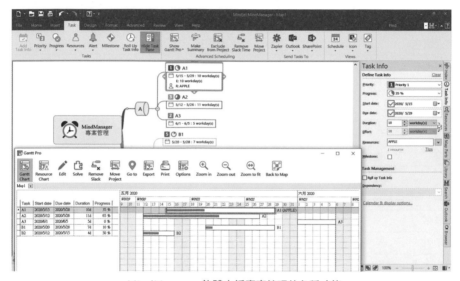

MindManager 軟體支援專案管理的各種功能

以上是我較常在個人電腦上使用的三套軟體，其他還有不少好用的軟體，讀者可自行從網路上下載試用，例如 SimTech 的 MindMapper 也可以繪製出類似 iMindMap 具有美感的心智圖。iPad 上，我常用的心智圖軟體是 CMS 的 iThoughtsHD，它的優點是可將心智圖檔案轉成個人電腦所使用的 iMindMap、Xmind，甚至 MindManager 的檔案格式。

心智圖的軟體雖然好用，但若未能正確理解心智圖「法」的話，充其量也只是一張樹枝形狀的圖而已，不僅成效有限，甚至比起傳統條列式更紊亂。因此，務必先掌握心智圖「法」的精髓，依循正確的操作原則，軟體將使你如虎添翼，大幅提升工作績效以及學習時的成效。

Mind Map 與 Mind Mapping 中文譯名的產生與使用

　　這些年來在中文書籍當中，博贊的心智圖一直有許多不同的譯名，茲列表說明各種常見翻譯名稱最早出現之譯者與年代。

Mind Map 中文譯名	譯者（年代）
心智繪圖	羅玲妃（1997）
心靈藍圖	林麗寬（1997）
心智思考圖	彭真（1997）
學習地圖	戴保羅（1999）
思緒構圖	郭俊賢、陳淑惠（1999）
靈腦圖	楊希平、陳巧鶯（2000）
心智圖	孫易新（2001）
心圖	李田樹（2003）
記憶樹	章澤儀（2004）
思維導圖	周作宇等人（2005）
概念地圖	廣西師範大學出版社編輯群（2007）
全腦概念圖	陳正中等人（2012）

Mind Map 中文譯名

　　Mind Mapping 一詞經常與 Mind Map 混為一談，中文譯名也未見差異。研究者經多年研究發現，兩者之間其實意涵不同，Mind Map 指的是我們看到那張充滿色彩、圖像的樹狀結構圖，而 Mind Mapping 指的是完成那張樹狀圖所運用到的大腦心智能力及思考過程。幾經推敲琢磨之後，我將 Mind Map 譯為「心智圖」，Mind Mapping 則定調為「心智圖法」。心智圖法是指運用關鍵詞、樹狀結構與網狀脈絡、顏色與圖像四大要素來組織概念、呈現知識的過程，最後完成的那張視覺化放射狀組織圖，就是心智圖。

　　近年來舉辦心智圖法培訓的機構如雨後春筍蓬勃發展，因而延伸出一個困惑：究竟「心智圖」、「心智圖法」或類似的名稱，能否成為某一機構或個人

的專屬課程名稱或註冊商標？根據我國商標法及經濟部智慧財產局的解釋，凡指定使用於「知識或技術方面之傳授，舉辦各種講座」服務，為指定服務之說明，不得註冊為商標。換句話說，有心推廣、教授心智圖法之個人或團體均得使用「心智圖」或「心智圖法」做為課程名稱。

例如，我所經營的心智圖法培訓機構申請有「孫易新心智圖法」以及「華人心智圖法」等註冊商標，但都得申明商標圖樣中之「心智圖法」不得單獨主張專用權。因此，包括我或其他任何個人、機構都無法宣稱自己是唯一合法可以使用「心智圖法」這個名稱，也不能自稱是「心智圖法官方機構」，但可以使用「XXX 心智圖法」或「○○○心智圖法官方機構」做為推廣課程的專屬產品或機構名稱。

發展歷史上的里程碑

在歷史發展過程中，里程碑具有重大意義，除了可以做為事件的時間標誌之外，更能掌握其發展脈絡。心智圖法若要形成為一套科學理論，自然有必要梳理其發展脈絡。茲將心智圖法較具體可查之重要發展事件整理如下表。

年代	內容
1960 年代	美國西北大學柯林斯教授研究的語意網絡已經具備心智圖的雛形。
1974 年	英國心理學家博贊受到一般語意學影響，以《心智魔法師：大腦使用手冊》一書向世人介紹此一劃時代的學習與思考方法。
1984 年	研究生 Doris Carolyn Bennett 在加拿大協和大學（Concordia University）發表第一篇心智圖法碩士學位論文〈The Effects of The Mind Mapping Technique on Learning〉。
1989 年	國際青年商會中華民國總會陳英明老師針對台灣的青商會友舉辦了第一場心智圖法課程。
1994 年	昱泉國際股份有限公司邀請博贊先生來台北演講。

年代	內容
1997 年	孫易新前往英國博贊中心接受基礎講師與進階講師培訓,成為全球第一位華人心智圖法認證進階講師。
1997 年	一智出版社發行一系列博贊的 Mind Mapping 中文版。
1997 年	英國 Hodder & Stoughton 出版了一系列 Revise: the NEW way to exam success 書籍,為心智圖法開創了在數學、語文、歷史、地理、自然科學等學習領域的實際應用。
1999 年	博贊著作 Business Mind Mapping 首度刊載引用孫易新繪製的中文心智圖。心智圖法在華人世界的應用開始受到重視。
2001 年	孫易新出版華人界第一本心智圖法著作,《多元知識管理系統:心智圖法基礎篇》。
2001 年	國立台北師範學院研究生錢秀梅發表第一篇華人界以心智圖法為研究主題的碩士論文。
2005 年	遼寧師範大學研究生張丹發表中國第一篇心智圖法(思維導圖)碩士論文。
2006 年	國立嘉義大學研究生蔡文山發表第一篇華人界以心智圖法為研究主題的博士論文。
2007 年	龍華科技大學老師接受「孫易新心智圖法」師資培訓,首先在大學開設有系統且專業的心智圖法課程。
2007 年	全球第一屆心智圖法國際研討會在新加坡舉行。
2007 年	大陸廣西師範大學出版社出版了一系列「中學概念地圖叢書」,將心智圖法實際應用到初中、高中所有科目。
2008 年	台灣教育部出版《國語文心智圖教學指引》,心智圖法正式受到政府教育單位重視。
2009 年	南一書局邀請王心怡老師針對國中六冊國文出版了《心智圖閱讀教學——國文》,為台灣首度正式將心智圖法編入國中教師的輔助教材。
2013 年	孫易新分析 2001 年到 2011 年台灣心智圖法的學位論文,並以論文發表研究結果,不僅為心智圖法奠定理論基礎,也提供未來的研究方向。

心智圖法的重要里程碑

台灣的心智圖法出版物

　　博贊 1994 年來台灣演講，親自為國人介紹心智圖法，引起了出版業重視。台灣第一本翻譯的博贊著作為《心智繪圖：思想整合利器》（The Mind Map Book），由一智企業在 1997 年出版。其後陸續有博贊所著的心智圖法應用書籍翻譯成中文出版，例如記憶、閱讀與工作應用等領域。此外也有多位國外學者的著作在台出版。歷年有關心智圖法翻譯書籍整理如下表。

中文書名 原文書名	原著 出版年	作者	譯者	譯書 出版年	中文書 出版社
心智繪圖：思想整合利器 （The Mind Map Book）	1993	Tony Buzan & Barry Buzan	羅玲妃	1997	一智
頭腦使用手冊 （Use Your Head）	1974	Tony Buzan	張艾茜	1997	一智
全腦式速讀 （The Speed Reading Book）	1971	Tony Buzan	羅玲妃	1997	一智
開啟記憶金庫 （Use Your Memory）	1986	Tony Buzan	蔡金滿	1997	一智
成功之路——心智繪圖讓你領先群倫 （Mind Map Your Way to Success）	1991	Vanda North & Tony Buzan	孫易新	1998	一智
心智圖筆記術 （Mind Map Note-JUTSU）	2005	William Reed	蕭雲菁	2006	晨星
心智圖聖經 （The Mind Map Book）	2004	Tony Buzan	孫易新	2007	耶魯
圖解心智圖的第一本書 （Mind Maps for Kids I）	2005	Tony Buzan	陳昭如	2007	新手父母
心智圖練習簿	2006	片岡俊行	蕭雲菁	2007	晨星
心智魔法師：大腦使用手冊 （Use your Head）	1974	Tony Buzan	陳素宜 孫易新	2007	耶魯
心智圖法記憶術——開啟記憶金庫 （Use Your Memory）	1986	Tony Buzan	孫易新	2007	耶魯

中文書名 原文書名	原著 出版年	作者	譯者	譯書 出版年	中文書 出版社
圖解心智圖，讓學習有效率 （Mind Maps for Kids: The shortcut to exam success）	2005	Tony Buzan	陳昭如	2008	新手父母
全腦式速讀——心智圖法速讀術 （The Speed Reading Book）	1971	Tony Buzan	孫易新	2008	耶魯
心智圖超強工作術：提升效率，共享know-how	2006	中野禎二	石學昌	2009	世茂
心智圖圖解術：系統思考，創意滿點	2005	中野禎二	李惠芬	2009	世茂
超高效心智圖學習法 （The Buzan Study Skills Handbook）	2007	Tony Buzan	蔡承志	2010	商周
心智圖活用術 （Mind Maps at Work）	2004	Tony Buzan	曾明鈺	2010	晨星
考上就靠心智圖： 公職・升學・就業・證照	2009	萩原京二、近藤哲生	李漢庭	2011	智富
超高效創意思考心智圖法	2011	Chris Griffiths	陳筱宛	2013	商周
一起來畫心智圖！	2017	矢嶋美由希	程雨楓	2017	商業周刊
天才筆記術：靈活運用心智圖，實現思考轉換的方法	2015	內山雅人	黃玉寧	2017	晨星
心智圖讀書術：教你如何用一張紙做筆記、一眼抓住重點	2015	大岩俊之	黃玉寧	2016	晨星
世界最強的思考武器——心智圖 （Mind Map Mastery）	2018	Tony Buzan	黃貝玲	2019	大是
這輩子，只能平庸過日子？ （Time Isn't the Problem, You Are）	2016	Chad E. Cooper	姚怡平	2019	方言

台灣出版的心智圖法翻譯書

　　我根據自己在台灣、中國等地推廣心智圖法教學的經驗，在 2001 年出版第一本以華人思維模式與應用指引的中文心智圖法專書。近年來除了我陸續出版了工作與學習上的實務應用書籍之外，後續亦有其他作者出版專書如右表。

書名	作者	出版年	出版社
多元知識管理系統：心智圖法基礎篇	孫易新	2001	耶魯
多元知識管理系統：心智圖法進階篇	孫易新	2002	耶魯
心智圖思考法	孫易新	2004	浩域
展出你的創意： 陀羅與心智繪圖的運用與教學	許素甘	2004	心理
心智圖學習法（1）：學習高手	孫易新、陳資璧	2005	浩域
心智圖學習法（2）：閱讀高手	孫易新、陳資璧	2005	浩域
心智圖學習法（3）：筆記高手	孫易新、陳資璧	2005	浩域
心智圖學習法（4）：記憶高手	孫易新、陳資璧	2005	浩域
心智圖學習法（5）：考試高手	孫易新、陳資璧	2005	浩域
心智圖應用大蒐集（1）	孫易新、陳資璧	2005	浩域
心智圖法 Mind Mapper to-be	孫易新、陳資璧	2005	浩域
心智圖法 Work Smart	孫易新、陳資璧	2005	浩域
心智圖法 Learn Smart	孫易新、陳資璧	2005	浩域
下一個比爾蓋茲的必修課—— 創造高倍速思考力的思維導圖	戴忠仁	2009	世茂
心智圖法基礎應用	孫易新	2009	浩域
心智圖法創意學習	孫易新	2009	浩域
心智圖法高效能學習	孫易新	2009	浩域
培養孩子的思考力與學習力	孫易新	2010	浩域
心智圖超簡單	胡雅茹	2010	晨星
你的第一本心智圖操作書（職場版）（學生版）	陳資璧、盧慈偉	2010	耶魯
創意是這樣畫出來的： 無限發想的心智圖超效思考法	曲智男	2011	博碩
心智圖法理論與應用	孫易新	2014	商周

書名	作者	出版年	出版社
職場五力成功方程式：跨國企業高階主管教您運用心智圖思考 創造百億業績	陳國欽、孫易新	2015	商周
心智圖寫作秘典	梁容菁、孫易新	2015	商周
案例解析！超高效心智圖法入門：輕鬆學會用心智圖作學習筆記、工作管理、提升記憶和創意發想	孫易新	2015	商周
用心智圖法開發孩子的左右腦：教出富有創意、思考力和學習有效率的小孩	王心怡、孫易新	2015	商周
心智圖法的生活應用：用一張圖全方位掌握高效率的創意人生	孫易新	2017	商周
2020 全國第一本專門針對國考考生編寫 國考必勝的心智圖法（學習方法）	孫易新	2019	千華
小學生思維導圖作文課	王明歡、孫易新	2019	浙江人民

華人作者的心智圖法專書

【大圖看這裡】204 頁下：仿〈與宋元思書〉文章結構之〈給台北市長的一封信〉。

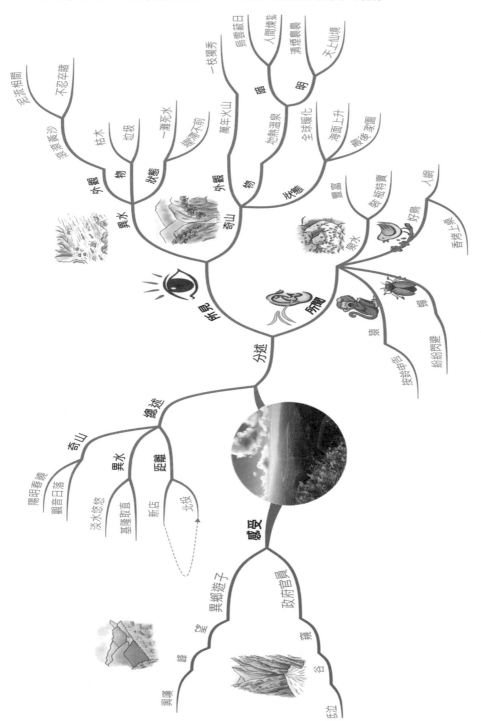

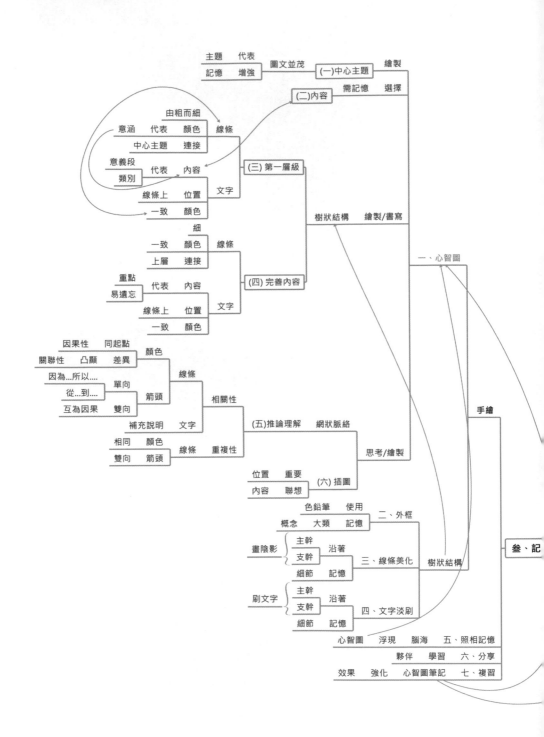

【大圖看這裡】88 頁：KMST 知識地圖學習法 2.0

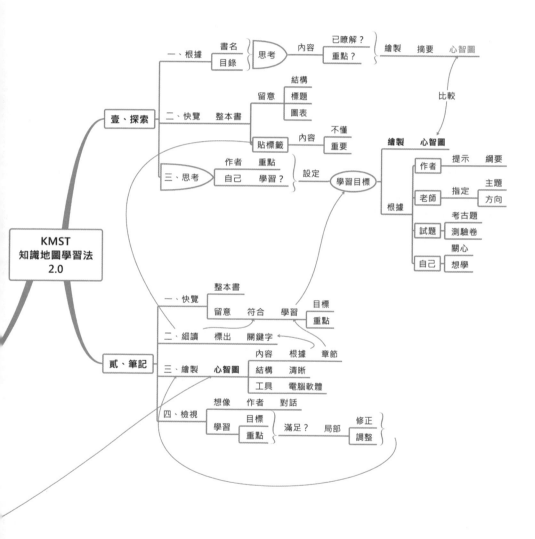

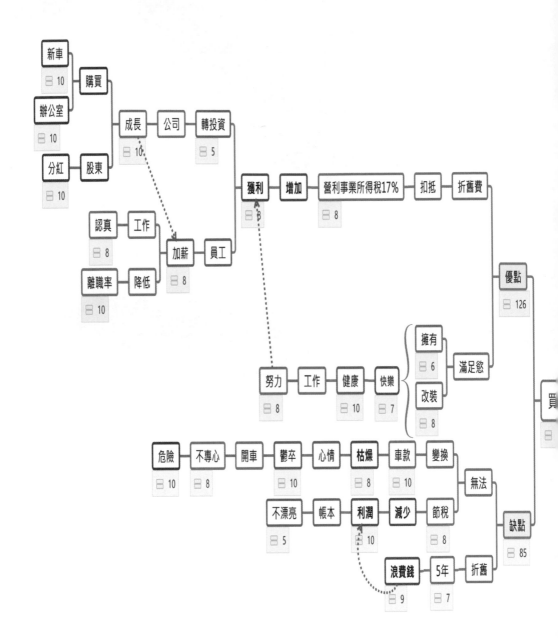

【大圖看這裡】287 頁：5W 雙值分析心智圖模式（範例：公司買車或租車？）

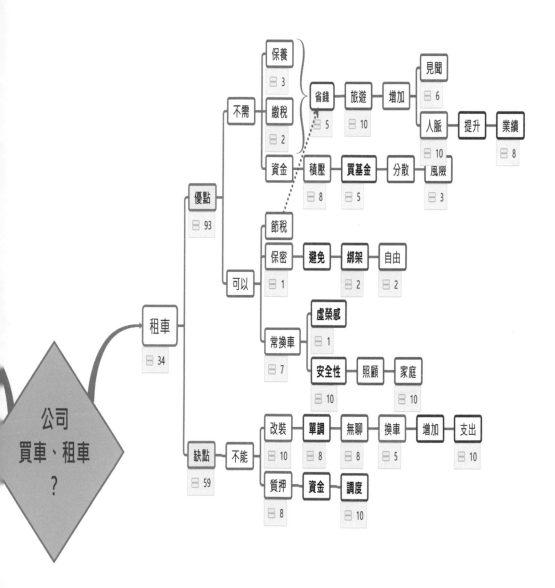

【大圖看這裡】181頁：根據文章內容以及自己的需求來做分類的心智圖（範例：減少腸道壞菌飲食）

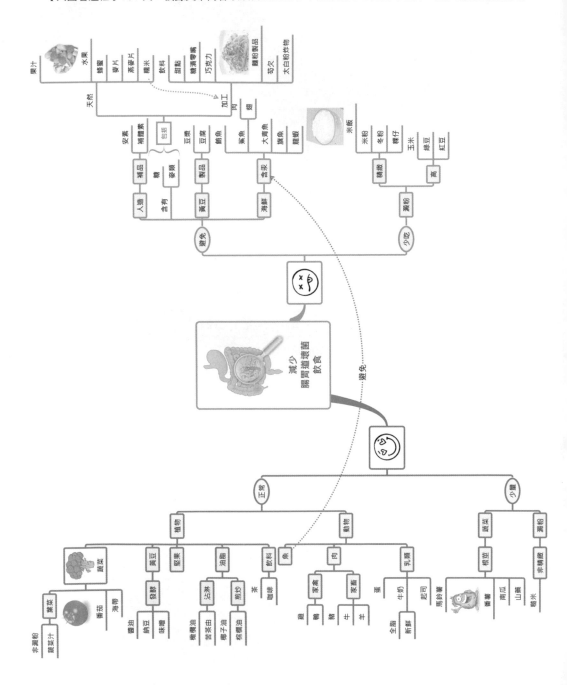

【大圖看這裡】266 頁：專案管理五大流程中十大知識領域的任務

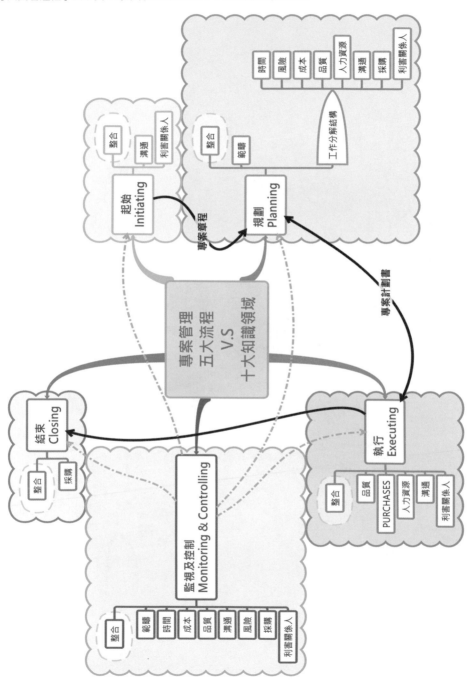

【大圖看這裡】307 頁：六頂思考帽的內容與意涵

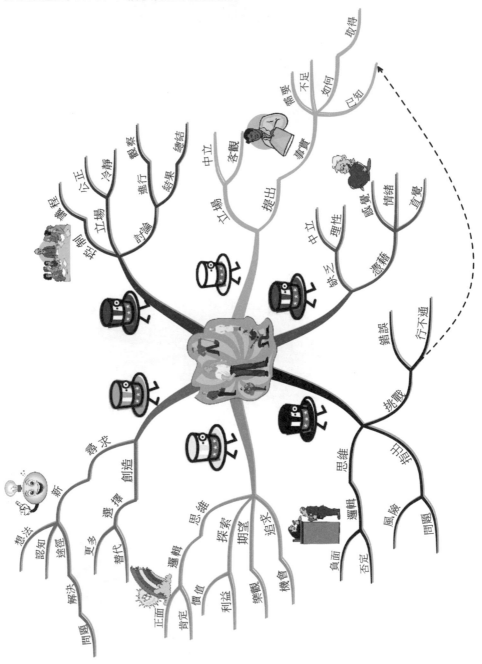

參考書目

PART ONE 緒論

第 1 章 緣起與意義

- Jeannette Vos & Gordon Dryden.《學習革命》（The Learning Revolution）。林麗寬譯。台北縣：中國生產力中心，1997。
- 王心怡。《心智圖閱讀教學 - 國文》。台北：南一，2009。
- 王其敏。《視覺創意思考與方法》。台北：正中書局，1997。
- 何琦瑜。《二十一世紀所需的素養》。親子天下 1，頁 50，2008。
- 余民寧。《有意義的學習──概念構圖之研究》。台北市：商鼎，1997。
- 吳明烈。《終身學習 - 理念與實踐》。台北市：五南，2004。
- 吳美瑤。《Luhmann：社會與教育系統的共振效應》。刊載於教育社會學：人物與思想，頁 317-338。台北市：高等教育，2006。
- 林三貴。《台灣訓練品質系統：為台灣形塑優質國際化人才》。天下雜誌 436，頁 138，2009。
- 林佳靜。〈休閒農場場主職場學習能力與氣氛之研究〉。國立臺灣師範大學工業科技教育學系博士論文，2006。
- 林美和。《成人發展、性別與學習》。台北市：五南，2006。
- 科技政策研究與資訊中心。《魚骨圖、因果圖與問題解決思考流程》。檢索日期：2012 年 03 月 29 日。取自 http://cdnet.stpi.org.tw/techroom/analysis/pat_A107.htm
- 孫易新。《多元知識管理系統：心智圖法基礎篇》。板橋市：耶魯，2001。
- 孫易新。《孫易新心智圖法基礎應用》。台北市：浩域企管，2009。
- 孫易新。〈心智圖法創造思考訓練方案對激發企業人士創造力成效之研究〉。實踐大學企業創新發展研究所碩士論文，2007。
- 孫易新。〈台灣心智圖法學位論文研究之分析〉。台灣師範大學社會教育研究所碩士論文，2013。
- 高子羽。《如何運用心智圖激發創造力》。數位時代 81，頁 158-159，2004。
- 張淑燕。〈社會工作專業人員終身學習之研究──以 UNESCO 學習四大支柱探討〉。國立臺灣師範大學社會教育學系碩士論文，2004。
- 教育部。邁向學習社會。台北：教育部，1998。
- 陳芳毓。《心智圖：2000 家跨國企業採用的思考法》。經理人月刊 67，頁 120-131，2010。
- 陳映慈。《小學生學心智圖先「生活化」再「課業化」》。PC home Kids 4，頁 32-40，2010。
- 博士博數位人力資源。《里程碑》。檢索日期：2010 年 09 月 20 日。取自 http://www.pospo.com.tw/www/aboutus/b-1-3.htm
- 賀桂芬。《想錯未來，企業就完蛋！》。天下雜誌 440，頁 96-99，2010。
- 維基百科。《心智圖》。檢索日期：2013 年 04 月 26 日。廣西師範大學出版社編輯群。《概念地圖書系：圖析經典叢書》。桂林：廣西師範大學，2007。
- 薛良凱。《發揮圖像思考的最大效力》。刊載於：一句話配一張圖，再複雜都能說清楚。頁 12-13。台北市：

三采文化，2012。

- 顏秀雯。《迎戰未來的關鍵學習（6）：心智圖法》。Career 319，頁 90-91，2002。
- 蘇心怡。〈員工教育訓練對企業競爭之影響〉。亞洲大學國際企業學系碩士論文，2007。
- B. Mattinson, "Tony Buzan Mind Mapping - Exactly How It All Began"，檢索日期：2010 年 09 月 20 日。取自 http://www.tonybuzanmindmapping.com/
- B. Ringom, "Creative Mind-Maps", JCI Inc., USA, 1995
- J.D. Novak, & D.B. Gowin, "Learning How to Learn", Cambridge University Press, New York, 1984
- Joy Reid, "Different Styles for Different Learners", Time Express, May, pp. 30-33, 1997
- M. S. Knowles, "The Adult Learner", Gulf Publishing Company, Houston, 1973
- R. Mckim, "Experience in Visual Thinking", Cole, Monterey, 1972
- T. Buzan, "Use your Head", BBC, London, 1974
- T. Krasnic, "Concise Learning: Learn More & Score Higher in Less Time with Less Effort", Concise Books Publishing, 2010
- V. North & T. Buzan, "GET AHEAD: Mind Map Your way to success", Buzan Centres Inc., UK, 1991

第 2 章 教學與企業的應用概況

- D. Trinidad Hunt.《學習如何學習》（Learning to Learn）。彭真譯。台北：世茂，1997。
- Jeannette Vos & Gordon Dryden.《學習革命》（The Learning Revolution）。林麗寬譯。台北縣：中國生產力中心，1997。
- William Reed.《心智圖筆記術》（MindMap Note-Jutsu）。蕭雲菁譯。台中市：晨星，2006。
- 王心怡。《心智圖閱讀教學——國文》。台北：南一，2009。
- 王開府等。《國語文心智圖教學指引》。台北：教育部，2008。
- 吳正豪。《思維導圖：圖解大腦使用手冊》。台北市：新意文化，2012。
- 陳芳毓。《心智圖：2000 家跨國企業採用的思考法》。經理人月刊 67，頁 120-131，2010。
- 勝間和代。《我的人生沒有偶然》。王慧娥譯。台北市：三采文化，2009。
- C. Rose & M. J. Nicholl, "Accelerated Learning for the 21st Century", Dell Publishing, New York, 1997
- R. Pike, "Creative Training Techniques Handbook", Lakewood Books, Minneapolis, MN, 1994
- T. Buzan, "The Mind Map Book", BBC, London, 1993
- T. Buzan, "Mind Maps at Work", Thorsons, London, 2004
- T. Johnson, "PMP Exam Success Series: Bootcamp Manual", Crosswind Project Management Inc., 2008

PART TWO 理論基礎

- 王秀園。《學習大革命：善用腦子讀好書》。台北市：宇宙光全人關懷機構，2005。
- 王政彥。《成人的自我調控學習》。刊載於成人學習革命，中華民國成人教育學會主編。台北市：師大書苑，2000。
- 孫易新。〈台灣心智圖法學位論文研究之分析〉。台灣師範大學社會教育研究所碩士論文，2013。
- 黃富順。《高齡學》。台北市：五南，2011。
- 維基百科。《心智圖》。檢索日期：2013 年 04 月 26 日。
- T. Buzan, "The Mind Map Book", BBC, London, 1993.
- T. Buzan, "Use your Head", BBC, London, 1974.

第 3 章 大腦與記憶

- Barry Gordon & Lisa Berger.《智能記憶》（Intelligent Memory）。黃佳瑜譯。台北市：大塊文化，2005。
- E.D. Gagné, C.W. Yekovich, & F.R. Yekovich.《教學心理學——學習的認知基礎》（Cognitive Psychology of School Learning）。岳修平譯。台北市：遠流，1998。
- Jeannette Vos & Gordon Dryden.《學習革命》（The Learning Revolution）。林麗寬譯。台北縣：中國生產力中心，1997。
- Larry R. Squire & Eric R. Kandel.《透視記憶》（Memory）。洪蘭譯。台北市：遠流，2001。
- M.D. Dharma Singh Khalsa & Cameron Stauth,《優質大腦》（Brain Longevity: the breakthrough medical program that improves your mind and memory）羅美惠譯。台北市：先覺，1999。
- Rebecca Rupp.《記憶的秘密》。（Committed to Memory : how we remember and why we forget）。洪蘭譯。台北市：貓頭鷹，2003。
- Susan A. Greenfield.《大腦小宇宙》（The Human Brain）。陳慧雯譯。台北市：天下遠見，1998。
- Tony Buzan.《超高效心智圖學習法》（The Buzan Study Skills Handbook）。蔡承志譯。台北市：商周，2010。
- William Lidwell, Kritina Holden, Jill Butler.《設計的法則：100 個影響認知、增加美感，讓設計更好的關鍵法則》（Universal Principles of Design, Revised and Updated Edition）。呂亨英譯。台北市：原點，2008。
- 三田紀房。《東大特訓班》（1~21）。章澤儀譯。台北市：東販，2004。
- 王秀園。《學習大革命：善用腦子讀好書》。台北市：宇宙光全人關懷機構，2005。
- 王建雅、陳學志。《腦科學為基礎的課程與教學》。教育實踐與研究 22-1，頁 139-168，2009。
- 王道還。《布羅卡發現大腦皮質上的「說話區」》。科學發展 376，頁 80-82，2004。
- 伍全裕。《過目不忘的記憶法》。台北縣：漢湘文化，1997。
- 李昀澔、邱慕天。《睡眠不足 影響記憶及反應能力》。檢索日期：2013 年 09 月 02 日。取自 http://news.pchome.com.tw/healthcare/awakening/20130719/index-13742314204167643012.html
- 孫易新、陳資璧。《心智圖法：Mind Mapper ~ Learn Smart》。台北市：浩域，2005。
- 黃富順。《高齡學》。台北市：五南，2011。
- 黃碩傑。〈由語意透明度所引發的再認記憶鏡像效應：行為與事件相關腦電位研究〉。國立中央大學認知神

經科學研究所碩士論文，2009。

- 靳洪剛。《語言發展心理學》。台北市：五南，1994。
- A. Paivio, "Imagery and Verbal Processing", Holt Rinehart & Winston, New York, 1971.
- Alan M. Kazlev, "The Triune Brai", 檢索日期：2011 年 5 月 10 日。取自 http://www.kheper.net/topics/intelligence/MacLean.htm
- B. Minto, "The Minto Pyramid Principle: Logic in Writing, Thinking and Problem Solving", Minto Intl., UK, 1996
- C. Rose & M. J. Nicholl, "Accelerated Learning for the 21st Century", Dell Publishing, New York, 1997
- Dharma Singh Khalsa, "Brain Longevity: The Breakthrough Medical Program that Improves Your Mind and Memory", Warner Books, Inc., New York, 1999
- E. Tulving, "Episodic and semantic memory", in: E. Tulving & W. Donaldson（eds.）, Organization in memory, Academic Press, New York, pp.381-403, 1972
- G. A. Miller, "The Magical Number Seven, Plus or Minus Two: Some Limits on our Capacity for Processing Information", Psychological Review 63, pp.81-97. 1956
- G. D. Fischback, "Mind and Brain", Scientific American 267（3）, 48-57, 1992
- J. Stein, "The Brain and Learning", in: Jarvis P. & Parker S.（eds.）, Human learning: an holistic approach, Routledge, London/New York, 2005
- H. Ebbinghaus, "Memory", Dover, New York, 1964
- H. Von Restorff, "Über die Wirkung von Bereichsbildungen im Spurenfeld (The effects of field formation in the trace field)", Psychologie Forschung 18, pp.299-342, 1933
- H.A. Simon, "How big is a chunk?", Science 183, pp.482-488, 1974
- J. Stein, "The brain and learning", Jarvis P. & Parker S.（eds.）, Human Learning: an holistic approach, Routledge, London/New York, 2005.
- Macer, R. J. Darryl, "The next challenge is to map the human mind", Nature Vol. 420 Issue 6912, pp.121, 2002
- R. H. Wozniak, "Introduction to Memory", Hermann Ebbinghaus (1885/1913), 1999
- T. Buzan, "Use your Head", BBC, London, 1974
- T. Buzan, "The Mind Map Book", BBC, London, 1993
- T. Buzan, "Use your Memory", BBC, London, 1995
- T. Buzan, "The Buzan Study Skills Handbook: The Shortcut to Success in Your Studies with Mind Mapping, Speed Reading and Winning Memory Techniques", BBC, London, 2007
- T. Buzan, "Mind Maps at Work", Thorsons, London, 2004.

第 4 章 語意學

- Jens Allwood, Lars-Gunnar Anderson & Osten Dahl.《語言學中的邏輯》（Logic in Linguistics）。王維賢、李先焜、蔡希杰譯。北京：北京大學，2009。
- 吳朝暉、陳華鈞。《語義網格：模型、方法與應用》。杭州：浙江大學，2008。
- 周建設。《語義、邏輯與語言哲學》。北京：學苑，2006。

- 邱子恆。《圖書資訊分類架構在組織與呈現知識上之應用》。圖書資訊學刊 17，123-137，2002。
- 洪明洲。《金字塔知識管理》。刊載於：金字塔原理。台北市：經濟新潮，2007。
- 徐烈炯。《語意學》。台北市：五南，1996。
- 徐道鄰。《語意學概要》。香港：友聯，1956。
- 靳洪剛。《語言發展心理學》。台北市：五南，1994。
- 維基百科。《心智圖》。檢索日期：2013 年 04 月 26 日。
- 盧淵源。《妙筆生花之思考寶典》。刊載於：金字塔原理。台北市：經濟新潮，2007。
- A. Collins, & E. F. Loftus, "A Spreading Activation Theory of Semantic Processing", Psychological Review 82, pp.407-428, 1975
- A. Collins, & M. R. Quillian, "Retrieval Time from Semantic Memory", Journal of Verbal Learning and Verbal Behavior 8, pp.240-247, 1969
- B. Minto, "The Minto Pyramid Principle: Logic in Writing, Thinking and Problem Solving", Minto Intl., UK, 1996
- E. D. Gagné, "The Cognitive Psychology of School Learning", Little Brown and Company, Boston, 1985
- John F. Sowa, "Conceptual Structures : information processing in mind and machine", Reading, Addison-Wesley, Mass, 1984
- Katz & Fodor, "The Structure of a Semantic Theory", in: Language 39, No. 2, pp.170-210, 1963
- M. G. Barite, "The notion of Category: its implications in subject analysis and in the construction and evaluation of indexing languages", Knowledge Organization 27: pp.1-2, 2000
- M. P. Satija, "Classification: some fundamentals, some myths, some realities", Knowledge Organization 25: 1-2, pp. 32, 1998
- S. Koshman, "Categorization and Classification Revisited: a review of concept in library science and cognitive psychology", Current Studies in Librarianship, pp.28, 1993

第 5 章 KMST 知識地圖學習法 2.0

- Christian Grüning.《讀書別靠意志力──風靡德國的邏輯 K 書法》（Garantiert erfolgreich lernen - Wie Sie Ihre Lese- und Lernfähigkeit steigern）。莊仲黎譯。台北市：究竟，2009。
- E.D. Gagné, C.W. Yekovich, & F.R. Yekovich.《教學心理學──學習的認知基礎》（Cognitive Psychology of School Learning）。岳修平譯。台北市：遠流，1998。
- William H. Calvin.《大腦如何思考》（How Brains Think）。黃敏偉、陳雅茜譯。台北市：天下文化，1997。
- 呂宗昕。《K 書高手》。台北市：商周出版，2004。
- 呂宗昕。《考試高手》。台北市：商周出版，2004。
- 周文欽。《研究效度》。空大學訓，395，21-29，2008。
- 林振春、詹明娟。《悅讀讀書會》。台北市：陽昇教育基金會，2005。
- 洪明洲。《金字塔知識管理》。刊載於：金字塔原理。台北市：經濟新潮，2007。
- 洪蘭。《打電玩鍛鍊推理能力》。天下，504，頁 28，2012。
- 胡夢鯨。《成人的高峰學習》。刊載於成人學習革命，頁 31-56。台北市：師大書苑，2000。

- 孫易新。《孫易新心智圖法基礎應用》。台北市：浩域企管，2009。
- 陳龍安。《改造創意思考的武器》。工商時報，台北，第 29 版，1996 年 1 月 6 日。
- 程薇。《教育心理學》。台北市：志光教育文化，2009。
- 黃惇勝。《KJ 法的基本理念及應用》。創造思考教育年刊，台北，第 5 期，1993。
- 溫肇東。《寫作能活化大腦》。刊載於：金字塔原理。台北市：經濟新潮，2007。
- 靳洪剛。《語言發展心理學》。台北市：五南，1994。
- 維基百科。《心智圖》。檢索日期：2013 年 04 月 26 日。
- C. Grüning, "Garantiert erfolgreich lernen: wie Sie Ihre Lese- und Lernfähigkeit steigern", Grüning Hemmer Wüst Verlagsakademie GmbH, 2005
- E. D. Gagné, "The Cognitive Psychology of School Learning", Little Brown and Company, Boston, 1985
- M. G. Barite, "The Notion of Category: its implications in subject analysis and in the construction and evaluation of indexing languages", Knowledge Organization 27: pp.1-2, 2000
- M. P. Satija, "Classification: some fundamentals, some myths, some realities", Knowledge Organization 25: 1-2, pp. 32, 1998
- Philip C. Candy, "Self-Direction for Lifelong Learning", Jossey-Bass, San Francisco, 1991
- S. Koshman, "Categorization and Classification Revisited: a review of concept in library science and cognitive psychology", Current Studies in Librarianship, pp.28, 1993
- T. Buzan, "The Mind Map Book", BBC, London, 1993
- T. Buzan, "The Buzan Study Skills Handbook: The Shortcut to Success in Your Studies with Mind Mapping, Speed Reading and Winning Memory Techniques", BBC, London, 2007

第 6 章 創意思考

- Colin Rose & Malcolm J. Nicholl.《學習地圖》（Accelerated Learning for the 21th Century）。戴保羅譯。台北：經典傳訊文化，1999。
- D. Trinidad Hunt.《學習如何學習》（Learning to Learn）。彭真譯。台北：世茂，1997。
- Jeannette Vos & Gordon Dryden.《學習革命》（The Learning Revolution）。林麗寬譯。台北縣：中國生產力中心，1997。
- Karen A. Brown, Nancy Lea Hyer.《左腦右腦平衡運用心圖：專案管理的利器》（The WBS Checklist）。李田樹譯。EMBA 世界經理文摘，198，頁 56-67，2003。
- Linda Campbell, Bruce Campbell, DeeDickinson.《多元智慧的教與學》（Teaching & Learning through Multiple Intelligences）。郭俊賢、陳淑惠譯。台北：遠流，1999。
- Michael Gelb.《7 Brains：怎樣擁有達文西的 7 種天才》（7 Brains）。劉蘊芳譯。台北市：大塊文化，1999。
- Reader's Digest.《全方位增強智力》（Maximize Your Brain Power）。王慧娟、張月祥、史志康譯。香港：讀者文摘，2001。
- Robert J. Sternberg.《創造力 I‧理論》（Handbook of Creativity I）。李乙明、李淑貞譯。台北：五南，2005。
- Robert J. Sternberg.《創造力 II‧應用》（Handbook of Creativity II）。李乙明、李淑貞譯。台北：五南，2005。

- Wikipedia, "Creative problem solving Process", 檢索日期：2012 年 02 月 20 日。取自 http:// en.wikipedia.org/wiki/Creative_Problem_Solving_Process
- Wikipedia, "Creative problem solving", 檢索日期：2012 年 02 月 20 日。取自：http://en.wikipedia. org/wiki/Creative_problem_solving
- William Reed.《心智圖筆記術》（MindMap Note-Jutsu）。蕭雲菁譯。台中市：晨星，2006。
- 西村克己。《圖解力》。江裕真譯。台北市：商周，2004。
- 李欣蓉。《圖像思考，不可不知的學習方法》。刊載於：圖像化學習。台北：遠流，2005。
- 李翠卿。《你也能當記憶高手》。Career 343，頁 118-121，2005。
- 林妙玲。〈創造力訓練方案對企業人士提昇創造力成效之研究〉。實踐大學企業創新發展研究所碩士論文，2005。
- 邱皓政。《創造力實踐歷程之研究：子計畫七：創新歷程的文化困境——個人創造力發展的人情困局（III）》。國家科學委員會專題研究計畫成果報告，2004。
- 孫易新、陳資璧。《心智圖法：Mind Mapper ~ Work Smart》。台北市：浩域，2005。
- 孫易新、陳資璧。《心智圖應用大蒐集（1）》。台北市：浩域，2005。
- 孫易新。《多元知識管理系統：心智圖法基礎篇》。板橋市：耶魯，2001。
- 孫易新。《多元知識管理系統：心智圖法進階篇》。板橋市：耶魯，2002。
- 孫易新。《心智圖思考法》。台北市：浩域企管，2004。
- 孫易新。〈心智圖法創造思考訓練方案對激發企業人士創造力成效之研究〉。實踐大學企業創新發展研究所碩士論文，2007。
- 孫易新。《孫易新心智圖法基礎應用》。台北市：浩域企管，2009。
- 孫易新。〈台灣心智圖法學位論文研究之分析〉。台灣師範大學社會教育研究所碩士論文，2013。
- 孫易新。《心智圖法》。刊載於創造力關鍵思考技法，潘裕豐主編。台北市：華騰，2013。
- 高子羽。《如何運用心智圖激發創造力》。數位時代 81，頁 158-159，2004。
- 高子梅。《世界咖啡館》。台北市：臉譜，2007。
- 張瑋容。〈整合心智圖法與概念構圖於數位內容創意脈絡之研究〉。國立臺中技術學院多媒體設計研究所碩士論文，2006。
- 許素甘。《展出你的創意：曼陀羅與心智繪圖的運用與教學》。台北市：心理，2004。
- 陳龍安。《改造創意思考的武器》。工商時報，台北，第 29 版，1996 年 1 月 6 日。
- 陳龍安。《創造性問題解決（CPS）模式》。檢索日期：2012 年 03 月 28 日。取自 http://3q.club.tw/ teach/3/madee4.htm
- 陳龍安。《創造思考教學的理論與實際》（第六版）。台北：心理，2006。
- 陳龍安。《創造思考教學的理論與實際》。台北：心理，1998。
- 游光昭，蔡福興。《電腦化心智繪圖在創造思考教學上之運用》。生活科技教育月刊 34（10），14-18，2001。
- 蔡崇建。《透過視覺化思考激發創意》。國立臺灣師範大學教育部創意學院計畫，2007。
- 顏秀雯。《迎戰未來的關鍵學習（6）：心智圖法》。Career 319，頁 90-91，2002。
- B. Ringom, "Creative Mind-Maps", JCI Inc., USA, 1995
- H. Gardner, "Creating Minds", Basic, New York, 1993

- H. Gardner, "Frames of Mind: The Theory of Multiple Intelligences", Basic Books, New York, 1983
- H. Gardner, "Seven Creators of the Modern Era", In J. Brockman（ed.）, Creativity, Simon & Schuster, New York, pp.28-47,1993
- J. Wycoff, "Mindmapping: Your Personal Guide to Exploring Creativity and Problem-Solving", Berkley Books, New York, 1991
- T. Buzan, "The Mind Map Book", BBC, London, 1993.
- The Economist, "Innovation or die"，檢索日期：2012 年 03 月 02 日。取自 http://www.economist.com/node/242082

第 7 章 圖像組織

- Colin Rose & Malcolm J. Nicholl.《學習地圖》（Accelerated Learning for the 21th Century）。戴保羅譯。台北：經典傳訊文化，1999。
- David Lazear.《落實多元智慧教學評量》（Multiple Intelligence Approaches to Assessment: solving the assessment conundrum）。郭俊賢、陳淑惠譯。台北：遠流，2000。
- Jeannette Vos & Gordon Dryden.《學習革命》（The Learning Revolution）。林麗寬譯。台北縣：中國生產力中心，1997。
- Kaimai Mizuhiro.《現學現用！商業圖解思考法》（SAIKYO NO BUSINESS ZUKAI WORK BOOK）。林欣怡譯。台北市：商周，2009。
- Karen A. Brown, Nancy Lea Hyer.《左腦右腦平衡運用心圖：專案管理的利器》（The WBS Checklist）。李田樹譯。EMBA 世界經理文摘 198，頁 56-67，2003。
- Kim Heldman.《PMP 專案管理認證指南》（PMP: Project Management Professional Study Guide. 2nd Edition）。羅光志譯。台北縣：博碩文化，2005。
- MBA 智庫百科.《邏輯學》。檢索日期：2011 年 07 月 06 日。取自 http://wiki.mbalib.com/zh-tw/%E9%80%BB%E8%BE%91%E5%AD%A6
- Wikipedia, "Ishikawa diagram"，檢索日期：2011 年 07 月 07 日。
- 久恆啟一.《這樣圖解就對了！：培養理解力、企畫力、傳達力的 20 堂圖解課》。台北市：經濟新潮社，2011。
- 今泉浩晃.《改變一生的曼陀羅 MEMO 技法》。洪偉智、徐塵亮譯。台北縣：世茂，1997。
- 王開府等.《國語文心智圖教學指引》。台北：教育部，2008。
- 西村克己.邏輯思考法圖解。柳俊帆譯。台北市：商周，2007。
- 吳永佳.《四種筆記魔法，想到就能做到》。Cheers 雜誌，2011 年 7 月。
- 李欣蓉.《圖像思考，不可不知的學習方法》。刊載於：圖像化學習。台北：遠流，2005。
- 李欣蓉.《圖像思考，不可不知的學習方法》。刊載於：圖像化學習。台北：遠流，2005。
- 林照田，蔡承志.《邏輯學入門》。台北市：雙葉書廊，2004。
- 科技政策研究與資訊中心.《魚骨圖、因果圖與問題解決思考流程》。檢索日期：2012 年 03 月 29 日。取自 http://cdnet.stpi.org.tw/techroom/analysis/pat_A107.htm
- 胡雅茹.《曼陀羅思考法》。台中市：晨星，2011。
- 孫易新.〈心智圖法創造思考訓練方案對激發企業人士創造力成效之研究〉。實踐大學企業創新發展研究所碩士論文，2007。

- 孫易新。《孫易新心智圖法基礎應用》。台北市：浩域企管，2009。
- 孫德富。〈曼陀羅九宮格思考法訓練方案對壽險人士提昇創造力成效之研究〉。實踐大學創新與創業管理研究所碩士論文，2011。
- 展頡。《PMP 國際專案管理師培訓課程講義》。台北市：展頡知識管理顧問，2004。
- 梁雲霞。《運用圖像組織，教兔子樂於思考》。刊載於：圖像化學習。台北：遠流，2005。
- 陳孟姒。〈心智圖法結合繪本閱讀教學方案對國小兒童閱讀理解能力及創造力之成效研究〉。臺北市立教育大學課程與教學研究所碩士論文，2010。
- 黃玉琪。〈自然科心智圖法創造思考教學方案對國小學生創造力與自然科學業成就之影響研究〉。臺北市立教育大學特殊教育學系碩士論文，2006。
- 維基百科。《邏輯》。檢索日期：2011 年 07 月 05 日。翟文明、楚淑慧。《圖解思考法》。哈爾濱：黑龍江科學技術，2008。
- 翟文明、楚淑慧。《圖解思考法》。哈爾濱：黑龍江科學技術，2008。
- 蔡文山。〈心智圖教學方案對國小五年級學生創造力、學習成就、學習動機之影響——以自然與生活科技領域為例〉。國立嘉義大學國民教育研究所博士論文，2007。
- 蔡巨鵬。〈易經創造思考訓練模式之建構與應用〉。國立臺灣師範大學教育學院創造力發展碩士在職專班碩士論文，2009。
- 黎珈伶。《全腦學習，萬「試」通》。台北市：新自然主義，2009。
- 蕭幸青。〈靜心冥想與曼陀羅創作活動對學生創思表現影響之行動研究〉。國立東華大學課程設計與潛能開發學系碩士論文，2011。
- 錢秀梅。〈心智圖法教學方案對身心障礙資源班學生創造力影響之研究〉。國立台北師範學院特殊教育學系碩士論文，2001。
- 錢昭君。〈心智圖寫作教學方案對國小學生創造力及寫作表現之影響〉。臺北市立教育大學特殊教育學系碩士班資賦優異組碩士論文，2010。
- C. Griffiths, "GRASP. The Solution", Proactive Press, UK, 2011
- C. Rose, "Accelerated Learning", Dell Publishing, New York, 1985
- D. Sibbet, "Visual Meeting: how graphics, sticky notes, and idea mapping can transform group productivity", John Wiley & Sons, Inc., New Jersey, 2010
- J.D. Novak, & D.B. Gowin, "Learning How to Learn", Cambridge University Press, New York, 1984
- K. Bromley, L. Vitis & M. Modlo, "Graphic Organizers", Scholastic Press, 1995
- M. Egan, "Reflections on Effective Use of Graphic Organizer", Journal of Adolescent and Adult Literacy 42（8）, pp.641 – 645, 1999.

第 8 章 圖像思考

- Gombrich, Ernst Hans.《藝術與錯覺：圖畫再現的心理學研究》。林夕、李本正、范景中譯。長沙市：湖南科學技術，2000。
- Jeannette Vos & Gordon Dryden.《學習革命》（The Learning Revolution）。林麗寬譯。台北縣：中國生產力中心，1997。
- 伍全裕。《過目不忘的記憶法》。台北縣：漢湘文化，1997。

- 周志勇。〈潘諾夫斯基圖像學理論之研究〉。國立屏東教育大學視覺藝術教育學系碩士論文，2006。
- 周建設。《語義、邏輯與語言哲學》。北京：學苑，2006。
- 孫易新。〈台灣心智圖法學位論文研究之分析〉。台灣師範大學社會教育研究所碩士論文，2013。
- 陳懷恩。《圖像學》。台北市：如果，2008。
- 葉至誠。《教育社會學》。台北市：威仕曼文化，2006。
- J. S. Bruner, "A Study of Thinking", Wiley, New York, 1956
- M. Bruce-Mitford & K. Wilkinson, "Signs & Symbols: an illustrated guide to their origins and meanings", Dorling Kindersley, London, 2008
- M. Bruce-Mitford, "The Illustrated Book of Signs & Symbols", DK Publishing, Inc., New York, 1996

第 9 章 色彩

- CR&LF 研究所。《配色的魔法：能夠召喚幸運與感動的創意色彩學》。台北縣：博碩文化，2008。
- D. Trinidad Hunt.《學習如何學習》（Learning to Learn）。彭真譯。台北：世茂，1997。
- Edward do Bono.《六頂思考帽》（Six Thinking Hats）。江麗美譯。台北縣：桂冠，1996。
- Edward do Bono.《六雙行動鞋》（Six Action Shoes）。李宛蓉譯。台北市：長河，1998。
- 千千岩英彰。《不可思議的心理與色彩》。台北市：新潮社，2002。
- 大山正。《色彩心理學：追尋牛頓和歌德的腳步》。台北市：木村圖書，1998。
- 石朝霖。《色彩能量的奧秘》。台北市：商周出版，2006。
- 李福印。《認知語言學概論》。北京市：北京大學，2008。
- 孫易新。〈心智圖法創造思考訓練方案對激發企業人士創造力成效之研究〉。實踐大學企業創新發展研究所碩士論文，2007。
- 馬彥文。《Mind Map 學習天書》。香港：香港博贊中心，2009。
- 張志雄。《生命的密碼，色彩知道》。台北縣：人本自然，2005。
- 野村順一。《顏色魔法書》（Color Magic）李曄譯。台北市：方智，2000。
- 陳英偉。《實用色彩學》。台北市：華立，2006。
- 博田茶。《好色人生；色彩魔術師》。台北市：婦女與生活社，2000。
- E. Bono, "Six thinking Hats", Mica Management Resources Inc., UK, 1990
- M. Bruce-Mitford & K. Wilkinson, "Signs & Symbols: an illustrated guide to their origins and meanings", Dorling Kindersley, London, 2008.
- M. Bruce-Mitford, "The Illustrated Book of Signs & Symbols", DK Publishing, Inc., New York, 1996.
- T. Buzan, "The Mind Map Book", BBC, London, 1993
- T. Hunt, "Learning to Learn: maximizing your performance potential", Elan Enterprises Pr., 1991.

第 10 章 心智圖法

- David Lazear.《落實多元智慧教學評量》（Multiple Intelligence Approaches to Assessment: solving the assessment conundrum）。郭俊賢、陳淑惠譯。台北：遠流，2000。
- E.D. Gagné, C.W. Yekovich, & F.R. Yekovich.《教學心理學——學習的認知基礎》（Cognitive Psychology of School Learning）。岳修平譯。台北市：遠流，1998。

- Larry R. Squire & Eric R. Kandel.《透視記憶》（Memory）。洪蘭譯。台北市：遠流，2001。
- Michael Gelb.《7 Brains：怎樣擁有達文西的7種天才》（7 Brains）。劉蘊芳譯。台北市：大塊文化，1999。
- Sharan B. Merriam.《終身學習全書：成人教育總論》（Learning in Adulthood：A Comprehensive Guide）。楊惠君譯。台北市：商周，2004。
- 孫易新、陳資璧。《心智圖法：Mind Mapper ~ Learn Smart》。台北市：浩域，2005。
- 孫易新、陳資璧。《心智圖法：Mind Mapper ~ Work Smart》。台北市：浩域，2005。
- 孫易新、陳資璧。《心智圖學習法（3）：筆記高手》。台北市：浩域，2005。
- 孫易新、陳資璧。《心智圖學習法（4）：記憶高手》。台北市：浩域，2005。
- 孫易新、陳資璧。《心智圖應用大蒐集（1）》。台北市：浩域，2005。
- 孫易新。《多元知識管理系統：心智圖法基礎篇》。板橋市：耶魯，2001。
- 孫易新。《多元知識管理系統：心智圖法進階篇》。板橋市：耶魯，2002。
- 孫易新。《心智圖思考法》。台北市：浩域企管，2004。
- 孫易新。《授課技巧與教案設計》。台北市：國際青年商會，2004。
- 孫易新。〈心智圖法創造思考訓練方案對激發企業人士創造力成效之研究〉。實踐大學企業創新發展研究所碩士論文，2007。
- 孫易新。《孫易新心智圖法基礎應用》。台北市：浩域企管，2009。
- 孫易新。〈台灣心智圖法學位論文研究之分析〉。台灣師範大學社會教育研究所碩士論文，2013。
- 孫易新。《心智圖法》。刊載於創造力關鍵思考技法，潘裕豐主編。台北市：華騰，2013。
- 張玉山、王肇峰。《鷹架學習理論在國小生活科技的教學應用》。刊載於全國教師進修網教師專業發展電子報20。檢索日期：2013年7月210日。
- 陳盈達。〈心智繪圖法課程之學習成效研究——以南投縣政府社區大學為例〉。朝陽科技大學企業管理系碩士論文，2004。
- 彭敏松。《學習型態理論在成人學習上的應用》。刊載於成人學習：心理學的探討。郭為藩編著。台北市：心理，2003。
- 黃富順。《成人學習》。台北市：五南，2002。
- A. Giddens, "The Constitution of Society", Polity Press, Cambridge, MA, 1984
- C. Christensen, J. Dyer & H. Gregersen, "The Innovator's DNA: Mastering the Five Skills of Disruptive Innovators", Harvard Business Review Press, 2011
- D. A. Kolb, "Experiential Learning Experience as the Resource of Learning and Development", Prentice Hall, Englewood Cliffs, 1984
- D.P. Ausubel, "A Cognitive Structure Theory of School Learning" In: L. Siegel (ed.), Instruction: Some Contemporary Viewpoints. San Francisco: Chandler, 1967
- Pratt, "Andragogy as a Relational Construct." Adult Education Quarterly 38 (3), pp.160-181, 1988.
- T. Buzan, & S. Abbott, "Mind Maps for Kids: Max your memory and concentration", Thorsons, London, 2005.
- T. Buzan, "Use your Head", BBC, London, 1974
- T. Buzan, "The Mind Map Book", BBC, London, 1993

- T. Buzan, "Use your Memory", BBC, London, 1995
- T. Buzan, "The Speed Reading Book", BBC, London, 1997
- T. Buzan, "Master your Memory", BBC, London, 1998
- T. Buzan, "The Power of Creative Intelligence", Thorsons, London, 2001
- T. Buzan, "Mind Maps at Work", Thorsons, London, 2004
- T. Buzan, "The Buzan Study Skills Handbook: The Shortcut to Success in Your Studies with Mind Mapping, Speed Reading and Winning Memory Techniques", BBC, London, 2007
- V. North & T. Buzan, "GET AHEAD: Mind Map Your Way to Success", Buzan Centres Inc., UK, 1991
- Wood, Bruner & Ross, "The role of tutoring in problem-solving", Journal of Child Psychology and Psychiatry 17, pp.89-100, 1976

第 11 章 論文研究與研究建議

- 孫易新。〈台灣心智圖法學位論文研究之分析〉。台灣師範大學社會教育研究所碩士論文，2013。
- 郭崑謨。《論文及報告寫作概要》。台北市：五南，1994。
- 陳旭耀。〈臺灣地區圖書資訊學碩士論文及其引用文獻之研究〉。天主教輔仁大學圖書資訊學研究所碩士論文，1997。
- 傅淑貞。〈師・生・畢業論文：台灣社研所碩士論文之知識社會學考察〉。國立臺灣大學社會學研究所碩士論文，1997。
- 傅雅秀、李德竹。《美國書目計量學博士論文評析》。中國圖書館學會會報，51 期，頁 231-240，1993。

PART THREE 實務應用

第 12 章 閱讀理解與筆記摘要法

- E.D. Gagné, C.W. Yekovich, & F.R. Yekovich.《教學心理學——學習的認知基礎》（Cognitive Psychology of School Learning）。岳修平譯。台北市：遠流，1998。
- 久恆啟一。《這樣圖解就對了！培養理解力、企畫力、傳達力的 20 堂圖解課》。台北市：經濟新潮社，2011。
- 台北市教育局。《特色招生家長版 Q&A-Q7》。臺北市十二年國民基本教育資訊網。檢索日期：2013 年 04 月 15 日。取自 http://12basic.tp.edu.tw/2-3.asp
- 米山公啟。《筆記成功術：升級你的大腦創意與效率》。李道道譯。台北市：商周，2007。
- 呂宗昕。《K 書高手》。台北市：商周出版，2004。
- 呂宗昕。《考試高手》。台北市：商周出版，2004。
- 李慶芳。《七大修練方式之二「關鍵字、卡片和心智圖法」》。檢索日期：2012 年 03 月 29 日。取自 http://reskm98.blogspot.com/2010/04/blog-post_8632.html
- 李慶芳。《學三推九、擴大知識》。檢索日期：2012 年 03 月 29 日。取自 http://reswithoutnumbers.blogspot.com/2010/03/blog-post_11.html
- 孫易新、陳資璧。《心智圖法：Mind Mapper ~ Learn Smart》。台北市：浩域，2005。

- 孫易新、陳資璧。《心智圖學習法（3）：筆記高手》。台北市：浩域，2005。
- 親野智可等。《小學生 100 分筆記術》（SHOUGAKUSEI NOGAKURYOKU WA「NOTE」DENOBIRU！）。卓惠娟譯。新北市：野人文化，2011。
- 魏靜雯。〈心智繪圖與摘要教學對國小五年級學生閱讀理解與摘要能力之影響〉。國立臺灣師範大學教育心理與輔導研究所碩士論文，2004。
- B. J. F. Meyer & R. O. Freedle, "Effects of Discourse Type on Recall", American Educational Research Journal 21, pp.121-143, Quarterly 16, pp.72-103, 1984
- B. J. F. Meyer, D. M. Brandt, & G. J. Bluth, "Use of Top Level Structure in the Text: Key for reading comprehension of ninth grade students", Reading Research, 1980
- L. K. Cook, & R. E. Mayer, "Teaching Readers about the Structure of Scientific Text", Journal of Educational Psychology 80, pp.488-456, 1988
- M. A. Just, & P. A. Carpenter, "A Theory of Reading: From eye fixations to comprehension", Psychological Review 87 (4), pp.329-354, 1980
- R. Glaserm, "Instructional Psychology: The acquisition of knowledge and skill", In: R. Glaser & J. Lompscher (ed.), Cognitive and Motivational Aspects of instruction Vol.7, North Holland Publishing Company, N.Y, pp.301-302, 1982
- S. B. Kletzien, "Proficient and Less Proficient Comprehenders' Strategy Use for Different top-level Structures", Journal of Reading Behavior 24, pp.191-215, 1992
- T. A. van Dijk, "Semantic Discourse Analysis", In: T. A. van Dijk (ed.), Handbook of Discourse Analysis: Disciplines of Discourse, vol.2, Academic Press, London, pp.103-136, 1985
- W. Kintsch, "Comprehension: A Paradigm for Cognition", Cambridge University Press, NY, 1998

第 13 章 教學與寫作的應用

- 王開府等。《國語文心智圖教學指引》。台北：教育部，2008。
- 吳淑慧。《文章寫作入門》。吳淑慧華語教學網。檢索日期：2012 年 04 月 18 日。取自 http://zorawsh.myweb.hinet.net/page/information_6.htm
- 呂秀瑛。〈心智繪圖應用於文章構思的研究——以國小六年級學童為例〉。國立臺東大學語文教育學系碩士論文，2009。
- 呂美香。〈運用心智繪圖提升國小高年級學童寫作品質與寫作態度之行動研究〉。國立嘉義大學教育學系碩士論文，2012。
- 林秀娥。〈心智繪圖在國小五年級記敘文寫作教學之研究〉。國立臺北教育大學語文與創作學系語文教學碩士班碩士論文，2007。
- 林美玲。《創新教學策略之研究》。國立空中大學社會科學系，社會科學學報 11，114-138，2003。
- 洪美雀。《基測寫作測驗評分規準暨相關說明》。飛揚 44，頁 12-23，2007。
- 孫易新。〈台灣心智圖法學位論文研究之分析〉。台灣師範大學社會教育研究所碩士論文，2013。
- 梁美貴。〈國小五年級運用心智繪圖於博物館學習之行動研究——以國立科學工藝博物館「科學開門」探索廳為例〉。國立高雄師範大學工業科技教育學系碩士論文，2006。
- 莊景益。〈心智繪圖結合摘要教學法與寫作教學法對國小四年級學生閱讀理解與寫作能力之行動研究〉。國立屏東教育大學教育科技研究所碩士論文，2007。

- 陳玉嬪。〈國文科心智繪圖教學法對國中學生國語文學習成就與寫作表現影響之研究〉。國立臺灣師範大學創造力發展碩士在職專班碩士論文，2011。
- 陳鴻基。〈「合作式電腦心智繪圖寫作教學」對國小四年級學生寫作成效與寫作態度之影響〉。國立臺南大學教育學系科技發展與傳播碩士論文，2008。
- 黃金玉。〈舊瓶新酒，掌握原作菁華（上）——談仿寫〉。國文天地16（12），107-112，2001。
- 廖偉雄。〈心智繪圖教學對提升國小資優生創造力成效之研究〉。國立彰化師範大學資賦優異研究所碩士論文，2009。
- 蔡榮昌。《從讀寫結合談仿寫》。屏縣教育季刊27（2），5-10，2006。
- 鄭琇方。〈心智圖法作文教學方案對國小二年級學童寫作能力表現與寫作興趣之影響〉。國立新竹教育大學人資處輔導教學碩士論文，2007。
- 鄭惠仁。《心智圖教學學生學習興趣高》。檢索日期：2012年03月26日。取自 http://mag.udn.com/mag/campus/storypage.jsp?f_ART_ID=378867
- 錢昭君。〈心智圖寫作教學方案對國小學生創造力及寫作表現之影響〉。臺北市立教育大學特殊教育學系碩士班資賦優異組碩士論文，2010。
- 謝美瑜。〈心智圖法在國中國文讀寫教學上的應用〉。高雄師範大學國文教學碩士論文，2010。
- D. Stufflebeam & A. Shinkfield, "Evaluation Theory, Models & Applications", San Jossey-Bass, Francisco, 2007
- L. S. Flower & J.R. Hayes, "Cognitive Processes in Writing", College Composition and Communication, Vol. 32, No. 4, pp. 365-387, 1981
- L. S. Vygotsky, "Mind in Society: The development of higher psychological processes", (M. Cole, V. J. Steiner, S. Scribner, E. Souberman, Eds. and Trans.), Harvard University Press, MA: Cambridge, 1978
- W. Wiersma, & S. G. Jurs, "Research Methods in Education", Allyn and Bacon, New York, 2005

第 14 章 超強記憶力

- Christiane Stenger.《為什麼羊從樹上掉下來》（WARUM FÄLLT DAS SCHAF VOM BAUM?）。杜子倩譯。台北：高富，2005。
- Colin Rose & Malcolm J. Nicholl.《學習地圖》（Accelerated Learning for the 21th Century）。戴保羅譯。台北：經典傳訊文化，1999。
- M. Joan.《讓記憶活起來－如何在2分鐘內記住20件事》（Total Recall）。吳幸宜譯。台北：遠流，1993。
- Michael Gelb.《7 Brains：怎樣擁有達文西的7種天才》（7 Brains）。劉蘊芳譯。台北市：大塊文化，1999。
- 林揮凱。記憶策略應用於國中社會學習領域歷史科教學成效之研究。國立台東教育大學教育學系碩士論文，2006。
- 孫易新、陳資璧。《心智圖法：Mind Mapper ~ Learn Smart》。台北市：浩域，2005。
- 孫易新、陳資璧。《心智圖學習法（4）：記憶高手》。台北市：浩域，2005。
- 孫易新。《多元知識管理系統：心智圖法基礎篇》。板橋市：耶魯，2001。
- 孫易新。《多元知識管理系統：心智圖法進階篇》。板橋市：耶魯，2002。
- 孫易新。《孫易新心智圖法基礎應用》。台北市：浩域企管，2009。
- 孫易新。〈台灣心智圖法學位論文研究之分析〉。台灣師範大學社會教育研究所碩士論文，2013。
- 高木重朗。《記憶術》。台北：文鏡，1987。

- 張萍華。〈記憶大考驗——以後設認知為基礎之記憶策略探究國小二年級學生學習表現之探究〉。國立台北教育大學課程與教學研究所碩士論文，2007。
- 鄭昭明。《認知心理學－理論與實踐》。台北：桂冠，1993。
- A. D. Baddeley, "Essentials of Human Memory", Psychology Press, UK, 1999
- F. S. Bellezza, "Mnemonic Methods to Enhance Storage and Retrieval", In: E. L. Bjork, Memory: Handbook of perception and cognition (2nd ed.), Academic Press, Inc., US, pp.345-380, 1996
- T. Buzan, & S. Abbott, "Mind Maps for Kids: Max your memory and concentration", Thorsons, London, 2005
- T. Buzan, "Use your Head", BBC, London, 1974
- T. Buzan, "The Mind Map Book", BBC, London, 1993
- T. Buzan, "Use your Memory", BBC, London, 1995
- T. Buzan, "Master your Memory", BBC, London, 1998
- T. Buzan, "The Buzan Study Skills Handbook: The Shortcut to Success in Your Studies with Mind Mapping, Speed Reading and Winning Memory Techniques", BBC, London, 2007

第 15 章 論文寫作的應用

- 李慶芳。《學三推九、擴大知識》。檢索日期：2012 年 03 月 29 日。取自 http://reswithoutnumbers.blogspot.com/2010/03/blog-post_11.html
- 蔡柏盈。《學術論文寫作的迷思》。國立台灣大學教學發展中心：學習策略網。檢索日期：2012 年 03 月 31 日。取自 http://ctld.ntu.edu.tw/ls/strategy/lecture.php?index=103

第 16 章 讀書會的應用

- 林振春、詹明娟。《悅讀讀書會》。台北市：陽昇教育基金會，2005。
- 林振春。《社區學習》。台北市：師大書苑，2008。
- E. Bono, "Six thinking Hats", Mica Management Resources Inc., UK, 1990

第 17 章 創新思考與管理

- Karen A. Brown, Nancy Lea Hyer.《左腦右腦平衡運用心圖：專案管理的利器》（The WBS Checklist）。李田樹譯。EMBA 世界經理文摘 198，頁 56-67，2003。
- Kim Heldman.《PMP 專案管理認證指南》（PMP: Project Management Professional Study Guide. 2nd Edition）。羅光志譯。台北縣：博碩文化，2005。
- Leslie W. Rue & Lloyd L. Byars.《管理學》（Management Skills and Application）。許是祥譯。台北市：前程企管，1997。
- Stephen M. Shapiro.《24/7 創新》（24/7 innovation）。戴至中譯。台北：麥格羅希爾，2002。
- Tony Johnson.《國際專案管理師認證考試準備大全》（PMP Exam Success Series: Bootcamp Manual）。博聖譯。台北市：博聖科技文化，2008。
- 孫易新、陳資璧。《心智圖法：Mind Mapper ~ Work Smart》。台北市：浩域，2005。
- 孫易新、陳資璧。《心智圖應用大蒐集（1）》。台北市：浩域，2005。
- 孫易新。《多元知識管理系統：心智圖法基礎篇》。板橋市：耶魯，2001。
- 孫易新。《多元知識管理系統：心智圖法進階篇》。板橋市：耶魯，2002。

- 孫易新。〈心智圖法創造思考訓練方案對激發企業人士創造力成效之研究〉。實踐大學企業創新發展研究所碩士論文，2007。
- 孫易新。《心智圖法》。刊載於創造力關鍵思考技法，潘裕豐主編。台北市：華騰，2013。
- 高子梅。《世界咖啡館》。台北市：臉譜，2007。
- 張鴻。《邏輯思考首部曲：5W2H》。經理人月刊 68，頁 68-69，2008。
- 畢嘉台。〈「7-R 創造力訓練方案」對航空公司人員創造力影響之研究〉。實踐大學企業創新發展研究所碩士論文，2007。
- 曾光華。《行銷管理：理論解析與實務應用》。三重市：前程企管，2010。
- 盧有杰、王勇。《項目管理知識體系指南（第三版）》。北京：電子工業，2005。
- 龍立偉。〈整合心智圖於營建知識管理應用之研究〉。國立台北科技大學土木與防災研究所碩士論文，2009。
- C. Christensen, J. Dyer & H. Gregersen, "The Innovator's DNA: Mastering the Five Skills of Disruptive Innovators", Harvard Business Review Press, 2011
- T. Buzan & R. Israel, "Brain Sell", Gower, UK, 1995

第 18 章 分析問題，解決問題

- David.《SWOT 分析與策略擬定（上）》。科技產業資訊室。檢索日期：2012 年 04 月 08 日。取自 http://cdnet.stpi.org.tw/techroom/analysis/2008/pat_08_A029.htm
- 孫易新。《多元知識管理系統：心智圖法進階篇》。板橋市：耶魯，2002。
- 陳龍安。《創造性問題解決（CPS）模式》。檢索日期：2012 年 03 月 28 日。取自 http://3q.club.tw/teach/3/madee4.htm
- 湯偉君、邱美虹。〈創造性問題解決（CPS）模式的沿革與應用〉。科學教育月刊，223，2-20，1999。
- 謝文全。《教育行政學》。台北市：高等教育，2007。
- C. Griffiths, "GRASP. The Solution", Proactive Press, UK, 2011
- D. Kenny, D. Kashy & W. Cook, "Dyadic Data Analysis", Guilford Press, New York, 2006
- T. Buzan, "The Mind Map Book", BBC, London, 1993
- Treffinger, Isaksen & Stead-Dorval, "Creative Problem Solving: An Introduction", Prufrock Press Inc., Waco, TX, 2005
- V. North & T. Buzan, "GET AHEAD: Mind Map Your way to success", Buzan Centres Inc., UK, 1991

第 19 章 做會議簡報與溝通

- Edward do Bono.《六頂思考帽》（Six Thinking Hats）。江麗美譯。台北縣：桂冠，1996。
- Edward do Bono.《六雙行動鞋》（Six Action Shoes）。李宛蓉譯。台北市：長河，1998。
- 孫易新、陳資璧。《心智圖法：Mind Mapper ~ Work Smart》。台北市：浩域，2005。
- 孫易新。《授課技巧與教案設計》。台北市：國際青年商會，2004。
- 孫易新。《孫易新心智圖法基礎應用》。台北市：浩域企管，2009。
- 陳勁帆。〈整合心智圖法於群組工作情境之研究〉。國立暨南國際大學資訊管理學系碩士論文，2010。
- 黃俊能。〈研究室內透過心智圖活動提高研究互動〉。元智大學資訊工程學系碩士論文，2006。

- 黃榮村、林政弘。《潛能開發系列叢書總序》。刊載於：六頂思考帽。江麗美譯。台北縣：桂冠，1996。
- 龍立偉。〈整合心智圖於營建知識管理應用之研究〉。國立台北科技大學土木與防災研究所碩士論文，2009。
- 謝文全。《教育行政學》。台北市：高等教育，2007。
- G. A. Miller, "The Magical Number Seven, Plus or Minus Two: Some Limits on our Capacity for Processing Information", Psychological Review 63, pp.81-97. 1956
- R. Israle, V. North & T. Buzan, "Radiant Speaking course book", Buzan Centres Ltd., UK, 1993
- T. Buzan & R. Israel, "Brain Sell", Gower, UK, 1995
- T. Buzan, "The Mind Map Book", BBC, London, 1993

第 20 章 使用心智圖軟體

- 洪靖雅。〈電腦化心智圖應用於寫作教學對國小五年級新住民子女寫作態度與寫作能力之影響〉。國立臺南大學教育學系科技發展與傳播碩士論文，2011。
- 趙健成。〈自由軟體心智圖與合作學習教學策略於國小自然與生活科技課程之行動研究〉。佛光大學學習與數位科技學系碩士論文，2009。
- Colin Rose & Malcolm J. Nicholl.《學習地圖》（Accelerated Learning for the 21th Century）。戴保羅譯。台北：經典傳訊文化，1999。
- D. Trinidad Hunt.《學習如何學習》（Learning to Learn）。彭真譯。台北：世茂，1997。
- Jeannette Vos & Gordon Dryden.《學習革命》（The Learning Revolution）。林麗寬譯。台北縣：中國生產力中心，1997。
- Karen A. Brown, Nancy Lea Hyer.《左腦右腦平衡運用心圖：專案管理的利器》（The WBS Checklist）。李田樹譯。EMBA 世界經理文摘 198，頁 56-67，2003。
- Linda Campbell, Bruce Campbell, DeeDickinson.《多元智慧的教與學》（Teaching & Learning through Multiple Intelligences）。郭俊賢、陳淑惠譯。台北：遠流，1999。
- T. Buzan, "Use your Head", BBC, London, 1974
- Tony Buzan & Richard Israel.《點客成金——94 個腦力行銷技巧》（Brain Sell）。楊希平、陳巧鶯譯。台北縣：世茂，2000。
- Tony Buzan.《心智繪圖》（The Mind Map Book）。羅玲妃譯。台北市：一智，1997。
- Tony Buzan.《思維導圖叢書》（The Power of Spiritual Intelligence）。周作宇等譯。北京：外語教學與研究，2005。
- 三田紀房。《東大特訓班》（1~21）。章澤儀譯。台北市：東販，2004。
- 孫易新。《多元知識管理系統：心智圖法基礎篇》。板橋市：耶魯，2001。
- 孫易新。《多元知識管理系統：心智圖法進階篇》。板橋市：耶魯，2002。
- 孫易新。《孫易新心智圖法基礎應用》。台北市：浩域企管，2009。
- 陳正中、樊有美、陳諭萱、陳永成。《開竅寶典》。台北市：慧星文教科技，2012。
- 廣西師範大學出版社編輯群。《概念地圖書系：圖析題典叢書》。桂林：廣西師範大學，2007。

全腦學習20X
心智圖法理論與應用（修訂版）

作　　　者／孫易新
責任編輯／余筱嵐、林淑華

版　　　權／黃淑敏、吳亭儀、邱珮芸、劉鎔慈
行銷業務／周佑潔、黃崇華、張媖茜
總　編　輯／黃靖卉
總　經　理／彭之琬
事業群總經理／黃淑貞
發　行　人／何飛鵬
法律顧問／元禾法律事務所 王子文律師
出　　　版／商周出版
　　　　　　台北市104民生東路二段141號9樓
　　　　　　電話：(02) 25007008　傳真：(02)25007759
　　　　　　E-mail:bwp.service@cite.com.tw
發　　　行／英屬蓋曼群島商家庭傳媒股份有限公司城邦分公司
　　　　　　台北市中山區民生東路二段141號2樓
　　　　　　書虫客服服務專線：02-25007718；25007719
　　　　　　服務時間：週一至週五上午09:30-12:00；下午13:30-17:00
　　　　　　24小時傳真專線：02-25001990；25001991
　　　　　　劃撥帳號：19863813；戶名：書虫股份有限公司
　　　　　　讀者服務信箱：service@readingclub.com.tw
　　　　　　城邦讀書花園：www.cite.com.tw
香港發行所／城邦（香港）出版集團有限公司
　　　　　　香港灣仔駱克道193號東超商業中心1樓
　　　　　　E-mail:hkcite@biznetvigator.com
　　　　　　電話：(852) 25086231　傳真：(852) 25789337
馬新發行所／城邦（馬新）出版集團Cite (M) Sdn Bhd
　　　　　　41, Jalan Radin Anum, Bandar Baru Sri Petaling,
　　　　　　57000 Kuala Lumpur, Malaysia.
　　　　　　Tel: (603) 90578822 Fax:(603) 90576622
　　　　　　email:cite@cite.com.my

封面設計／行者創意
美術編輯／賴維明
　　刷／韋懋實業有限公司
　　銷／聯合發行股份有限公司
　　　　地址：新北市231新店區寶橋路235巷6弄6號2樓
　　　　電話：(02)29178022 傳真：(02)29110053

　年2月6日初版
　7月30日二版

　印必究　ISBN 978-986-272-513-9

國家圖書館出版品預行編目（CIP）資料

心智圖法理論與應用 / 孫易新著.
　-- 初版. -- 臺北市：商周出版：家庭傳媒城邦分
公司發行,
　2014.02　面；　公分. -- (全腦學習)
　ISBN 978-986-272-513-9 (平裝)
　1.智力 2.思考 3.健腦法 4.學習方法

176.4　　　　　　　　　　　102025955

Printed in Taiwan

商周出版

讀者回函卡

感謝您購買我們出版的書籍！請費心填寫此回函卡，我們將不定期寄上城邦集團最新的出版訊息。

不定期好禮相贈
立即加入：商周
Facebook 粉絲

姓名：＿＿＿＿＿＿＿＿＿＿＿＿＿＿＿＿＿＿＿＿ 性別：□男　□女

生日：西元＿＿＿＿＿＿年＿＿＿＿＿＿月＿＿＿＿＿＿日

地址：＿＿＿＿＿＿＿＿＿＿＿＿＿＿＿＿＿＿＿＿＿＿＿＿＿＿

聯絡電話：＿＿＿＿＿＿＿＿＿＿＿ 傳真：＿＿＿＿＿＿＿＿＿＿

E-mail：

學歷：□ 1. 小學 □ 2. 國中 □ 3. 高中 □ 4. 大學 □ 5. 研究所以上

職業：□ 1. 學生 □ 2. 軍公教 □ 3. 服務 □ 4. 金融 □ 5. 製造 □ 6. 資訊

　　　□ 7. 傳播 □ 8. 自由業 □ 9. 農漁牧 □ 10. 家管 □ 11. 退休

　　　□ 12. 其他＿＿＿＿＿＿＿＿

您從何種方式得知本書消息？

　　　□ 1. 書店 □ 2. 網路 □ 3. 報紙 □ 4. 雜誌 □ 5. 廣播 □ 6. 電視

　　　□ 7. 親友推薦 □ 8. 其他＿＿＿＿＿＿＿＿＿＿

通常以何種方式購書？

　　　□ 1. 書店 □ 2. 網路 □ 3. 傳真訂購 □ 4. 郵局劃撥 □ 5. 其他＿＿＿

歡閱讀那些類別的書籍？

　　　□ 1. 財經商業 □ 2. 自然科學 □ 3. 歷史 □ 4. 法律 □ 5. 文學

　　　□ 6. 休閒旅遊 □ 7. 小說 □ 8. 人物傳記 □ 9. 生活、勵志 □ 10. 其他

的建議：＿＿＿＿＿＿＿＿＿＿＿＿＿＿＿＿＿＿＿＿＿＿＿＿

　　　　＿＿＿＿＿＿＿＿＿＿＿＿＿＿＿＿＿＿＿＿＿＿＿＿

　　　　＿＿＿＿＿＿＿＿＿＿＿＿＿＿＿＿＿＿＿＿＿＿＿＿